rororo computer

HERAUSGEGEBEN VON LUDWIG MOOS UND MANFRED WAFFENDER

Der Computer ist von Hause aus dumm. Er kann Aufgaben nur lösen, wenn ihm die Lösungsschritte in seiner eigenen Sprache vorgeschrieben werden. BASIC ist die meistverbreitete Sprache, die fast jeder Personalcomputer versteht. Die unter dem Betriebssystem MS-DOS laufenden Dialekte GW-BASIC und BASIC-A haben sich als Standard weitgehend durchgesetzt. Mit dieser strukturierten Einführung, die praxisnah, anschaulich und Schritt für Schritt vorgeht, wird auch der Anfänger schnell mit dem Handwerk des Programmierens vertraut.

ALEXANDER PARKMANN
JOACHIM RÖHL
JOHANNES VERHUVEN

PROGRAMMIERSPRACHE BASIC UNTER MS-DOS

EINE STRUKTURIERTE EINFÜHRUNG

GRUNDKURS COMPUTERPRAXIS
HERAUSGEGEBEN
VON RUDOLF HAMBUSCH

ROWOHLT
rororo

23.–37. Tausend März 1989

Originalausgabe
Veröffentlicht im Rowohlt Taschenbuch Verlag GmbH,
Reinbek bei Hamburg, November 1987

Umschlagentwurf Thomas Henning
Grafiken Alexander Parkmann
Satz Times und Helvetica (Lasercomp)
bei LibroSatz, Kriftel
Druck und Bindung Clausen & Bosse, Leck
Printed in Germany
1480-ISBN 3 499 18147 9

INHALT

EDITORIAL

Folgt man den Aussagen von Bildungs- und Wirtschaftspolitikern, so wird das Zusammenleben der Menschen in Zukunft von informationsverarbeitenden Maschinen geprägt sein: Mehr als die Hälfte aller Arbeitenden wird direkt oder indirekt mit Computern zu tun haben. Eine besondere Rolle spielt dabei der heute bereits millionenfach verbreitete persönliche Jedermanncomputer, der Personalcomputer (PC). Schüler, Handwerksmeister, Rechtsanwälte, Kaufleute, Lehrer und viele andere werden mit diesem Gerät leben, spielen und arbeiten.
Der Einsatz des persönlichen Computers wird weniger von der Fähigkeit des Benutzers geprägt sein, das Gerät in seiner Technizität (Hardware) zu verstehen, als es mit Hilfe der Computerprogramme (Software) zu bedienen.
Die Serie "Grundkurs Computerpraxis" erklärt Informationsverarbeitung sehr konkret und auf einfache Weise. Dabei steht das, was den Computer im eigentlichen Sinne funktionieren läßt, im Vordergrund: die Software. Sie umfaßt

- Betriebssysteme,
- Anwenderprogramme,
- Programmiersprachen.

Ausgewählt werden Programme, die sich hunderttausendfach bewährt und einen Standard gesetzt haben, der Gefahr des Veraltens also nur im geringen Maße unterliegen.
Im "Grundkurs Computerpraxis" wird das praktische Computerwissen übersichtlich gegliedert, textverständlich strukturiert, auf das Wesentliche begrenzt und mit Grafiken, Beispielen und Übungen optimal zugänglich gemacht.

Der Herausgeber der Serie, Rudolf Hambusch, leitet am Institut für Schule und Weiterbildung des Landes Nordrhein-Westfalen das Projekt Lehrerfortbildung in Informationsverarbeitung Wirtschaft. Die Autoren sind erfahrene Berufspädagogen, Praktiker und Mitarbeiter im Fortbildungsprojekt.

Ferner sind in der Reihe *Grundkurs Computerpraxis* erschienen:

Peter Freese
Standard-Betriebssystem MS-DOS
(rororo-computer 8145)

Georg Besser/Peter Höver/Ernst Tiemeyer
Tabellenkalkulation MULTIPLAN
(rororo-computer 8146)

Alexander Parkmann
Joachim Röhl
Johannes Verhuven
Programmiersprache BASIC unter MS-DOS
(rororo-computer 8147)

Gregor Kuhlmann
Programmiersprache TURBO-PASCAL
(rororo-computer 8148)

Peter Freese
Friedrich Müllmerstadt
Datenbanken dBASE
(rororo-computer 8140)

Ernst Tiemeyer
Integriertes Softwarepaket SYMPHONY
(rororo-computer 8153)

Joachim Röhl
Johannes Verhuven
Textverarbeitung MS-WORD
(rororo-computer 8149)

Johannes Baumann
Stefanie Patzer
Jürgen Schweigert
Integriertes Softwarepaket OPEN ACCESS
(rororo-computer 8150)

Gregor Kuhlmann
Programmiersprache TURBO-PASCAL für Fortgeschrittene
(rororo-computer 8155)

Alexander Parkmann
Joachim Röhl
Johannes Verhuven
BASIC für Fortgeschrittene
(rororo-computer 8154)

Hermann Mehlig
Textverarbeitung WORDSTAR mit MailMerge
(rororo-computer 8139)

VORWORT

Die Programmiersprache BASIC gehört zu den bekanntesten Programmiersprachen. BASIC wird sowohl von Hobbyprogrammierern als auch von professionellen Anwendern zur Erstellung von Programmen genutzt. Seit seiner Entwicklung hat BASIC häufig Erweiterungen und Verbesserungen erfahren.

Mit dem Siegeszug des Personalcomputers (PC) fanden die BASIC-Dialekte BASIC-A beziehungsweise GW-BASIC weite Verbreitung. Während BASIC-A speziell für einen bestimmten PC-Hersteller an den Personalcomputer angepaßt wurde, liefern Anbieter sogenannter kompatibler Personalcomputer das BASIC als GW-BASIC beim Kauf mit. Die Unterschiede zwischen beiden BASIC-Varianten sind relativ gering und beschränken sich auf einige Befehle der Programmiersprache.

In den letzten Jahren wurden eine Vielzahl von Standardprogrammen entwickelt und angeboten, die dem Nutzer komfortable Problemlösungen zur Verfügung stellen. Allerdings gibt es auch vielfach Probleme, für die keine Problemlösungen in Form von Standardprogrammen bereit stehen, weil die Entwicklungskosten derartiger Programme bei einer geringen Anzahl von Anwendern zu hoch sind. Die Selbsterstellung von Programmen ist in vielen Fällen die einzige Alternative.

Das vorliegende Buch gehört zu einer Reihe, die die praktische Arbeit mit dem Personalcomputer möglichst vielen Menschen zugänglich machen möchte. Es will alle ansprechen, die sich im Geschäftsleben, in der Ausbildung oder privat mit dem Computer beschäftigen.

Alle Bücher dieser Reihe orientieren sich an folgenden Zielen:

- Die Inhalte sind auch für den Laien leicht verständlich und nachvollziehbar.
- Die Darstellungen sind problembezogen.
- Alle Beispiele können direkt am Computer bearbeitet werden.
- Die Inhalte sollen praktisch verwertbar sein.

Dieses Buch hat folgenden Aufbau:

- Die Kapitel 1 und 2 machen den Leser kurz mit dem Personalcomputer bekannt. Grundlegende Begriffe wie Hard- und Software sowie ROM und RAM werden erklärt.
- Im Kapitel 3 erhält der Benutzer eine Anleitung, wie er sich eine Arbeitsdiskette mit dem Betriebssystem und der Programmiersprache BASIC erstellen kann.
- Das Kapitel 4 zeigt an Beispielen die Vorgehensweise bei der Erstellung eines Programms. Die wichtigsten BASIC-Anweisungen werden jeweils an einem Beispiel erklärt.
- In den Kapiteln 5 bis 12 werden an problemorientierten Beispielen die für den Programmierer wesentlichen Anweisungen angewendet und erläutert.
- Die Kapitel 13 und 14 sind den Freunden der Graphik vorbehalten. Hier werden an Beispielen die grundlegenden Anweisungen für die Erstellung von Graphiken vorgestellt.
- In allen Kapiteln finden sich Aufgaben und Lösungen zu den jeweils neuen Informationen und den in diesem Kapitel erstmals behandelten Anweisungen.
- Eine benutzerfreundliche Gestaltung der Ein- und Ausgaben wird durch den Einsatz von Bildschirmentwurfsblättern und Bildschirmausgaben unterstützt.

Das vorliegende Buch beschreibt die grundlegende Programmierung in GW-BASIC und BASIC-A. Weitere Programme zur Dateiverwaltung auf Diskette, über Textmanipulationen sowie zur Erzeugung bewegter Graphiken werden in einem Folgeband vorgestellt.

Die Autoren danken Herrn Studiendirektor Dipl.-Hdl. Gerhard Haase für die Beratung und die Korrektur bei der Erstellung des Manuskriptes.

1 PERSONALCOMPUTER UND BASIC-PROGRAMMIERUNG

Bis in die Mitte der siebziger Jahre bedeutete elektronische Datenverarbeitung Einsatz von **Großcomputern**. Wegen der hohen Kosten waren nur große Unternehmen, Institute und Behörden in der Lage, Computer zu finanzieren.
Die erstaunlichen Leistungen, die sie erbringen, faszinierten schon immer ein großes Publikum. Zur elektronischen Datenverarbeitung, abgeschirmt in besonders klimatisierten Räumen, bedient und genutzt von wenigen Eingeweihten und gewartet von einer kleinen Technikerelite, fanden jedoch nur wenige Menschen Zugang.
Eine revolutionäre Veränderung der Situation bewirkte der Siegeszug des **Personalcomputers (PC)**. Mit der Verbreitung des PC kam der Computer zu den Menschen, in Büros, Werkstätten und Wohnung.

Der Siegeszug des Personalcomputers

1974 Bau des ersten Mikrocomputers
1975 Entwicklung der leicht erlernbaren Programmiersprache BASIC für PC
1977 Drei PC für den Massenmarkt werden angeboten: Apple II, TRS-8Ø, PET 2ØØ1
1979 Mit dem Tabellenkalkulationsprogramm Visicalc wird die erste Standardsoftware angeboten.
1981 Der Marktführer der Groß-EDV (IBM) bietet erstmals einen PC an.

Die Nutzung des Computers wird für eine Vielzahl von Menschen zur Selbstverständlichkeit. Eine erfolgreiche Nutzung setzt aber bei dem Nutzer ein Basiswissen im Umgang mit dem Computer voraus. Dieses Basiswissen schließt nicht unbedingt die Kenntnis einer Programmiersprache ein. In den Unternehmen und im privaten Bereich werden mehr und mehr fertige Programme, sogenannte **Standard-Software**, eingesetzt. Diese gebrauchsfertigen Lösungen gibt es mittlerweile für

verschiedene Problembereiche. Eine universelle Verwendbarkeit wird dadurch erreicht, daß im Programm für alle im Normalfall auftauchenden Probleme entsprechende Lösungen eingebaut sind.
Standard-Software wird nach folgenden Kriterien unterschieden:

problemorientiert	**branchenorientiert**
Textverarbeitung	Baugewerbe
Dateiverarbeitung	Ärzte/Zahnärzte
Tabellenverarbeitung	Einzelhandel
Grafikverarbeitung	Hausverwaltung
Multifunktionsprogramme	Gastronomie
Finanzbuchhaltung	Vermessungstechnik
Lohnbuchhaltung	Brauereien
usw.	usw.

Viele Nutzer eines Computers wollen aber auf Dauer nicht nur fertige Software nutzen. Sie müssen zur Lösung besonderer Probleme selbst Programme schreiben, weil es keine Standard-Software dafür gibt.
Nun ist aber ein Computer grundsätzlich dumm. Er kann die Lösung eines Problems nur erarbeiten, wenn ihm dazu die einzelnen Lösungsschritte vorher in der Form von Befehlen eingegeben werden. Diese Kette von logisch angeordneten Befehlen bezeichnet man als **Programm**. Entsprechend versteht man unter Programmieren die Erarbeitung der einzelnen Lösungsschritte eines Problems **(Algorithmus)** sowie die Umsetzung in die Anweisungen einer Programmiersprache.

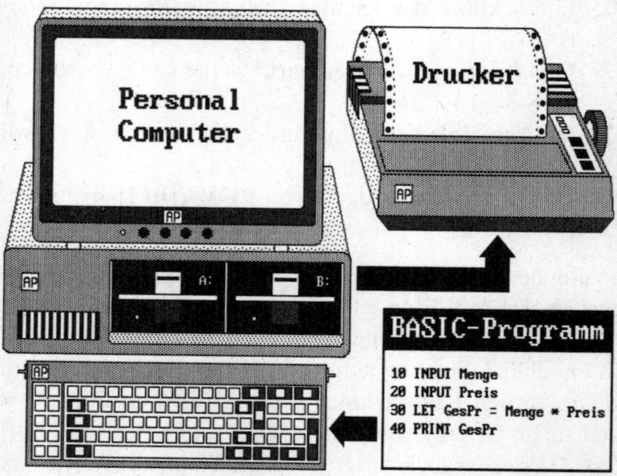

Die Befehle müssen allerdings in einer Programmiersprache formuliert werden, die der Computer versteht. Eine dieser Sprachen ist **BASIC**. BASIC ist die meistverbreitete Sprache, und sie wird von jedem PC verstanden.
Der Name BASIC ist die Abkürzung für **Beginners All Purpose Symbolic Instruction Code**. Frei übersetzt bedeutet das **"Programmiersprache des Anfängers für alle Zwecke"**. Der Computerneuling kann diese Programmiersprache relativ schnell erlernen und nutzen. Durch die ständige Erweiterung und Verbesserung von BASIC kann diese Programmiersprache auch bei großen Programmen verwendet werden. Auch fortgeschrittene Programmierer nutzen mittlerweile BASIC.

B	**A**	**S**	**I**	**C**
Beginners	**A**ll Purpose	**S**ymbolic	**I**nstruction	**C**ode

Programmiersprache des Anfängers für alle Zwecke

Inzwischen gibt es eine Vielzahl von BASIC-Versionen – sogenannte Dialekte. Insbesondere bei der Grafik- und Farbdarstellung ist bei vielen Computern die Eingabe eigener, spezieller Anweisungen notwendig. **BASIC hat aber einen allgemeingültigen Kern, der auf allen Computern läuft.**
In den letzten Jahren hat sich für den PC das **Standard-Betriebssystem MS-DOS** durchgesetzt. Computer mit diesem Betriebssystem sind üblicherweise vom Hersteller mit der Programmiersprache **GW-BASIC** beziehungsweise **BASIC-A** ausgestattet. Der Unterschied zwischen diesen beiden BASIC-Dialekten ist minimal und braucht nur bei wenigen speziellen Anwendungen beachtet zu werden. Alle Beispiele in diesem Buch sind sowohl unter BASIC-A als auch unter GW-BASIC lauffähig. Auch die Nutzer anderer Computer können mit Hilfe dieses Buches die Grundlagen der Programmiersprache BASIC erlernen. Sie müssen beim Programmieren zusätzlich die Besonderheiten des speziellen BASIC-Dialektes ihres Computers beachten. Bei der Codierung ist das jeweilige BASIC-Handbuch zu Rate zu ziehen.

Übung 1

1. Welche Entwicklungen führten dazu, daß ab Ende der siebziger Jahre Computer auch in kleinen Betrieben und im Privatbereich eingesetzt wurden?

   (1) ____________________

   (2) ____________________

   (3) ____________________

   (4) ____________________

   (5) ____________________

2. Zur Standardsoftware gehört:
   das Textverarbeitungsprogramm "WORD" ___
   ein Buchhaltungsprogramm, das speziell für das Unternehmen Großkopf GmbH erstellt wurde ___
   ein Spielprogramm eines amerikanischen Softwareherstellers, mit dem ein Flipper simuliert werden kann ___
   ein von Ihnen selbst erstelltes Frage- und Antwort-Spielprogramm ___

3. Ergänzen Sie folgende Sätze:

   Ein Programm ist eine Kette ____________________

   Unter Programmieren versteht man ____________________
   ____

   Die Abkürzung BASIC kann übersetzt werden als ____________________
   ____

Lösungen zur Übung 1

1. Welche Entwicklungen führten dazu, daß ab Ende der siebziger Jahre Computer auch in kleinen Betrieben und im Privatbereich eingesetzt wurden?

   (1) Bau des ersten Mikrocomputers 1974
   (2) Entwicklung einer leicht erlernbaren Programmiersprache 1975
   (3) Erscheinen des ersten PC auf dem Massenmarkt 1977
   (4) Entwicklung von Standardsoftware (zum Beispiel Visicalc 1979)
   (5) Einstieg des Marktführers in den PC-Markt 1981

2. Zur Standardsoftware gehört:

das Textverarbeitungsprogramm "WORD"	X
ein Buchhaltungsprogramm, das speziell für das Unternehmen Großkopf GmbH erstellt wurde	—
ein Spielprogramm eines amerikanischen Softwareherstellers, mit dem ein Flipper simuliert werden kann	X
ein von Ihnen selbst erstelltes Frage- und Antwort-Spielprogramm	—

3. Ergänzen Sie folgende Sätze:

   Ein Programm ist eine Kette von logisch angeordneten Befehlen.

   Unter Programmieren versteht man die Erarbeitung der einzelnen Lösungsschritte eines Problems (Algorithmus) sowie die Umsetzung in die Anweisungen einer Programmiersprache.

   Die Abkürzung BASIC kann übersetzt werden als Programmiersprache des Anfängers für alle Zwecke.

2 GERÄTEAUSSTATTUNG DES PERSONALCOMPUTERS

Der Name des am weitesten verbreiteten Betriebssystem (DOS) gibt einen Hinweis auf die Geräteausstattung des PC. **DOS** ist die Abkürzung für **Disk Operating System**, was soviel heißt wie **Betriebssystem für plattenorientierte Computersysteme**.

D	**O**	**S**
Disk	**O**perating	**S**ystem

Betriebssystem für plattenorientierte Computersysteme

Mit diesem Hinweis sind wir schon mitten in der Vorstellung der erforderlichen **Geräteausstattung**. Der Kenner bezeichnet die zum Computer gehörenden Geräte als **Hardware**. In der folgenden Abbildung ist die typische Hardware eines PC dargestellt. Sie ermöglicht eine sinnvolle Datenverarbeitung.

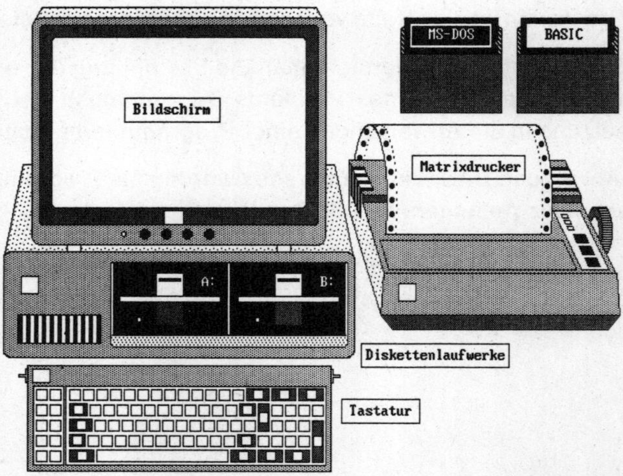

Datenverarbeitung mit Hilfe des Computers erfolgt nach dem **EVA-Prinzip**, das heißt grundsätzlich in der Reihenfolge Eingabe, Verarbeitung und Ausgabe.

E	**V**	**A**
Eingabe	Verarbeitung	Ausgabe

Entsprechend dem EVA-Prinzip sind Gerätebestandteile für die Eingabe, für die Ausgabe und für die eigentliche Verarbeitung der Daten notwendig.
Die Programmiersprache BASIC ist eine typische Dialogsprache. Die erstmalige **Eingabe** eines neuen Programmes erfolgt über die **Tastatur**. Sobald Sie eine Taste drücken, wird das entsprechende Zeichen auf dem Bildschirm ausgegeben. Zwei Geräte sind somit unbedingt erforderlich: die Tastatur für die Eingabe der Daten und der Bildschirm für die Ausgabe von Daten. Die Tastatur ist der Schreibmaschinentastatur ähnlich. Sie weist aber eine Reihe von zusätzlichen Tasten auf, die für die Handhabung des Computers notwendig sind.

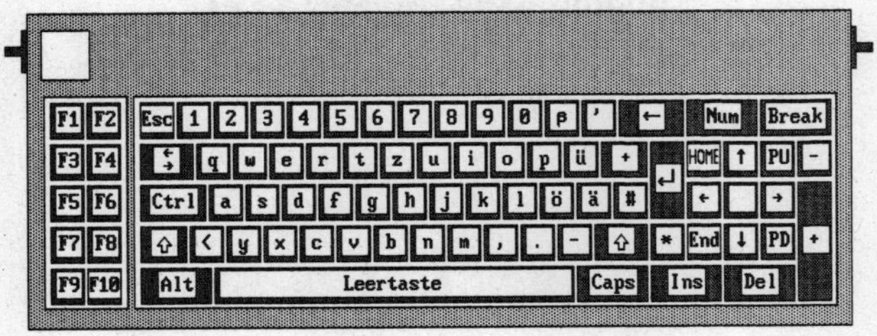

Für die Arbeit am Computer ist ein guter **Bildschirm** notwendig. Ein umfunktionierter Fernseher reicht nicht, da der flimmernde Bildschirm auf die Dauer den Augen schadet und somit die Freude am Programmieren trübt.
Das Programm und die Ergebnisse eines Programmes benötigt jeder Computernutzer neben der Bildschirmausgabe meistens auch schwarzweiß auf Papier. Ein **Drucker** gehört somit zur Standardausstattung eines Computersystems. Sie können entsprechend Ihren Bedürfnissen unter verschiedenen Druckertypen wählen. Diese unterscheiden sich hauptsächlich durch ihre Druckqualität und durch ihre -geschwindigkeit.

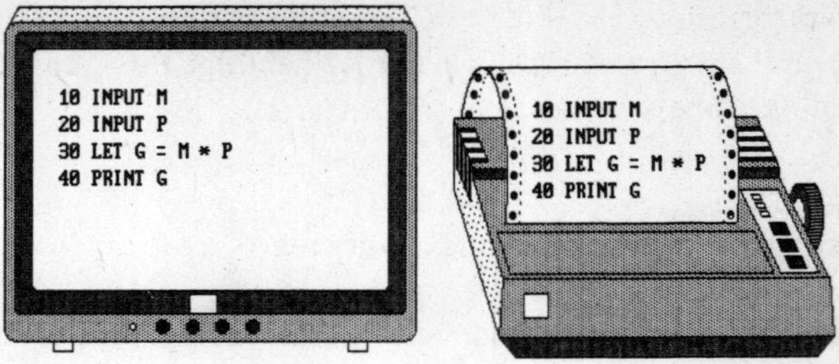

Die Verarbeitung der Daten erfolgt in der **Zentraleinheit**, dem eigentlichen Herz des Systems. In das Gehäuse der Zentraleinheit sind meistens ein oder mehrere Plattenlaufwerke mit auswechselbaren Disketten oder nicht auswechselbaren Festplatten eingebaut.

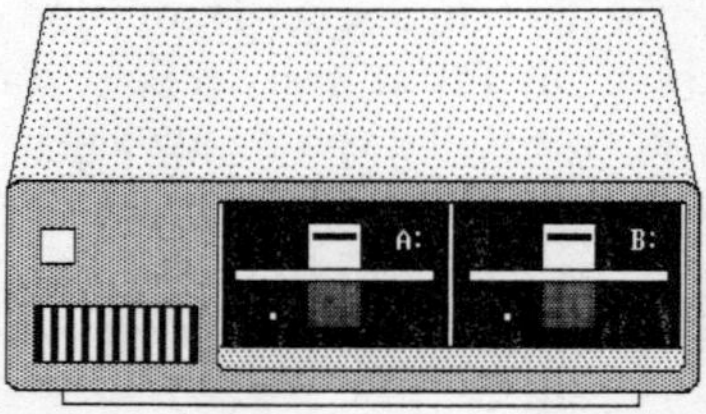

Übung 2

1. Unter Hardware versteht man ______________________________
____

2. Die Datenverarbeitung erfolgt nach dem EVA-Prinzip.
   Was heißt in diesem Zusammenhang EVA?

   E ______________________________
   V ______________________________
   A ______________________________

3. Folgende Geräte gehören unter anderem zur Hardware eines Computers:

   Zentraleinheit, Diskettenlaufwerk, Tastatur, Drucker, Bildschirm

   Ordnen Sie die Geräte jeweils zu:

   Eingabe: ______________________________

   Verarbeitung: ______________________________
   ____

   Ausgabe: ______________________________
   ____

Lösungen zur Übung 2

1. Unter Hardware versteht man **alle Gerätebestandteile des Computers.**

2. Die Datenverarbeitung erfolgt nach dem EVA-Prinzip.
   Was heißt in diesem Zusammenhang EVA?

   E ingabe
   V erarbeitung
   A usgabe

3. Folgende Geräte gehören unter anderem zur Hardware eines Computers:

   Zentraleinheit, Diskettenlaufwerk, Tastatur, Drucker, Bildschirm

   Ordnen Sie die Geräte jeweils zu:

Eingabe:	Tastatur
Verarbeitung:	Zentraleinheit
	Diskettenlaufwerk
Ausgabe:	Bildschirm
	Drucker

Alle Bestandteile des Personalcomputers einschließlich der Eingabe- und Ausgabegeräte werden durch Programme gesteuert. Diese Programme nennt man auch Software. **Software** regelt und kontrolliert die Hardware.

Man unterscheidet zwischen Systemsoftware und Anwendungssoftware. Die **Systemsoftware** steuert die Arbeitsabläufe in der Zentraleinheit und die Zusammenarbeit zwischen der Zentraleinheit einerseits und Ein- und Ausgabegeräten andererseits. Da sie für den Betrieb des Computers unbedingt erforderlich ist, gehört sie zur technischen Grundausstattung des Datenverarbeitungssystems und wird vom Hersteller mitgeliefert.

Anwendungssoftware gibt dem Computer Anweisungen zur Lösung eines bestimmten Problems, beispielsweise zur Lösung einer mathematischen Aufgabe oder zur Steuerung eines Walzwerkes. Ziel dieses Buches ist es, Ihnen zu helfen, Anwendungsprogramme in der Programmiersprache BASIC zu schreiben.

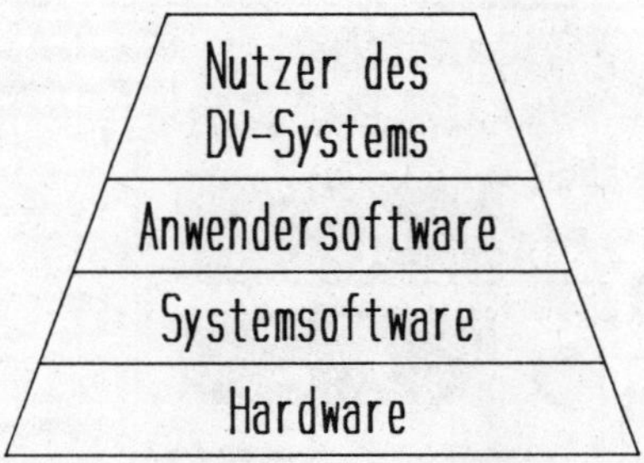

Beim Kauf eines PC ist es ratsam, auf die **Speicherkapazität** des Hauptspeichers zu achten. Diese wird in **Kilobyte (KB)** angegeben. In einem **Byte** speichert der Computer jeweils ein Zeichen. 1024 Zeichen (Bytes) entsprechen einem Kilobyte.

Bestimmte Teile der Systemsoftware speichert der Computer dauerhaft in einem mit ROM bezeichneten Teil des Hauptspeichers. **ROM** ist die Abkürzung für **Read Only Memory**, was soviel wie **"Nur-Lese-Speicher"** heißt.

R **O** **M**
Read **O**nly **M**emory
Nur-Lese-Speicher

Entscheidend für die Speicherung von Anwendungsprogrammen und -daten ist der Teil des Hauptspeichers, der als RAM bezeichnet wird. **RAM** ist die Abkürzung für **Random Access Memory**, was frei übersetzt **"Schreib-Lese-Speicher"** heißt.

R	**A**	**M**
Random	**A**ccess	**M**emory
Schreib-Lese-Speicher		

Dieser Schreib-Lese-Speicher eines PC sollte mindestens eine Kapazität von 256 Kilobytes haben. Ideal sind 512 Kilobytes und mehr. Da die entsprechenden Speicherkapazitäten in den letzten Jahren immer preiswerter geworden sind, haben viele Computer schon eine Standardausrüstung von 512 Kilobyte RAM. Eine solche Ausrüstung erlaubt auch die Verarbeitung großer Programme und unfangreicher Daten, und man kommt nicht in die Verlegenheit, daß ein Programm wegen mangelnder Speicherkapazität nicht läuft.

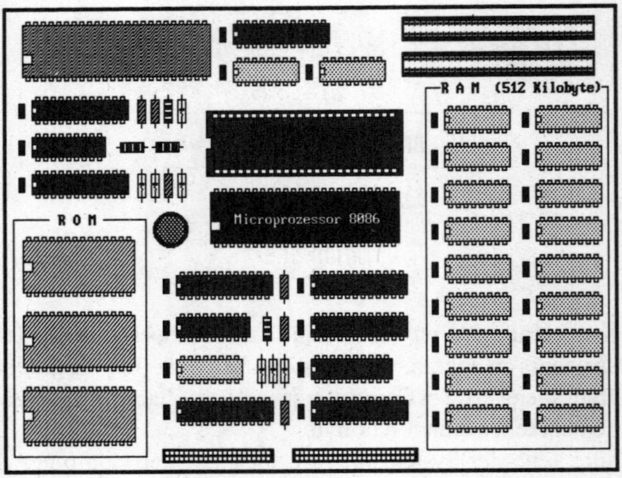

Für die dauerhafte Speicherung von Programmen und Daten ist ein **externer Speicher** erforderlich. In einem externen Speicher werden die Informationen relativ sicher aufbewahrt, während der Inhalt des internen Speichers beim Abschalten des Gerätes, oder was Sie vielleicht noch schmerzhaft erfahren werden, bei einer unbeabsichtigten Betriebsunterbrechung verlorengeht.

Neben der Diskette kann auch eine Festplatte als externer Speicher genutzt werden. Die **Festplatte** hat den Vorteil, daß Daten schneller verarbeitet werden und daß größere Mengen von Daten und Programmen auf der Platte gespeichert werden können. Es werden heute Platten mit einer Kapazität von 10 Millionen Byte und mehr angeboten. Ausreichend ist aber in aller Regel die am häufigsten anzutreffende Geräteausstattung mit zwei **Diskettenlaufwerken**. Dabei ist auf die Kompatibilität zu achten. Kompatibilität heißt in diesem Falle, daß die Disketten auch in den Geräten anderer Hersteller problemlos eingesetzt werden können. Die heute bei Personalcomputern übliche Norm sind Disketten mit einer Speicherkapazität von 360 Kilobytes.

Übung 3

1. Gehört auch das Betriebssystem (DOS) zur Software?

   ja / nein
   Begründung: ____

   ____

2. Wieviele Bytes Speicherplatz belegen folgende Texte:

   rororo ___ Bytes

   Software ___ Bytes

   Programmierer ___ Bytes

3. Welche der folgenden Gegenstände haben die Eigenschaft eines RAM-Speichers und welche können mit einem ROM-Speicher verglichen werden?

Buch	____	Notizblock	____
Tonbandkassette	____	Schallplatte	____
Bild	____	Blatt eines Zeichenblocks	____

Lösungen zur Übung 3

1. Gehört auch das Betriebssystem (DOS) zur Software?

   ja

   Begründung: Auch das Betriebssystem ist ein Programm und gehört daher zur Software.

2. Wieviel Bytes Speicherplatz belegen folgende Texte:

rororo	6 Bytes
Software	8 Bytes
Programmierer	13 Bytes

3. Welche der folgenden Gegenstände haben die Eigenschaft eines RAM-Speichers und welche können mit einem ROM-Speicher verglichen werden?

Buch	ROM	Notizblock	RAM
Tonbandkassette	RAM	Schallplatte	ROM
Bild	ROM	Blatt eines Zeichenblocks	RAM

3 ERSTELLEN EINER BASIC-ARBEITSDISKETTE

Üblicherweise befindet sich auf der **Betriebssystemdiskette** auch die Programmiersprache BASIC. Bei einigen Anbietern muß BASIC gesondert erworben werden.
Um in BASIC programmieren zu können, müssen Sie folgende Arbeitsschritte durchführen:

(1) Gerät einschalten

(2) Betriebssystemdiskette in das Laufwerk A: einlegen

(3) Die Programmiersprache BASIC aufrufen und dadurch in den Hauptspeicher laden.

Eingabe bei GW-BASIC:	gwbasic
Eingabe bei BASIC-A:	basica

Die Eingabe wird durch Drücken der RETURN-Taste abgeschlossen. Auf dem Bildschirm signalisiert die folgende Meldung, daß der Computer für die Aufnahme von BASIC-Programmen bereit ist.

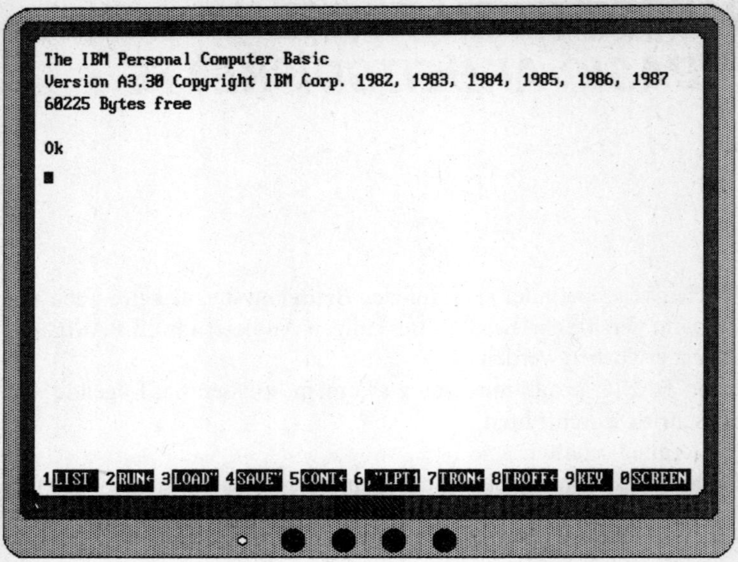

Dieser etwas umständliche Start der Programmiersprache BASIC kann durch die Erstellung einer **BASIC-Arbeitsdiskette mit automatischem Programmstart** vereinfacht werden.

Die Erstellung der Arbeitsdiskette erfolgt in folgenden Schritten:

(1) Gerät einschalten
(2) Betriebssystemdiskette in das Laufwerk A: einlegen
(3) Leere Diskette in das Laufwerk B: einlegen
(4) Formatieren der leeren Diskette mit gleichzeitigem Übertragen der Systemdateien von DOS

Eingabe:

```
format b:/s
```

(5) Kopieren weiterer Dateien von der DOS-Diskette auf die Arbeitsdiskette durch Eingabe folgender Befehle:

```
copy command.com b:
copy config.sys b:
copy ansi.sys b:
copy keybgr.com b:        1)
copy graftabl.com b:      2)
copy graphics.com b:
```

(6) Kopieren der Programmiersprache BASIC:

`copy gwbasic.exe b:` (nur für GW-BASIC)

oder

`copy basica.com b:` (nur für BASIC-A)

(7) Erstellen einer Datei für den automatischen Programmstart. **Diese Datei muß den Namen autoexec.bat haben.**

Eingaben:

```
copy con b:autoexec.bat
keybgr
gwbasic oder basica
```

Anschließend sind gleichzeitig die Tasten <Ctrl> + <Z> oder die Funktionstaste F6 zu drücken. Der Abschluß dieser Eingaben erfolgt durch die Betätigung der RETURN-Taste.

Die Arbeitsdiskette "BASIC" ist nun fertig. Je nach Hersteller sind bei der Erstellung dieser Arbeitsdiskette Abweichungen möglich. Hierzu beachten Sie die Hinweise im DOS-Handbuch.

---

1) Die Einbindung der Tastaturanpassung an den deutschen Zeichensatz ist vom jeweiligen Hersteller abhängig. Die Bezeichnung der entsprechenden Datei kann hiervon abweichen.

2) Die Einbindung des Grafikzeichensatzes ist ebenfalls herstellerabhängig. Diese ist nur vorzunehmen, wenn die Datei auf der DOS-Diskette vorhanden ist.

Die Erstellung einer Arbeitsdiskette "BASIC" hat folgende Vorteile:

- Nach dem Einschalten des Computers wird automatisch das Betriebssystem und anschließend die Programmiersprache BASIC geladen. Ein Aufruf der Programmiersprache durch den Nutzer entfällt.
- Auf der Diskette befinden sich nur die für die Arbeit mit der Programmiersprache unbedingt notwendigen Dateien. Es verbleibt genügend Platz für die Speicherung eigener BASIC-Programme.

Die Funktionsfähigkeit der BASIC-Arbeitsdiskette ist nun mittels eines **Warmstarts** zu testen. Legen Sie die BASIC-Arbeitsdiskette in das Laufwerk A:. Drücken Sie anschließend gleichzeitig die Tasten <CTRL> + <ALT> und dann zusätzlich <DEL>:

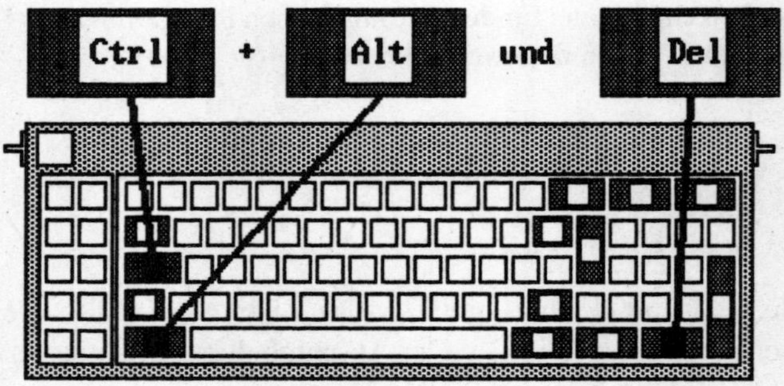

Übung 4

1. Welche Vorteile hat eine Startdiskette, auf der sowohl das Betriebssystem als auch die Programmiersprache enthalten ist?

   Vorteile: ____________________

   ____

   ____

   ____

2. Bei einem Kaltstart wird der (ausgeschaltete) Computer durch Betätigung des Strom-Schalters eingeschaltet. Bei einem Warmstart bleibt die Stromzuführung zum Computer erhalten; das Betriebssystem und die übrigen notwendigen Dateien werden vom Computer wieder neu geladen.
   Mit welcher Tastenkombination wird ein Warmstart durchgeführt?

   Tastenkombination: ____________________

Lösungen zu Übung 4

1. Welche Vorteile hat eine Startdiskette, auf der sowohl das Betriebssystem als auch die Programmiersprache enthalten ist?

   Vorteile:
   Der Benutzer muß nicht die Programmiersprache GW-BASIC beziehungsweise BASIC-A ausdrücklich aufrufen.
   Auf der Diskette ist Platz für eigene Programme, da die externen Betriebssystem-Befehle nicht mehr auf der Diskette sind.

2. Bei einem Kaltstart wird der (ausgeschaltete) Computer durch Betätigung des Strom-Schalters eingeschaltet. Bei einem Warmstart bleibt die Stromzuführung zum Computer erhalten; das Betriebssystem und die übrigen notwendigen Dateien werden vom Computer wieder neu geladen.
   Mit welcher Tastenkombination wird dieser Warmstart durchgeführt?

   Tastenkombination: <CTRL> + <ALT> und <DEL>

4 VOM PROBLEM ZUM PROGRAMM

Ein Programm wird erstellt, wenn für ein Problem eine Lösung mit Hilfe des Computers gefunden werden soll.

Beispiel:
In einem Taxiunternehmen soll laufend der durchschnittliche Benzinverbrauch aller PKW ermittelt werden. Die Taxifahrer müssen bei jedem Tanken den augenblicklichen Kilometerstand und die getankte Menge des Kraftstoffes in einem Fahrtenbuch notieren.

Ziel des Programmierens ist es, mit Hilfe des Programms die gestellte Aufgabe mit ständig wechselnden Daten zu lösen. Die Erstellung von Programmen ist wirtschaftlich nur dann sinnvoll, wenn sich ein Verarbeitungsvorgang häufig wiederholt und große Datenmengen zu verarbeiten sind.
Die Lösung einer Aufgabe mit Hilfe des Computers erfordert eine Kette von Arbeitsschritten in folgender Reihenfolge: (1) Aufgabenstellung, (2) Problemanalyse, (3) Programmablaufplan, (4) Codierung, (5) Programmtest und (6) Programmdokumentation.
Die Aufgabe selbst muß eindeutig, lösbar und so umfassend wie nötig beschrieben sein.

Programmbeispiel Benzinverbrauch berechnen

4.1 Aufgabenstellung

Der durchschnittliche Benzinverbrauch soll für jeden Wagen ermittelt werden. Die Fahrer müssen beim Tanken die getankte Menge des Kraftstoffs und den augenblicklichen Kilometerstand im Fahrtenbuch notieren.

Anforderung an die Aufgabenstellung: **Sie muß eindeutig und lösbar sein.**

Im nächsten Schritt muß das Problem zerlegt werden. Diesen Arbeitsschritt bezeichnet man als Problemanalyse. In der Problemanalyse müssen folgende Fragen beantwortet werden:

4.2 Problemanalyse

- Welche **Ausgabedaten** werden gewünscht?
  Im Beispiel: durchschnittlicher Kraftstoffverbrauch je 100 km
- Welche **Eingabedaten** sind vorhanden?
  Im Beispiel: augenblicklicher Kilometerstand
  Kilometerstand beim letzten Tanken
  getankte Kraftstoffmenge
- Welcher **Lösungsweg** bietet sich an?
  Im Beispiel: Errechnen der Differenz zwischen gegenwärtigem und vorigem Kilometerstand (gefahrene km)
  Errechnen des Durchschnittsverbrauchs nach der Formel:

$$\frac{\text{Verbrauch} \quad * \quad 1\emptyset\emptyset}{\text{gefahrene Kilometer}}$$

Übung 5

1. In einem Unternehmen soll einmalig für einen Auslandsauftrag ein DM-Betrag in US-Dollar umgerechnet werden. Ist es sinnvoll, hierfür ein spezielles Programm zu erstellen?

   Begründen Sie Ihre Entscheidung! ______________________

   ____

   ____

   ____

2. Welche Anforderung ist an eine Aufgabenstellung zu stellen?

   ____

3. In der Problemanalyse muß das Problem in Lösungsschritte zerlegt werden. Welche Vorgehensweise ist sinnvoll?

   Festlegung der Ausgabedaten, des Lösungsweges, der Eingabedaten ___

   Festlegung der Eingabedaten, des Lösungsweges, der Ausgabedaten ___

   Festlegung des Lösungsweges, der Ausgabedaten, der Eingabedaten ___

   Festlegung der Ausgabedaten, der Eingabedaten, des Lösungsweges ___

   Festlegung der Eingabedaten, der Ausgabedaten, des Lösungsweges ___

   Festlegung des Lösungsweges, der Eingabedaten, der Ausgabedaten ___

Lösungen zu Übung 5

1. In einem Unternehmen soll einmalig für einen Auslandsauftrag ein DM-Betrag in US-Dollar umgerechnet werden. Ist es sinnvoll, hierfür ein spezielles Programm zu erstellen?

   Begründen Sie Ihre Entscheidung!
   Nein, denn die Erstellung von Programmen ist nur dann sinnvoll, wenn sich ein Verarbeitungsvorgang häufig wiederholt und große Datenmengen zu verarbeiten sind.

2. Welche Anforderung ist an eine Aufgabenstellung zu stellen?

   Sie muß eindeutig und lösbar sein.

3. In der Problemanalyse muß das Problem in Lösungsschritte zerlegt werden. Welche Vorgehensweise ist sinnvoll?

   Festlegung der Ausgabedaten, des Lösungsweges, der Eingabedaten ___
   Festlegung der Eingabedaten, des Lösungsweges, der Ausgabedaten ___
   Festlegung des Lösungsweges, der Ausgabedaten, der Eingabedaten ___
   Festlegung der Ausgabedaten, der Eingabedaten, des Lösungsweges _X_
   Festlegung der Eingabedaten, der Ausgabedaten, des Lösungsweges ___
   Festlegung des Lösungsweges, der Eingabedaten, der Ausgabedaten ___

Um die logische Struktur der einzelnen Lösungsschritte darzustellen, verwendet man insbesondere bei großen und unübersichtlichen Programmen als graphisches Hilfsmittel einen Programmablaufplan.

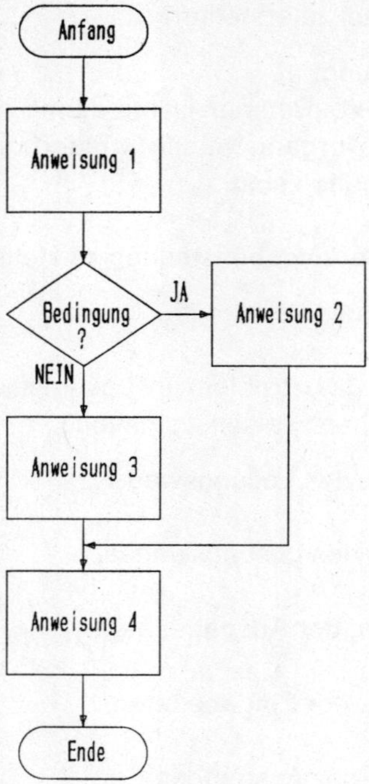

In diesem Buch wird auch bei den vorliegenden kleinen Programmen ein Programmablaufplan gezeichnet. Die verschiedenen Programmstrukturen sind dadurch leichter zu erfassen.

4.3 Programmablaufplan

Der Programmablaufplan ist ein graphisches Hilfsmittel zur Darstellung der einzelnen Lösungsschritte:

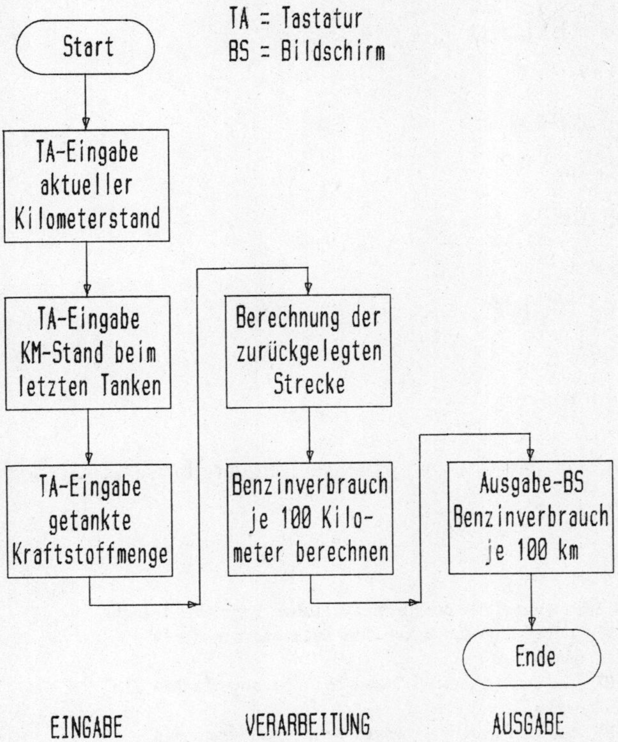

Zweck eines Programmablaufplanes ist es, das **Schreiben eines Programms in einer Programmiersprache zu erleichtern**. Letzteres wird auch als Codieren bezeichnet. Bei der Erstellung des Programmablaufplanes verwendet man genormte Symbole. Eine Übersicht aller Symbole finden Sie im Anhang.

Aufgrund des Programmablaufplanes erfolgt nun der nächste Arbeitsschritt, die Übertragung der grafisch dargestellten Lösung in eine logische Folge von Anweisungen. Diese Anweisungen werden in einer dem Computer verständlichen Sprache formuliert, in diesem Buch in der Programmiersprache BASIC.

4.4 Codierung

Der Programmablaufplan wird in die Programmiersprache BASIC übertragen.

```
10 REM ....
..
..
30 INPUT ....
..
..
80 LET ....
..
..
100 PRINT ....
..
..
120 END
```

Für die vorliegende Aufgabenstellung ergibt sich folgendes Programm:

```
10 REM Berechnung des durchschnittlichen Benzinverbrauchs
20 PRINT "Geben Sie den aktuellen Kilometerstand ein"
30 INPUT neukm
40 PRINT "Geben Sie den KM-Stand beim letzten Tanken ein"
50 INPUT altkm
60 PRINT "Geben Sie die getankte Kraftstoffmenge ein"
70 INPUT liter
80 LET strecke = neukm - altkm
90 LET durchschnitt = liter * 100 / strecke
100 PRINT "Sie verbrauchen je 100 Kilometer Strecke"
110 PRINT durchschnitt
120 END
```

Bei der Eingabe des Programmes über die Tastatur ist **jede Zeile** mit der **RETURN-Taste** abzuschließen. Andernfalls gelangt die Zeile nicht in den Hauptspeicher.

Der **Aufbau eines BASIC-Programms** ist anhand des vorliegenden Beispiels leicht nachzuvollziehen.
Jedes BASIC-Programm ist eine Folge von Zeilen. Jede Zeile ist eine in sich abgeschlossene Anweisung an den Computer. Zu Beginn einer Zeile ist eine Zeilennummer einzugeben. Es empfiehlt sich, 10er-Abstände zu wählen. Fehlende Zeilen können nachträglich leicht eingefügt werden. Der Computer arbeitet das Programm beim Programmlauf Zeile für Zeile ab. Er beginnt mit der niedrigsten Zeilennummer.
Nach der Zeilennummer folgt ein BASIC-Befehlswort in englischer Sprache. Im vorliegenden BASIC-Programm wurden die **Befehlswörter REM, PRINT, INPUT, LET** und **END** verwendet.
Neben den BASIC-Befehlswörtern stehen, außer bei der Anweisung 12Ø, Texte (in Anführungszeichen) oder numerische Daten (ohne Anführungszeichen).

Die BASIC-Anweisungen 2Ø bis 11Ø haben folgende Struktur gemeinsam:

Zeilennummer	BASIC-Befehlswort	Text- oder numerische Daten

Beispiel:

```
20 PRINT "Geben Sie den aktuellen Kilometerstand ein"
```

Einen solchen Text bezeichnet man als eine **Stringkonstante**. String ist die Bezeichnung für **Text**daten. Da der vorliegende Text bei einem Programmlauf unverändert auf dem Bildschirm ausgegeben wird, nennt man ihn eine **Konstante**. Stringkonstante müssen stets in Anführungszeichen eingeschlossen sein.
Sind beispielsweise beim Benutzen eines Programms die Namen aller Mitglieder eines Vereins einzugeben, so bezeichnet man diese Namen als **Stringvariable**. Die Namen sind wiederum Textdaten, also Strings. Da von Eingabe zu Eingabe der Name wechselt, spricht man von Variablen. Im Programm kann man an dem Variablennamen erkennen, daß eine Stringvariable vorliegt. An den Namen muß immer ein Dollarzeichen angehängt werden. Bezogen auf unser Beispiel, wäre der folgende Variablenname möglich:

```
name$
```

Ein Beispiel, in dem auf das BASIC-Befehlswort ein numerisches Datum (Zahl) folgt, finden wir in Zeile 3Ø:

```
3Ø INPUT neukm
```

Aufgrund dieser Zeile ist der aktuelle Kilometerstand einzugeben. Da von Programmlauf zu Programmlauf der aktuelle Kilometerstand jeweils ein anderer ist, liegt eine Variable vor. Der Variablenname ist neukm.
Unerheblich für das Programmieren ist zunächst die Unterscheidung der **numerischen Daten** in **Integer** und **Real**. Als Integer werden alle Ganzzahlen bezeichnet, Real-Zahlen sind Dezimalzahlen mit Nachkommastellen.

In diesem Buch sind die Befehlswörter stets in Großbuchstaben geschrieben, Variablennamen stets in Kleinbuchstaben. **Eingeben** können Sie das ganze Programm in Kleinbuchstaben. Bei der Ausgabe werden alle Befehlswörter und Variablennamen vom Computer automatisch groß geschrieben. Alle Texte zwischen Anführungsstrichen (Stringkonstante) und Bemerkungen hinter der Anweisung REM werden vom Computer unverändert übernommen.

Übung 6

1. Ein Programmablaufplan ist ein ______________________________
____
____

2. Codieren bedeutet:

   Übertragung des Programmablaufplanes in eine Programmiersprache ___
   Eingeben von Programmzeilen ___
   Eingeben von Daten ___
   Korrigieren von falsch eingegebenen Anweisungen ___

3. Überprüfen Sie folgende Aussagen zum Aufbau eines BASIC-Programms! Kreuzen Sie die richtigen Antworten an!

   Ein BASIC-Programm ist eine Folge von Zeilen. ___
   Jede Zeile ist eine in sich abgeschlossene Anweisung an den Computer. ___
   Am Anfang einer Zeile steht immer ein BASIC-Befehlswort. ___
   Die Zeilennummer dient nur zur optischen Orientierung des Nutzers.

4. Um welche Datenarten handelt es sich hier?

	Textdaten (String)	numerische Daten	Variable	Konstante
"Kilometerstand"	___	___	___	___
altkm	___	___	___	___
wohnort$	___	___	___	___
3.1415926	___	___	___	___

Lösungen zur Übung 6

1. Ein Programmablaufplan ist ein
   graphisches Hilfsmittel zur Darstellung der einzelnen Lösungsschritte.

2. Codieren bedeutet:

Übertragung des Programmablaufplanes in eine Programmiersprache	X
Eingeben von Programmzeilen	___
Eingeben von Daten	___
Korrigieren von falsch eingegebenen Anweisungen	___

3. Überprüfen Sie folgende Aussagen zum Aufbau eines BASIC-Programms! Kreuzen Sie die richtigen Antworten an!

Ein BASIC-Programm ist eine Folge von Zeilen.	X
Jede Zeile ist eine in sich abgeschlossene Anweisung an den Computer.	X
Am Anfang einer Zeile steht immer ein BASIC-Befehlswort.	___
Die Zeilennummer dient nur zur optischen Orientierung des Nutzers.	___

4. Um welche Datenarten handelt es sich hier?

	Textdaten (String)	numerische Daten	Variable	Konstante
"Kilometerstand"	X	___	___	X
altkm	___	X	X	___
wohnort$	X	___	X	___
3.1415926	___	X	___	X

Nun soll die Bedeutung der im Programm verwendeten BASIC-Anweisungen erläutert werden.

REM

REM ist die Abkürzung für REMARK, was soviel wie Anmerkung oder Kommentar bedeutet. Der Programmierer kann in das Programm an beliebigen Stellen mit der BASIC-Anweisung REM **Kommentarzeilen** einfügen, die die Übersichtlichkeit des Programms verbessern. Informationen zur Erläuterung und zum besseren Verständnis des Programms erleichtern allen Nutzern das Arbeiten. Eine Kommentarzeile hat den folgenden allgemeinen Aufbau:

Zeilennummer REM erläuternder Text

Beispiel:

```
10 REM Berechnung des durchschnittlichen Benzin-
   verbrauchs
```

Bei der Abarbeitung des Programms läßt der Computer aufgrund der REM-Anweisung den in der Programmzeile folgenden Text außer acht.

PRINT

Mit der Anweisung **PRINT** werden Textdaten (Strings) und numerische Daten (Zahlen) über den **Bildschirm ausgegeben.**
Eine Anweisung mit dem Befehlswort PRINT hat den folgenden allgemeinen Aufbau:

Zeilennummer PRINT Text und/oder numerische Daten

Beispiel mit einer Stringkonstanten:

```
20 PRINT "Geben Sie den aktuellen Kilometer-Stand ein"
```

Durch die Anweisung in Zeile 20 gibt der Computer den in Anführungszeichen eingeschlossenen Text über den Bildschirm aus. Zu beachten ist, daß Stringkonstante grundsätzlich durch Anführungszeichen zu begrenzen sind.

Beispiel mit einem Namen für eine numerische Variable:

```
110 PRINT durchschnitt
```

Hierdurch wird der Computer angewiesen, den numerischen Wert, der unter dem Variablennamen durchschnitt abgespeichert ist, auszugeben.
Im Programm sind für die verwendeten numerischen Variablen folgende **Speicherplätze** belegt:

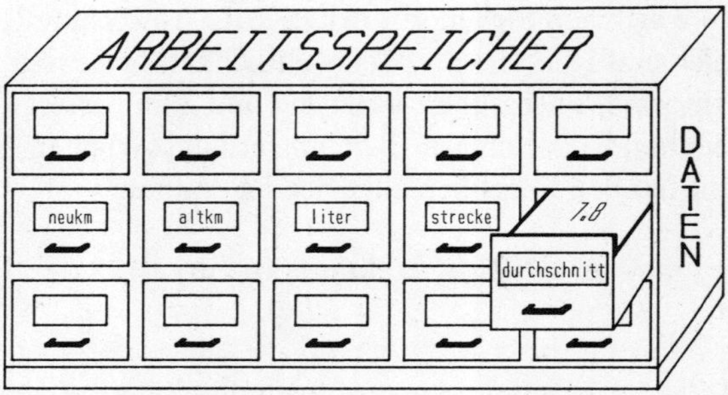

Die Namen der Variablen neukm, altkm usw. sind für den Rechner die Anschriften im Speicher, in denen er in diesem Fall die numerischen Werte für diese Variablen ablegt und bei Bedarf wiederfindet.

Im vorliegenden Programm enthielten die PRINT-Anweisungen entweder Stringkonstante oder numerische Variable. Mit einer PRINT-Anweisung können auch Stringvariable bzw. numerische Konstante ausgegeben werden.

Beispiel mit einer Stringvariablen:

```
200 PRINT waehrung$
```

Der in waehrung$ abgespeicherte Text wird aufgrund der Anweisung 200 auf dem Bildschirm ausgegeben.

Beispiel mit einer numerischen Konstanten:

```
210 PRINT 123.85
```

Bei einem Programmlauf wird entsprechend der Anweisung 210 der Wert 123.85 ausgegeben. Es ist darauf zu achten, daß in BASIC **Dezimalzahlen** mit einem **Dezimalpunkt** eingegeben und geschrieben werden.

INPUT

Beim Ablauf eines Programmes werden über die Tastatur die Werte für Variable eingegeben und unter dem Variablennamen gespeichert. **Die INPUT-Anweisung dient dazu, Daten über die Tastatur in den Rechner einzugeben.** Sie hat den folgenden allgemeinen Aufbau:

Zeilennummer INPUT Variable

Beispiel für eine numerische Variable:

```
30 INPUT neukm
```

Bei einem Programmlauf erwartet der Computer nach einer INPUT-Anweisung die Eingabe eines konkreten Wertes. Er zeigt dies durch das Fragezeichen auf dem Bildschirm an und reserviert einen Speicherplatz im Hauptspeicher. Nachdem der Benutzer den Wert eingegeben und die RETURN-Taste betätigt hat, wird der Wert in den Hauptspeicher übernommen.

Beispiel für eine Stringvariable:

```
200 INPUT waehrung$
```

Bei einem Programmlauf erwartet der Computer die Eingabe eines Strings, zum Beispiel die Abkürzung hfl für Niederländische Gulden. Es ist auch möglich, in einer INPUT-Anweisung die Ausgabe eines "Meldetextes" zu programmieren.

Beispiel für eine INPUT-Anweisung mit einem Meldetext:

```
20 INPUT "Geben Sie den augenblicklichen Kilometerstand
   ein"; neukm
```

Diese Anweisung veranlaßt den Computer, zunächst den "Meldetext" auszugeben und dann auf die Eingabe des Kilometerstandes zu warten. Im Sinne einer übersichtlichen Programmierung sollten jedoch Textausgaben in einer PRINT-Anweisung und Eingaben von Werten in einer INPUT-Anweisung programmiert werden.

```
Ok
list
10 REM Berechnung des durchschnittlichen Benzinverbrauchs
20 PRINT "Geben Sie den aktuellen Kilometer-Stand ein"
30 INPUT NEUKM
40 PRINT "Geben Sie den KM-Stand beim letzten Tanken ein"
50 INPUT ALTKM
60 PRINT "Geben Sie die getankte Krafstoffmenge ein"
70 INPUT LITER
80 LET STRECKE = NEUKM - ALTKM
90 LET DURCHSCHNITT = LITER * 100 / STRECKE
100 PRINT "Sie verbrauchen je 100 Kilometer Strecke "
110 PRINT DURCHSCHNITT
120 END
RUN
Geben Sie den aktuellen Kilometer-Stand ein
?
```

Jede Eingabe wird mit der RETURN-Taste abgeschlossen.
Mit dem Drücken dieser Taste wird der eingegebene Wert dem reservierten Speicherplatz zugewiesen. Danach setzt der Computer die Abarbeitung des Programmes fort.
Ist wie im Beispiel nach der INPUT-Anweisung eine numerische Variable benannt (neukm), so meldet der Computer bei der Eingabe von Buchstaben einen **Fehler** und fordert zur Wiederholung der Eingabe auf. Bei einer Textvariablen, wie beispielsweise nam$, akzeptiert er Ziffern, Buchstaben und Sonderzeichen. Alle diese Zeichen können als Zeichenkette abgespeichert werden.

LET

Mit der BASIC-Anweisung LET wird der Variablen links vom Gleichheitszeichen ein neuer Wert zugewiesen. Dieser Wert ergibt sich aus dem, was rechts vom Gleichheitszeichen steht. Rechts vom Gleichheitszeichen kann ein arithmetischer Ausdruck (Term), eine Konstante oder eine Variable stehen.
Eine LET-Anweisung hat folgenden allgemeinen Aufbau:

Zeilennummer	LET Variable =	arithmetischer Ausdruck und/oder Konstante und/oder Variable

Beispiel für eine LET-Anweisung mit einem arithmetischen Ausdruck:

```
90 LET strecke = neukm – altkm
```

Nehmen wir an, die Variable neukm enthält den Wert 19750 und die Variable altkm enthält den Wert 19250. Das Ergebnis der Subtraktion ist dann 500. Dieser Wert wird der Variablen strecke zugewiesen.

Arithmetische Ausdrücke sind alle sinnvollen Verbindungen von numerischen Werten mit den Rechenzeichen

+	–	*	/	^
Addition	Subtraktion	Multiplikation	Division	Potenz

Beispiel für eine LET-Anweisung mit einer numerischen Variablen:

```
1000 LET kapital = neukapital
```

Bisher sind durch die LET-Anweisung nur numerische Daten miteinander verknüpft worden. In einer LET-Anweisung können auch Strings einer Stringvariablen zugewiesen werden.

Beispiel für eine LET-Anweisung mit einer Textkonstanten:

```
2000 LET a$ = "Computer"
2100 LET b$ = "handbuch"
```

Die LET-Anweisung dient daher nicht nur als Rechenanweisung. Sie läßt sogar das Aneinanderhängen mehrerer Strings zu.

Beispiel zum Aneinanderhängen von Strings:

```
2200 LET c$ = a$ + b$
```

Die Variable c$ hat nun den Inhalt "Computerhandbuch".

END

Die Anweisung END signalisiert dem Rechner, den Programmablauf zu beenden und wieder in den Programmiermodus zu gehen.

Die Endanweisung hat folgende allgemeine Form:

Zeilennummer END

Beispiel:

```
12Ø END
```

Der Rechner meldet sich nach Erreichen der END-Anweisung mit o.k. und der Cursor blinkt wieder.

Übung 7

1. Welche Bedeutung hat die folgende Programmzeile?

   ```
   1Ø REM Programm zur Berechnung des durchschnittlichen
          Benzinverbrauchs
   ```

   Bedeutung: ______________________________

   ____

2. Der Inhalt der Variable wert soll über den Bildschirm ausgegeben werden. Wie lautet die entsprechende BASIC-Anweisung?

   BASIC-Anweisung: 5Ø ______________________________

3. Bei einem Programm zur Berechnung von Zinsen fordert der Computer vom Nutzer den jeweiligen Kapitalbetrag an und speichert ihn in der numerischen Variable kapital.
   Formulieren Sie die entsprechende BASIC-Anweisung!

   BASIC-Anweisung: 2Ø ______________________________

4. Einige mathematische Ausdrücke müssen für die BASIC-Schreibweise umgeformt werden. Notieren Sie die folgenden Ausdrücke als BASIC-Anweisung.

   $x = \frac{a + b}{2}$ 2Ø LET x = ______________________________

   $y = ax^2$ 3Ø LET y = ______________________________

   $z = \left(a + \frac{b}{c}\right)d$ 4Ø LET z = ______________________________

Lösungen zu Übung 7

1. Welche Bedeutung hat die folgende Programmzeile?

   10 REM Programm zur Berechnung des durchschnittlichen Benzinverbrauchs

   Bedeutung: Dies ist ein Kommentar. Der Text wird vom Computer nicht beachtet, er dient nur zur Orientierung des Benutzers.

2. Der Inhalt der Variable wert soll über den Bildschirm ausgegeben werden. Wie lautet die entsprechende BASIC-Anweisung?

   BASIC-Anweisung: 50 PRINT wert

3. Bei einem Programm zur Berechnung von Zinsen fordert der Computer vom Nutzer den jeweiligen Kapitalbetrag an und speichert ihn in der numerischen Variable kapital.
   Formulieren Sie die entsprechende BASIC-Anweisung!

   BASIC-Anweisung: 20 INPUT kapital

4. Einige mathematische Ausdrücke müssen für die BASIC-Schreibweise umgeformt werden. Notieren Sie die folgenden Ausdrücke als BASIC-Anweisung.

$x = \frac{a + b}{2}$	20 LET x = (a + b) / 2
$y = ax^2$	30 LET y = a * x ^ 2
$z = \left(a + \frac{b}{c}\right)d$	40 LET z = (a + b/c) * d

Nachdem die Lösung der Aufgabe in Form eines Programmes im Computer vorliegt, ist nun die Fehlerfreiheit des Programmes zu testen. Damit sind wir beim nächsten wichtigen Schritt der Programmierung, dem Programmtest.

4.5 Programmtest

Bei einem Programmtest ermittelt der Programmierer, ob ein Programm fehlerfrei läuft.
Um ein Programm laufen zu lassen und zu testen, benötigen Sie eine Reihe von **Kommandos im Direktbetrieb**. Diese Befehle werden ohne Zeilennummer eingegeben und mit der RETURN-Taste abgeschlossen. Der Computer führt die eingegebenen Befehle sofort aus.
Für den Programmtest und die Speicherung des Programmes sind eine Reihe von Kommandos im Direktbetrieb von Bedeutung.

■ **RUN**
Nach Fertigstellung des Programmes **startet man den Computerlauf mit dem Befehl RUN**. Entweder geben Sie den Befehl Buchstabe für Buchstabe über die Tastatur ein und betätigen dann die RETURN-Taste oder Sie drücken die Funktionstaste F2.
GW-BASIC beziehungsweise BASIC-A will Ihnen das mühsame Eintippen bei den am meisten benötigten Kommandos im Direktbetrieb ersparen. BASIC zeigt am unteren Bildschirmrand an, welche Kommandos im Direktbetrieb über die Funktionstasten aufgerufen werden können.
Der Computer arbeitet das Programm Zeile für Zeile ab, beginnend mit der niedrigsten Zeilennummer. Bei den im Programm vorgesehenen Eingaben (BASIC-Anweisung INPUT) erwartet er, daß der Nutzer des Programms die Werte über die Tastatur eingibt. Jede dieser Eingaben ist wiederum mit <RETURN> abzuschließen. Der Computerlauf ist nach Ausgabe des Ergebnisses beendet.
Um ein Programm besser testen zu können, kann der Computerlauf auf bestimmte Programmteile begrenzt werden. Dazu bietet BASIC die folgende Möglichkeit:

RUN Zeilennummer

Beispiel:

RUN 1ØØ

Das Programm wird von der Zeile 1ØØ bis zum Programmende abgearbeitet.

LIST, LLIST

Das Kommando LIST (Funktionstaste F1) bewirkt die Gesamtauflistung des im Hauptspeicher stehenden Programms auf dem Bildschirm.

LIST

Es besteht eine Vielzahl von Möglichkeiten, Teile des Programms aufzulisten:

LIST 1ØØ
Die Zeile 1ØØ wird auf dem Bildschirm ausgegeben.

LIST –1ØØ
Von der ersten Zeile bis einschließlich Zeile 1ØØ erfolgt die Auflistung auf dem Bildschirm.

LIST 1ØØ–
Das Programm wird ab Zeile 1ØØ bis zum Programmende aufgelistet.

LIST 1ØØ–2ØØ
Das Programm wird von Zeile 1ØØ bis einschließlich Zeile 2ØØ aufgelistet.

Soll die Ausgabe des Programmes über den Drucker erfolgen, so ist vor dem Befehl LIST ein L für line printer (= Drucker) zu schreiben. Sie haben mit dem Befehl **LLIST** die gleichen Möglichkeiten wie bei LIST, sich Teile des Programms ausdrucken zu lassen.

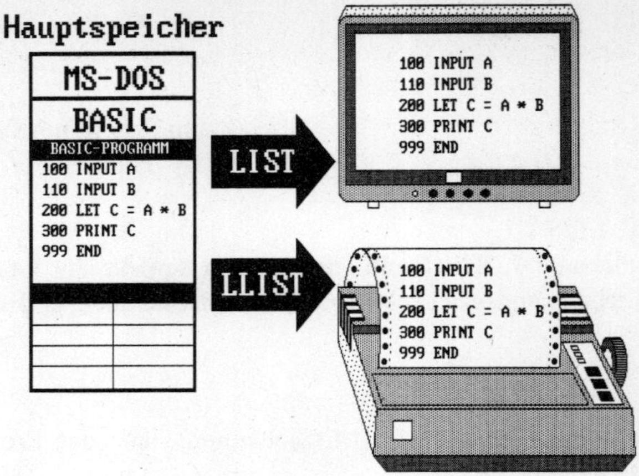

DELETE

Mit dem Befehl DELETE können Sie eine Programmzeile, einen ganzen Programmbereich oder das gesamte Programm im Hauptspeicher löschen:

DELETE
Das gesamte Programm wird gelöscht.

DELETE 1ØØ
Die Zeile 1ØØ wird gelöscht.

DELETE 1ØØ–2ØØ
Die Zeilen 1ØØ bis einschließlich Zeile 2ØØ werden gelöscht.

DELETE –1ØØ
Alle Zeilen vom Beginn des Programms bis einschließlich Zeile 1ØØ werden gelöscht.

DELETE 1ØØ–
Alle Zeilen ab einschließlich Zeile 1ØØ bis zum Ende des Programms werden gelöscht.

SAVE

Nach Eingabe eines Programmes über die Tastatur ist dieses auf einem magnetischen Datenträger abzuspeichern. Bei einem PC erfolgt dies auf einer Platte oder Diskette. Man nennt diesen Vorgang auch das Sichern eines Programmes. Fällt vor dem Sichern einmal der Strom aus oder gibt es eine Betriebsstörung, war alle Arbeit umsonst. Das Programm ist verloren und muß neu eingegeben werden.
Beim Eingeben umfangreicher Programme ist deshalb auch zwischendurch zu sichern. Selbst wenn das Programm noch fehlerhaft ist, kann es gespeichert werden. Nach dem Austesten des Programmes wird dann das fehlerhafte Programm auf dem magnetischen Datenträger einfach durch das korrekte Programm überschrieben.
Die Speicherung des Programms auf dem **aktuellen Diskettenlaufwerk** erfolgt über das Kommando SAVE (Funktionstaste F4). Der Direktbefehl SAVE hat die folgende allgemeine Form:

SAVE"programmname"

Beispiel:

```
SAVE"benzin"
```

Das aktuelle Laufwerk wird beim Starten des Betriebssystems festgelegt. In der Regel ist es das Laufwerk A:.
Bei der Speicherung ist also für das Programm ein **Programmname** einzugeben, unter dem es bei Bedarf wieder aufgerufen werden kann. Dieser Programmname darf nicht länger als acht Zeichen sein. Die Besonderheiten Ihres BASIC-Dialektes sind hier zu beachten. Sonderzeichen sollten im Programmnamen nicht verwendet werden. Der Einsatz von Ziffern ist möglich, zum Beispiel benzin1, benzin2.
Wollen Sie Ihre Programme auf einer Datendiskette in **Laufwerk B:** speichern, so muß **vor** dem Programmnamen das Laufwerk (A: B: oder C:) angegeben werden.

Beispiel:

```
SAVE"b:benzin"
```

In Unternehmen erfolgt oft eine umfangreiche Programmbeschreibung, damit auch neue Mitarbeiter mit diesem Programm arbeiten können. Die Programmbeschreibung wird häufig mit Hilfe eines Textprogrammes vorgenommen. Damit das codierte Programm ohne Probleme in das Textprogramm übernommen werden kann, ist es notwendig, es im ASCII-Code zu speichern. Der Befehl für das Speichern lautet dann:

SAVE"b:benzin",A

ASCII ist die Abkürzung für **A**merican **S**tandard **C**ode for **I**nformation **I**nterchange, was soviel heißt wie Amerikanischer Standard Code für den Informations-Austausch. Hierbei handelt es sich um einen **genormten Code für DV-Systeme**.

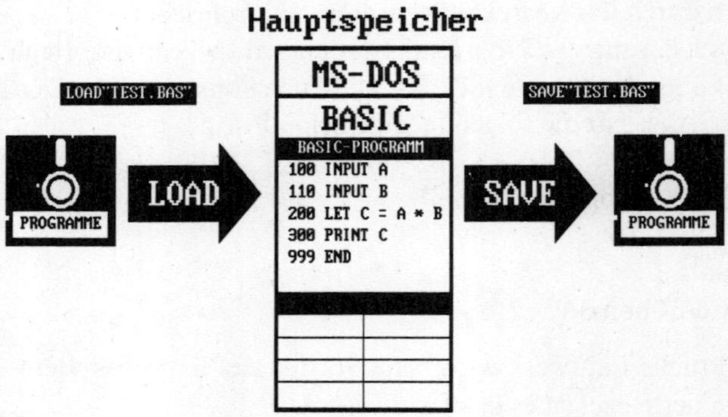

LOAD

Das Laden eines BASIC-Programmes vom magnetischen Datenträger in den Hauptspeicher erfolgt über den Befehl LOAD (Funktionstaste F3). Ist das Programm auf dem aktuellen Diskettenlaufwerk gespeichert, lautet der Befehl:

LOAD"programmname"

Beispiel:

LOAD"benzin"

Wollen Sie das Programm von einer Datendiskette im Laufwerk b: laden, so ist einzugeben:

LOAD"b:benzin"

FILES

Eine Anzeige der auf der Diskette gespeicherten Dateien ist über den Befehl FILES möglich. Angezeigt werden die Namen der Dateien von der Diskette im aktuellen Laufwerk. Um das Inhaltsverzeichnis einer Diskette in einem anderen Laufwerk wie beispielsweise Laufwerk B: auf dem Bildschirm anzuzeigen, muß der Befehl folgendermaßen eingegeben werden:

FILES“b:”

Man kann auch nur bestimmte Dateien ansehen. Aufgrund des folgenden Befehls werden alle BASIC-Programme der Diskette im Laufwerk b: angezeigt, die die Erweiterung “.BAS” im Programmnamen enthalten.

FILES“b:*.bas”

NEW

Wenn Sie ein Programm erstellt und auf der Diskette gesichert haben und nun noch ein weiteres Programm eingeben wollen, so müssen Sie erst den **Hauptspeicher löschen**. Dies geschieht mit Hilfe des Befehls NEW. Dieser Befehl ist mit äußerster Vorsicht anzuwenden, damit nicht aus Versehen ein noch benötigtes Programm im Hauptspeicher gelöscht wird.

Übung 8

Notieren Sie die jeweiligen Direktbefehle!

1. Ein im Hauptspeicher des Computers befindliches BASIC-Programm soll von der Zeile 1ØØ ab über den Bildschirm ausgegeben werden.
   Direktbefehl: ______________________________

2. Die Programmzeilen 5Ø–15Ø sollen über den Drucker ausgegeben werden.
   Direktbefehl: ______________________________

3. Das Programm soll ab der Zeile 3Ø gestartet werden.
   Direktbefehl: ______________________________

4. Der Hauptspeicher soll gelöscht werden.
   Direktbefehl: ______________________________

5. Die Programmzeilen 1ØØ–2ØØ sollen im Hauptspeicher gelöscht werden.
   Direktbefehl: ______________________________

6. Das im Hauptspeicher befindliche Programm soll unter dem Namen "test1" auf der Diskette im Laufwerk B: gespeichert werden.
   Direktbefehl: ______________________________

7. Das im Hauptspeicher befindliche Programm soll als "test2" auf der Diskette im aktuellen Laufwerk so gespeichert werden, daß es anschließend mit einem Textverarbeitungsprogrammm weiterbearbeitet werden kann.
   Direktbefehl: ______________________________

8. Das Programm "test1" soll von der Diskette in den Hauptspeicher geladen werden.
   Direktbefehl: ______________________________

9. Das Inhaltsverzeichnis der Diskette im aktuellen Laufwerk soll auf dem Bildschirm angezeigt werden.
   Direktbefehl: ______________________________

Lösungen zur Übung 8

Notieren Sie die jeweiligen Direktbefehle!

1. Ein im Hauptspeicher des Computers befindliches BASIC-Programm soll von der Zeile 1ØØ ab über den Bildschirm ausgegeben werden.

   Direktbefehl: LIST 1ØØ–

2. Die Programmzeilen 5Ø–15Ø sollen über den Drucker ausgegeben werden.

   Direktbefehl: LIST 5Ø–15Ø

3. Das Programm soll ab der Zeile 3Ø gestartet werden.

   Direktbefehl: RUN 3Ø

4. Der Hauptspeicher soll gelöscht werden.

   Direktbefehl: NEW

5. Die Programmzeilen 1ØØ–2ØØ sollen im Hauptspeicher gelöscht werden.

   Direktbefehl: DELETE 1ØØ–2ØØ

6. Das im Hauptspeicher befindliche Programm soll unter dem Namen "test1" auf der Diskette im Laufwerk B: gespeichert werden.

   Direktbefehl: SAVE"b:test1"

7. Das im Hauptspeicher befindliche Programm soll als "test2" auf der Diskette im aktuellen Laufwerk so gespeichert werden, daß es anschließend mit einem Textverarbeitungsprogrammm weiterbearbeitet werden kann.

   Direktbefehl: SAVE"test2",a

8. Das Programm "test1" soll von der Diskette in den Hauptspeicher geladen werden.

   Direktbefehl: LOAD"b:test1"

9. Das Inhaltsverzeichnis der Diskette im aktuellen Laufwerk soll auf dem Bildschirm angezeigt werden.

   Direktbefehl: FILES

Nun sind Sie in der Lage, ein lineares Programm zu schreiben und einen ersten Programmtest durchzuführen. Erfahrungsgemäß treten dabei gerade am Anfang eine Reihe typischer Fehler auf. Die häufigste Fehlermöglichkeit sind Schreibfehler bei der Eingabe des Programmes wie beispielsweise PIRNT statt PRINT. Der Computer reagiert bei einem Programmlauf mit der Meldung **"Syntax Error"**.

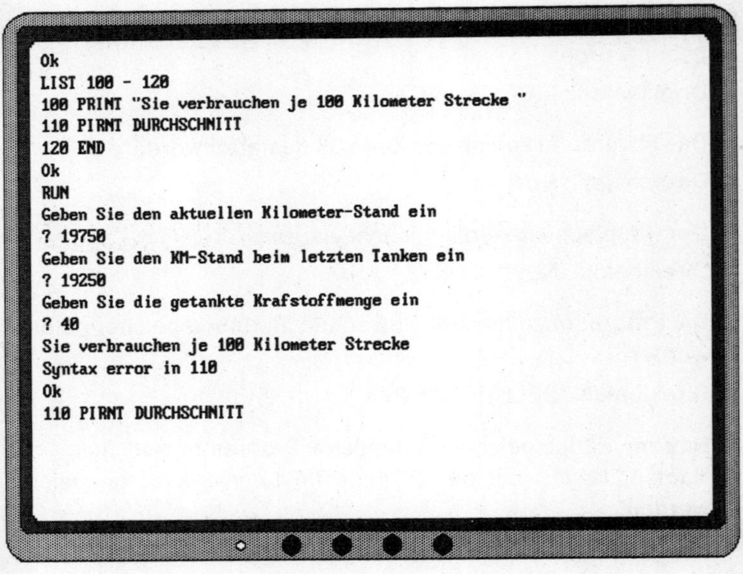

Die Fehlermeldung "Syntax Error" zeigt an, daß dieser Befehl im Befehlsvorrat nicht vorhanden ist. Solche Schreibfehler sind leicht zu korrigieren. Führen Sie dazu den Cursor auf dem Bildschirm an die fehlerhafte Stelle und ändern Sie den Text ab.

Zu beachten ist, daß die Korrektur in der Zeile unbedingt mit der RETURN-Taste abgeschlossen werden muß, damit die korrigierte Zeile in den Hauptspeicher des Computers übernommen wird. Ein typischer Fehler bei den ersten BASIC-Programmen ist, daß man die Programmzeilen zwar auf dem Bildschirm ändert, jedoch vergißt, nach jeder Änderung die RETURN-Taste zu betätigen. Das Programm ist dann zwar auf dem Bildschirm, nicht aber im Hauptspeicher geändert. Beim nächsten Programmlauf treten deshalb diese Fehler wieder auf.

Mit der **Korrekturtaste** ← werden Zeichen links vom Cursor gelöscht. Mit der **DEL-Taste** (DELete = Löschen) löschen Sie das Zeichen, auf dem der Cursor gerade steht. Sind in einer Zeile des Programmes Einfügungen vorzunehmen, so ist zuerst die **INS-Taste** (INSert = Einfügen) zu drücken. Ein etwas vergrößerter Cursor zeigt dann an, daß Sie sich im Einfüge-Modus befinden. Dieser Modus wird durch erneutes Betätigen der INS-Taste oder durch <RETURN> beendet. Ein häufiger Fehler ist ein falsch geschriebener Variablenname, zum Beispiel druchschnitt statt durchschnitt. Der Computer interpretiert druchschnitt als neuen Variablennamen und gibt bei einem Programmlauf den Wert Ø aus, solange der Variablen druchschnitt kein Wert zugewiesen wurde.

```
Ok
LIST 100 - 120
100 PRINT "Sie verbrauchen je 100 Kilometer Strecke "
110 PRINT DRUCHSCHNITT
120 END
Ok
RUN
Geben Sie den aktuellen Kilometer-Stand ein
? 19750
Geben Sie den KM-Stand beim letzten Tanken ein
? 19250
Geben Sie die getankte Krafstoffmenge ein
? 40
Sie verbrauchen je 100 Kilometer Strecke
 0
Ok
```

Nachdem alle Fehler im Programm beseitigt sind, ist das Programm mit **Testdaten** zu prüfen. Das Ergebnis, das der Computer aufgrund dieser Lösung liefern müßte, ist bekannt. Üblicherweise verwendet man als Testdaten,

- Daten, die echten Vorfällen entsprechen,
- Extremwerte und
- Falschdaten.

Bei den Falschwerten überprüft man die Reaktion des Programms auf nicht erlaubte Daten.

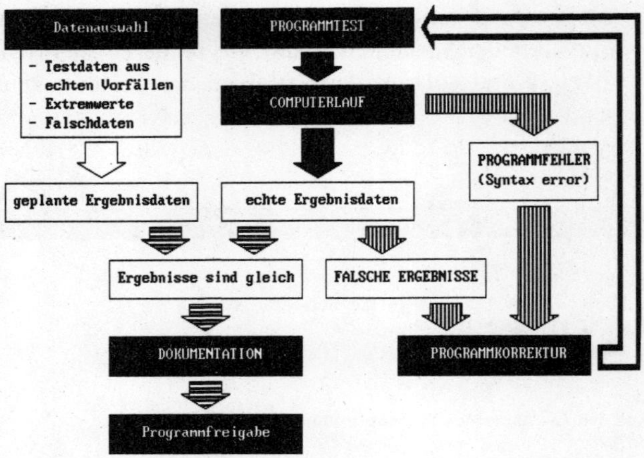

Die Testphase ist abgeschlossen, wenn ein Programm einwandfrei funktioniert und fehlerfrei ist.
Sollen andere Personen neben dem Programmierer dieses Programm ebenfalls nutzen, so ist eine Sammlung aller Unterlagen der Programmerstellung vorzunehmen.

4.6 Programmdokumentation

Zusammenstellung aller Unterlagen, die bei der Programmerstellung anfielen.

Eine Programmdokumentation ist für den Fall erforderlich, daß Programme später einmal geändert werden sollen. Häufig treten bei einem Programm erst bei der praktischen Nutzung Fehler auf, die in der Testphase nicht bedacht wurden. Das Aufspüren und die Korrektur dieser Fehler erfordert genaue Unterlagen.

Um Betrugsfällen vorzubeugen, ist eine Überprüfung von Programmen ebenfalls erforderlich. Wenn mit Hilfe von Programmen steuerrechtlich wichtige Daten erarbeitet werden, ist auch die Steuerbehörde zur Überprüfung der Programme berechtigt. Für all diese Fälle ist eine gute Programmdokumentation nützlich, weil sie Programmprüfungen und -änderungen wesentlich erleichtert.

Übung 9

1. Bei einem Programmtest werden folgende Testdaten eingesetzt:

   (1) ____
   (2) ____
   (3) ____

2. Unter Programmdokumentation versteht man ______________
   ____
   ____

3. Für die Berechnung von rechteckigen Flächen wurde folgendes BASIC-Programm erstellt:

Stellen Sie die Fehler fest!

```
 1Ø  ROM Berechnung von
     Fläche und Umfang                ______________________
 2Ø  PRINT "Geben Sie die
     Breite ein"                      ______________________
 3Ø  INPUT breite                     ______________________
 4Ø  PRINT "Geben Sie die
     Länge ein"                       ______________________
 5Ø  INPUT laenge                     ______________________
 6Ø  LET umfang = breite
     + laenge * 2                     ______________________
 7Ø  LET fläche = breite *
     laenge                           ______________________
 8Ø  PRINT "Der Umfang
     beträgt"                         ______________________
 9Ø  PRINT umfng                      ______________________
1ØØ  PRINT "Die Fläche
     beträgt"                         ______________________
11Ø  PRITN flaeche                    ______________________
12Ø  END                              ______________________
```

Schreiben Sie das korrekte Programm!

```
1Ø ____________________________________________
2Ø ____________________________________________
3Ø ____________________________________________
```

40 ____

50 ____

60 ____

70 ____

80 ____

90 ____

100 ____

110 ____

120 ____

Lösungen zu Übung 9

1. Bei einem Programmtest werden folgende Testdaten eingesetzt:

   (1) Daten, die echten Vorfällen entsprechen
   (2) Extremwerte
   (3) Falschdaten

2. Unter Programmdokumentation versteht man die Zusammenstellung aller Unterlagen, die bei der Programmerstellung anfielen.

3. Für die Berechnung von rechteckigen Flächen wurde folgendes BASIC-Programm erstellt:

	Stellen Sie die Fehler fest!
10 ROM Berechnung von Fläche und Umfang	ROM statt REM
20 PRINT "Geben Sie die Breite ein"	
30 INPUT breite	
40 PRINT "Geben Sie die Länge ein"	
50 INPUT laenge	
60 LET umfang = breite + laenge * 2	Klammern fehlen
70 LET fläche = breite * laenge	Variablennamen mit Umlaut
80 PRINT "Der Umfang beträgt"	
90 PRINT umfng	Variable umfng nicht bekannt
100 PRINT "Die Fläche beträgt"	
110 PRITN flaeche	PRITN statt PRINT
120 END	

Schreiben Sie das korrekte Programm!

```
 10 REM Berechnung von Fläche und Umfang
 20 PRINT "Geben Sie die Breite ein "
 30 INPUT breite
 40 PRINT "Geben Sie die Länge ein   "
 50 INPUT laenge
 60 LET umfang = (breite + laenge) * 2
 70 LET flaeche = breite * laenge
 80 PRINT "Der Umfang beträgt"
 90 PRINT umfang
100 PRINT "Die Fläche beträgt"
110 PRINT flaeche
120 END
```

5 BENUTZERFREUNDLICHE PROGRAMME DURCH SOFTWARE-ERGONOMIE

Bei einem Lauf des Programms "Berechnung des durchschnittlichen Benzinverbrauchs" ergibt sich folgende Bildschirmausgabe:

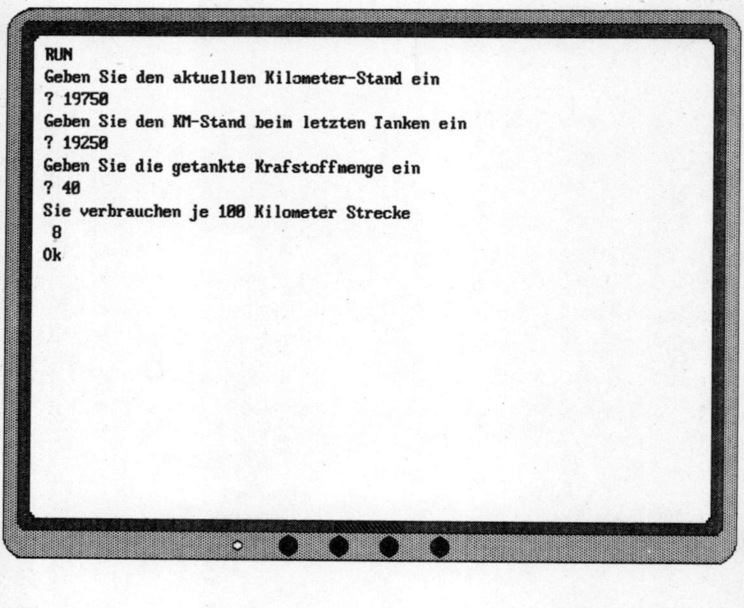

Ein Computer-Nutzer mit Übung in BASIC-Programmierung bezeichnet eine solche Ausgabe als "Schmuddel-Bildschirm". Der Direktbefehl RUN und die Programmausführung stehen untereinander. Das gewünschte Ergebnis muß bei dieser Vielzahl von Informationen noch gesucht werden.

CLS

An eine saubere Programmierung ist die Anforderung zu stellen, daß auf dem Bildschirm nur die problemrelevanten Informationen übersichtlich ausgegeben werden. Bei einem Programmlauf zur Lösung eines Problems ist daher als erstes der **Bildschirm** zu **löschen**. Die entsprechende Anweisung lautet allgemein:

Zeilennummer CLS

Beispiel:

```
5 CLS
```

Der Befehl **CLS** ist die Abkürzung für **CLEAR SCREEN**. Neben seiner Verwendung im Programm, versehen mit einer Zeilennummer, kann er auch als Direktbefehl, dann aber ohne Zeilennummer, eingesetzt werden.

An der Verbesserung des Ausgangsprogramms können Sie den Sinn der Abstände bei den Zeilennummern erkennen. Ohne Probleme können zusätzliche Zeilen an der richtigen Stelle eingefügt werden. Das Schreiben weiterer Programmzeilen kann in jeder beliebigen freien Zeile auf dem Bildschirm erfolgen, da der Computer sie entsprechend der Zeilennummer richtig einfügt.

Die Gestaltung des Ein- und Ausgabeteils auf dem Bildschirm ist noch alles andere als zufriedenstellend. Alle Eingaben erfolgen nach der Eingabeaufforderung in der nächsten Zeile. Der errechnete Durchschnittsverbrauch wird nicht hinter dem erläuternden Text, sondern ebenfalls erst in der nächsten Zeile ausgegeben. Das Programm soll nun so verändert werden, daß sich die folgende Bildschirmausgabe ergibt:

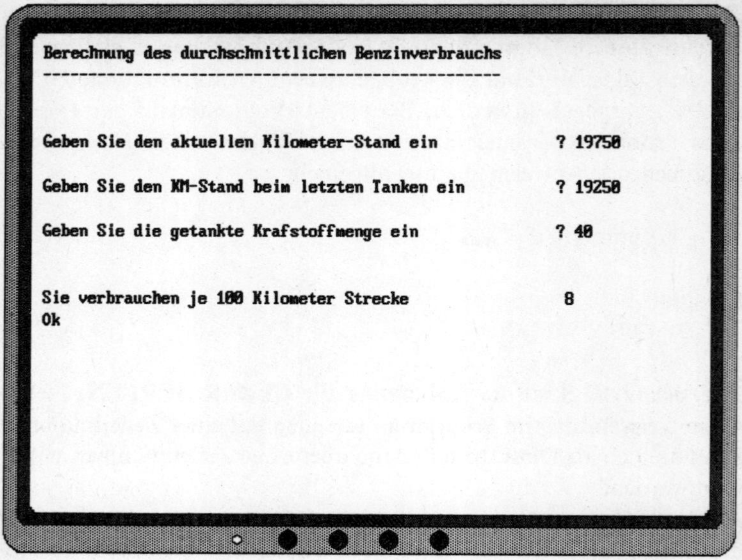

Die Ausgabe einer Überschrift auf dem Bildschirm erreicht man durch das Einfügen einer PRINT-Anweisung mit dem dazugehörigen Text:

```
15 PRINT "Berechnung des durchschnittlichen Benzin-
   verbrauchs"
16 PRINT "______________________________________________
   _____"
```

In Zeile 16 ist die Unterstreichung der Überschrift programmiert.

Leerzeilen erhält man durch PRINT-Anweisungen ohne Ausgabedaten:

```
17 PRINT : PRINT
```

Wenn mehrere Leerzeilen benötigt werden, schreibt man entsprechend viele PRINT-Anweisungen. Diese kann man auch in einer einzigen Zeile zusammenfassen; sie müssen allerdings jeweils durch Doppelpunkte getrennt werden.

Der Doppelpunkt in der Zeile 17 bewirkt die notwendige Trennung von zwei BASIC-Anweisungen innerhalb einer Programmzeile. So können mehrere Anweisungen in einer Zeile geschrieben werden. Das gilt entsprechend für alle anderen BASIC-Anweisungen.
Eine Leerzeile ist jeweils zwischen den Eingabeaufforderungen eingefügt. Die Ausgabe des Ergebnisses erfolgt nach einem Abstand von zwei Leerzeilen. Die entsprechenden Programmergänzungen lauten:

```
35 PRINT
55 PRINT
75 PRINT : PRINT
```

Formatierung mit Komma (PRINT "......",)

Damit die Daten, wie in der Abbildung, genau untereinander stehen, muß die PRINT-Anweisung variiert werden. Eine Möglichkeit bietet die Formatierung durch Komma. Formatierung bedeutet in diesem Zusammenhang Gestaltung der Ausgabe.
Die entsprechende Programmergänzung in Zeile 20 lautet:

```
2Ø PRINT "Geben Sie den aktuellen Kilometerstand ein",
```

Das Komma als Trennzeichen in einer PRINT-Zeile bewirkt, daß der Cursor nicht in die nächste Zeile springt, sondern in den nächsten Druckbereich des Bildschirms. Bei einer Formatierung mit Komma wird eine Ausgabezeile in Druckbereiche mit je 14 Spalten aufgeteilt. Ein Komma hinter einem auszugebenden Text oder einer numerischen Variable veranlaßt den Cursor, aus der aktuellen Position an den Anfang des nächsten Druckbereichs zu springen.

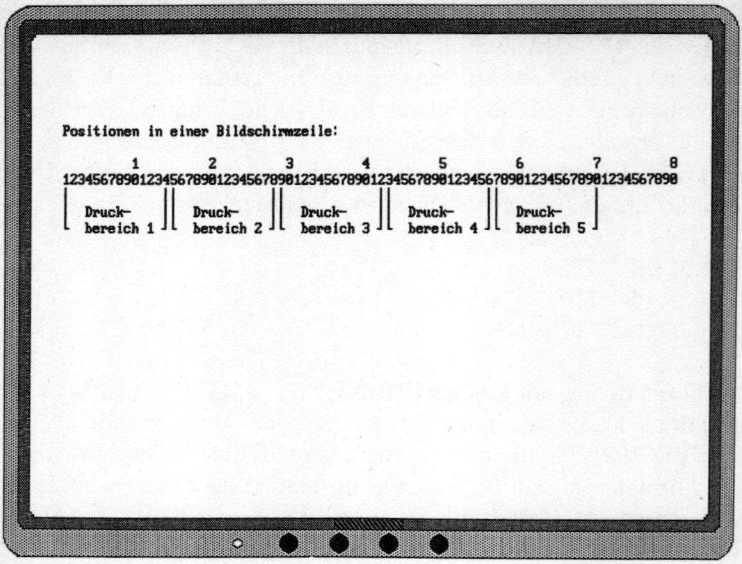

Sie können in den Programmzeilen mit Eingabeaufforderung, den Zeilen 2Ø, 4Ø und 6Ø, das Komma hinzufügen. In den Hauptspeicher wird diese Korrektur erst übernommen, wenn Sie nach Abschluß der Korrekturen in **einer Programmzeile** unmittelbar die RETURN-Taste drücken. Es ist ein typischer Fehler, daß der Cursor nur mit den Cursortasten zu den korrekturbedürftigen Stellen gelenkt, aber die Übernahme der Korrektur in den Hauptspeicher durch das Drücken der RETURN-Taste vergessen wird.

Das korrekte Programm mit Formatierung durch Komma sieht nach Fertigstellung aller Korrekturen folgendermaßen aus:

```
  5 CLS
 10 REM Berechnung des durchschnittlichen Benzinverbrauchs
 15 PRINT "Berechnung des durchschnittlichen Benzinverbrauchs"
 16 PRINT "--------------------------------------------------"
 17 PRINT : PRINT
 20 PRINT "Geben Sie den aktuellen Kilometerstand ein",
 30 INPUT neukm
 35 PRINT
 40 PRINT "Geben Sie den Kilometerstand beim letzten Tanken ein",
 50 INPUT altkm
 55 PRINT
 60 PRINT "Geben Sie die getankte Kraftstoffmenge ein",
 70 INPUT liter
 75 PRINT : PRINT
 80 LET strecke = neukm - altkm
 90 LET durchschnitt = liter * 100 / strecke
100 PRINT "Sie verbrauchen je 100 Kilometer Strecke",,
110 PRINT durchschnitt
120 END
```

In Zeile 1ØØ ist die Eingabe eines zweiten Kommas notwendig, weil der Text kürzer ist als in den anderen Zeilen. Ohne ein Komma würde der Cursor nach Ausgabe des Textes im dritten Druckbereich stehen. Durch Einfügen der zwei Kommas springt er zwei Druckbereiche weiter an den Anfang des fünften Druckbereichs. Die Ausgabe steht nun im gleichen Druckbereich wie die Eingaben.

RENUM

Durch die Programmkorrekturen ist die Zeilennumerierung nicht mehr in 10er-Schritten aufgebaut. Sie kann durch den Direktbefehl **RENUM** wieder in den gewünschten Abstand gebracht werden. RENUM ist die Abkürzung für **RENUMBER**, was soviel wie neu numerieren heißt.
Allgemein lautet die RENUM-Anweisung:

```
RENUM  neue Zeilennummer, alte Zeilennummer, Schrittweite
```

Bei unserem Programm lautet die sinnvolle Neunumerierung:

```
RENUM 1ØØ,5,1Ø
```

Die erste Programmzeile beginnt danach mit der neuen Zeilennummer 1ØØ. Die Neunumerierung beginnt ab der alten Zeilennummer 5. Die Durchnumerierung der Zeilen erfolgt mit der Schrittweite 10.
Die Angabe der alten Nummer kann entfallen, wenn ein Programm komplett neu numeriert wird. In unserem Beispiel war das nicht möglich, weil bei Schrittweite 10 und bei einer ersten Zeilennummer 5 diese erste Zeile 5 nicht mitnumeriert würde. Bei einer ersten Zeilennummer, die kleiner ist als die Schrittweite, muß eine komplette Eingabe entsprechend dem Beispiel erfolgen.
Die Angabe der Schrittweite kann entfallen, wenn sie 10 betragen soll.

Das Programm “Berechnung des durchschnittlichen Benzinverbrauchs” hat nun folgende Codierung:

```
100 CLS
110 REM Berechnung des durchschnittlichen Benzinverbrauchs
120 PRINT "Berechnung des durchschnittlichen Benzinverbrauchs"
130 PRINT "--------------------------------------------------"
140 PRINT : PRINT
150 PRINT "Geben Sie den aktuellen Kilometerstand ein",
160 INPUT neukm
170 PRINT
180 PRINT "Geben Sie den Kilometerstand beim letzten Tanken ein",
190 INPUT altkm
200 PRINT
210 PRINT "Geben Sie die getankte Kraftstoffmenge ein",
220 INPUT liter
230 PRINT : PRINT
240 LET strecke = neukm - altkm
250 LET durchschnitt = liter * 100 / strecke
260 PRINT "Sie verbrauchen je 100 Kilometer Strecke",,
270 PRINT durchschnitt
280 END
```

Übung 10

1. Welche Wirkung hat der Befehl **CLS**?

   ____

   ____

2. Das Komma in einer PRINT-Anweisung bewirkt, daß

   die folgende Ausgabe unmittelbar an der augenblicklichen Bildschirmposition erfolgt ___

   die folgende Ausgabe am Beginn des nächsten Druckbereichs des Bildschirms erfolgt ___

   der Bildschirm in 5 Druckbereiche aufgeteilt wird ___

   die Ausgabe am Beginn der folgenden Bildschirmzeile erfolgt ___

3. Ein BASIC-Programm besteht nach verschiedenen Programmänderungen aus folgenden Programmzeilen:
   5, 6, 7, 1Ø, 15, 2Ø, 3Ø, 5Ø, 52, 54, 56, 6Ø
   Es soll nun nach folgendem Muster umnumeriert werden:
   1ØØ, 11Ø, 12Ø, 13Ø ......
   Wie lautet der Direktbefehl für die Neuordnung der Programmzeilen?

   Direktbefehl: ______________________________

Lösungen zu Übung 10

1. Welche Wirkung hat der Befehl **CLS**?

   Der Befehl CLS ist die Abkürzung für CLEAR SCREEN und bewirkt die Löschung des Bildschirms.

2. Das Komma in einer PRINT-Anweisung bewirkt, daß

   die folgende Ausgabe unmittelbar an der augenblicklichen Bildschirmposition erfolgt ___

   die folgende Ausgabe am Beginn des nächsten Druckbereichs des Bildschirms erfolgt X

   der Bildschirm in 5 Druckbereiche aufgeteilt wird ___

   die Ausgabe am Beginn der folgenden Bildschirmzeile erfolgt ___

3. Ein BASIC-Programm besteht nach verschiedenen Programmänderungen aus folgenden Programmzeilen:
   5, 6, 7, 1Ø, 15, 2Ø, 3Ø, 5Ø, 52, 54, 56, 6Ø
   Es soll nun nach folgendem Muster umnumeriert werden:
   1ØØ, 11Ø, 12Ø, 13Ø . . . . . .
   Wie lautet der Direktbefehl für die Neuordnung der Programmzeilen?

   Direktbefehl: RENUM 1ØØ, 5, 1Ø

Nach dieser umfangreichen Erklärung der ersten Formatierung mit Hilfe des Kommas können die weiteren Formatierungsmöglichkeiten schneller und leichter dargestellt werden. In der letzten, eleganteren Programmversion werden in den entsprechenden Zeilen mit der Eingabeaufforderung und in der Zeile mit der Ausgabe des Ergebnisses die Kommaformatierungen durch andere Formatierungen ersetzt.

Formatierung mit Semikolon (PRINT ".........";)

Eine weitere Möglichkeit der Formatierung bietet die Verwendung des Semikolons in einer PRINT-Anweisung:

```
150 PRINT "Geben Sie den aktuellen Kilometerstand ein              ";
180 PRINT "Geben Sie den Kilometerstand beim letzten Tanken ein ";
210 PRINT "Geben Sie die getankte Kraftstoffmenge ein              ";
260 PRINT "Sie verbrauchen je 100 Kilometer Strecke                ";
```

Ein Semikolon als Trennzeichen bewirkt, daß die nächste Ein- oder Ausgabe genau an der Bildschirmschreibposition erfolgt. Gestaltet man, wie oben, die entsprechenden Textteile durch Einfügen von Leerstellen gleich lang und setzt danach ein Semikolon, so stehen alle numerischen Variablen des Programms untereinander. Die Bildschirmausgabe entspricht somit ebenfalls der Vorgabe.
Bei einer entsprechenden Korrektur des vorliegenden Programmes ist vor dem Einfügen der Leertasten die **INS-Taste** zu drücken. INS ist die Abkürzung für **INSERT**, was übersetzt "einfügen" heißt. Der Einfügemodus wird automatisch abgeschaltet, sobald eine der Cursortasten oder die RETURN-Taste betätigt wird. Er kann auch durch erneutes Betätigen der INS-Taste abgeschaltet werden.

Formatierung mit TAB(. .)

Eine weitere Formatierungsmöglichkeit bietet die Funktion TAB(. .). **TAB** ist die Abkürzung für **TABULATOR**. Im Programm wird in den Zeilen mit der Eingabeaufforderung beziehungsweise der Ausgabe des Ergebnisses eine Tabulatorposition am Ende eingefügt.

```
150 PRINT "Geben Sie den aktuellen Kilometerstand ein" TAB(60)
180 PRINT "Geben Sie den Kilometerstand beim letzten Tanken ein" TAB(60)
210 PRINT "Geben Sie die getankte Kraftstoffmenge ein" TAB(60)
260 PRINT "Sie verbrauchen je 100 Kilometer Strecke" TAB(60)
```

Durch die Funktion TAB(. .) erfolgt die Ausgabe der Variablen an der in der Klammer angeführten **Position in der gleichen Zeile**. Im vorliegenden Programm erfolgt die Ausgabe an der Position 60 in der gleichen Zeile.

Zur guten Gestaltung des Bildschirminhaltes ist der Einsatz eines Bildschirmentwurfblattes ratsam. In das Entwurfsblatt ist die geplante Bildschirmausgabe mit den entsprechenden Ausgabepositionen einzutragen.

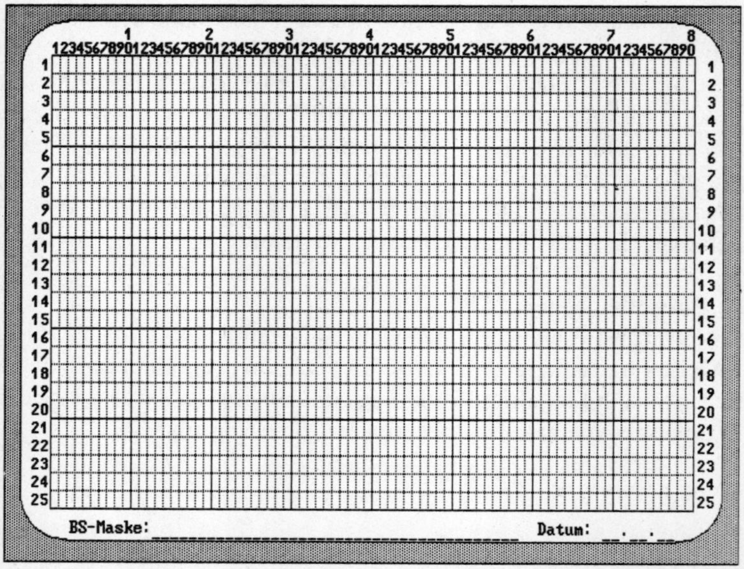

Bei der Programmierung wird dann die entsprechende Ausgabeposition über TAB(. .) im Programm angegeben. Ohne eine vorhergehende Planung bei der Bildschirmgestaltung benötigt man durch Probieren zuviel Zeit. Außerdem kann es vorkommen, daß verschiedene Ausgabedaten an der gleichen Stelle auf dem Bildschirm erscheinen. Die Absicht, übersichtlich zu programmieren, ist dann zunichte gemacht.
Eine weitere Möglichkeit der Bildschirmgestaltung bietet die Anweisung LOCATE. Mit dieser Anweisung kann jede Ausgabeposition durch die Angabe der Zeile und der Spalte angesteuert werden.
Da die Berechnung des durchschnittlichen Benzinverbrauchs oft genug für die Darstellung der vorhandenen Formatierungsmöglichkeiten herhalten mußte, wird die Anweisung LOCATE im Zusammenhang mit Ausgabemasken für Zahlenwerte und einer Rundungsfunktion im nächsten Kapitel ausführlich dargestellt.

Übung 11

1. Ein Industriebetrieb verwendet ein BASIC-Programm, um den Prozentsatz des Verschnitts, der bei der Herstellung maßgerechter Bleche anfällt, zu ermitteln.
   Die Ausgabe soll folgendermaßen aussehen:

Es fallen XX.X% Verschnitt an

   Wie sieht die hierfür notwendige BASIC-Anweisung aus?

   2ØØ ________________________________

2. In der Übung 9 (Aufgabe 3) sollte ein BASIC-Programm zur Berechnung von Umfang und Fläche erstellt werden. Dieses Programm ist unter Verwendung der im Kapitel 5 vorgestellten Formatierungs-Anweisungen umzugestalten. Nach der Überarbeitung des Programms soll folgende Bildschirmausgabe erreicht werden:

```
         Position 10                      Position 45
         ↓                                ↓
--5---10----+---20----+---30----+---40----+---50----+---60----+---70---

         Berechnung von Fläche und Umfang bei rechteckigen Flächen
         =====================================================

         Geben Sie die Breite in cm ein   ? 25
         Geben Sie die Länge in cm ein    ? 50

         Der Umfang beträgt                150 cm
         Die Fläche beträgt                1250 qcm
```

   Erstellen Sie nun das BASIC-Programm:

   1ØØ REM Berechnung von Flächen und Umfang
   2ØØ REM Eingabe der Werte
   21Ø ________________________________
   22Ø ________________________________

230 ______________________________
240 ______________________________
250 ______________________________
260 ______________________________
270 ______________________________
280 ______________________________
300 REM VERARBEITUNG
310 ______________________________
320 ______________________________
400 REM AUSGABE
410 ______________________________
420 ______________________________
430 ______________________________
440 ______________________________

3. Folgendes Problem soll mit Hilfe des Computers gelöst werden: Eine Werkzeugfabrik benötigt für den Produktionsprozeß verschiedene Flüssigkeiten. Diese werden in gleich großen zylinderförmigen Behältern gelagert (Durchmesser = 1,2 Meter, Höhe = 2,2 Meter). Die Flüssigkeiten haben eine unterschiedliche Dichte (ein unterschiedliches spezifisches Gewicht).

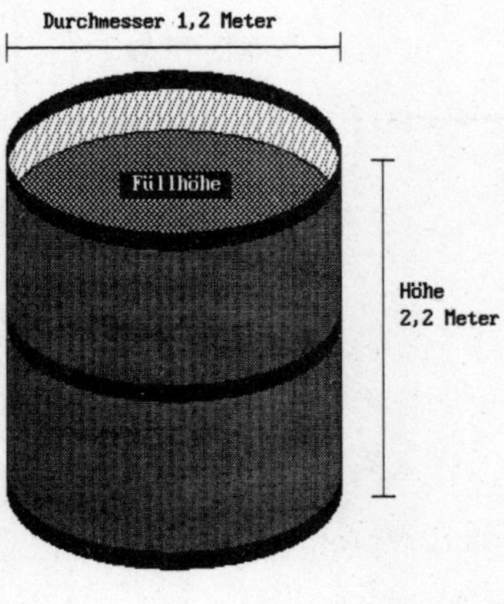

Es wird gelagert:	Dichte kg je dm^3
Benzin	Ø,72
Härteöl	Ø,89
Mineralöl	Ø,9Ø
destilliertes Wasser	1,ØØ
Petroleum	Ø,8Ø
Alkohol	Ø,75

In einem BASIC-Programm sollen nach der Eingabe der Füllhöhe in cm und der jeweiligen Dichte (spezifisches Gewicht) die augenblickliche Menge der Flüssigkeit in Kilogramm sowie der Füllungsgrad in Prozent ausgegeben werden.
Bei einem Programmlauf soll sich folgender Bildschirmdialog ergeben:

```
 Position 5                                        Position 55
 ↓                                                 ↓
--5---10----+---20----+---30----+---40----+---50----+---60----+---70---

 Berechnung der Masse von Flüssigkeiten in zylindrischen Behältern
 =================================================================

 Geben Sie die Füllhöhe des Behälters in cm an     ? 200
 Geben Sie das spezifische Gewicht (kg je dm3) an  ? 0.9

 Die Füllmenge beträgt                              2035.75 kg
 Der Füllungsgrad beträgt                           90.90909 %
```

Problemanalyse:

		Variablen-namen:
Ausgabedaten:	Füllmenge	menge
	Füllungsgrad	prozent
Eingabedaten:	Füllhöhe in cm	fuellhoehe
	spezifisches Gewicht (kg/dm^3)	spez

Lösungsweg:

Allgemein gilt für die Berechnung eines Prozentsatzes:

$$\text{Prozentsatz} = \frac{\text{Prozentwert} * 100}{\text{Grundwert}}$$

Prozentwert = Füllhöhe
Grundwert = Behälterhöhe (2.2 Meter)

$$\text{prozent} = \frac{\text{fuellhoehe} / 10 * 100}{2.2 * 10} = \frac{\text{fuellhoehe}}{2.2}$$

(fuellhoehe / 10 = Umrechnung der Füllhöhe in Dezimeter)
(2.2 * 10 = Umrechnung der Behälterhöhe in Dezimeter)

Für die Berechnung der Masse gilt allgemein folgende Formel:

Masse = Volumen in dm^3 * Dichte in kg/dm^3

Mit Hilfe dieser Formel wird die Menge der Flüssigkeit ermittelt. Bei einem Zylinder ist für das Volumen einzusetzen:

$$\text{Volumen} = \left(\frac{\text{Durchmesser} * 10}{2}\right)^2 * 3.14159 * \frac{\text{Füllhöhe}}{10}$$

(Durchmesser (Meter) * 10 = Umrechnung in Dezimeter)
(Füllhöhe / 10 = Umrechnung in Dezimeter)

Setzt man nun in der Formel für die Errechnung der Masse die Gleichung für das Volumen ein, so gilt:

$$\text{Masse} = \left(\frac{\text{Durchmesser} * 10}{2}\right)^2 * 3.14159 * \frac{\text{Füllhöhe}}{10} * \text{Dichte in } kg/dm^3$$

$$\text{menge} = \left(\frac{1.2 * 10}{2}\right)^2 * 3.14159 * \frac{\text{fuellhoehe}}{10} * \text{spez}$$

Programmablaufplan:

TA = Tastatur
BS = Bildschirm

Codierung:

```
1ØØ REM Programm
    zur Berechnung der
    Masse von Flüssigkeiten
    in zylindrischen Behältern
2ØØ REM Eingabe der Werte
21Ø ______________________
22Ø ______________________
________________________
________________________
23Ø ______________________
________________________
24Ø ______________________
________________________
25Ø ______________________
________________________
26Ø ______________________
27Ø ______________________
________________________
28Ø ______________________
29Ø ______________________
3ØØ REM Berechnung
31Ø ______________________
32Ø ______________________
________________________
4ØØ REM Ausgabe
41Ø ______________________
________________________
42Ø ______________________
________________________
43Ø END
```

Lösungen zu Übung 11

1. Ein Industriebetrieb verwendet ein BASIC-Programm, um den Prozentsatz des Verschnitts, der bei der Herstellung maßgerechter Bleche anfällt, zu ermitteln.
   Die Ausgabe soll folgendermaßen aussehen:

Es fallen XX.X% Verschnitt an

   Wie sieht die hierfür notwendige BASIC-Anweisung aus?

   2ØØ PRINT "Es fallen";verschnitt;"% Verschnitt an"

2. In der Übung 9 (Aufgabe 3) sollte ein BASIC-Programm zur Berechnung von Umfang und Fläche erstellt werden. Dieses Programm ist unter Verwendung der im Kapitel 5 vorgestellten Formatierungs-Anweisungen umzugestalten. Nach der Überarbeitung des Programms soll folgende Bildschirmausgabe erreicht werden:

```
           Position 10                          Position 45
           ↓                                    ↓
--5---10----+---20----+---30----+---40----+---50----+---60----+---70---

           Berechnung von Fläche und Umfang bei rechteckigen Flächen
           =========================================================

           Geben Sie die Breite in cm ein       ? 25
           Geben Sie die Länge in cm ein        ? 50

           Der Umfang beträgt                    150 cm
           Die Fläche beträgt                    1250 qcm
```

Erstellen Sie nun das BASIC-Programm:

```
100 REM Berechnung von Flächen und Umfang
200 REM Eingabe der Werte
210 CLS
220 PRINT TAB(10) "Berechnung von Fläche und Umfang bei rechteckigen Flächen"
230 PRINT TAB(10) "========================================================="
240 PRINT
250 PRINT TAB(10) "Geben Sie die Breite in cm ein" TAB(45)
260 INPUT breite
270 PRINT TAB(10) "Geben Sie die Länge in cm ein" TAB(45)
280 INPUT "", laenge
300 REM VERARBEITUNG
310 LET umfang = (breite + laenge) * 2
320 LET flaeche = breite * laenge
400 REM AUSGABE
410 PRINT
420 PRINT TAB(10) "Der Umfang beträgt" TAB(45) umfang "cm"
430 PRINT TAB(10) "Die Fläche beträgt" TAB(45) flaeche "qcm"
440 END
```

3. Folgendes Problem soll mit Hilfe des Computers gelöst werden: Eine Werkzeugfabrik benötigt für den Produktionsprozeß verschiedene Flüssigkeiten. Diese werden in gleich großen zylinderförmigen Behältern gelagert (Durchmesser = 1,2 Meter, Höhe = 2,2 Meter). Die Flüssigkeiten haben eine unterschiedliche Dichte (ein unterschiedliches spezifisches Gewicht).

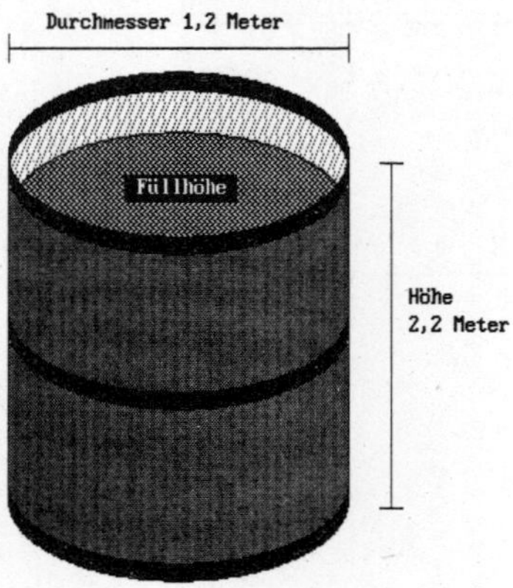

Es wird gelagert:	Dichte kg je dm³
Benzin	Ø,72
Härteöl	Ø,89
Mineralöl	Ø,9Ø
destilliertes Wasser	1,ØØ
Petroleum	Ø,8Ø
Alkohol	Ø,75

In einem BASIC-Programm sollen nach der Eingabe der Füllhöhe in cm und der jeweiligen Dichte (spezifisches Gewicht) die augenblickliche Menge der Flüssigkeit in Kilogramm sowie der Füllungsgrad in Prozent ausgegeben werden.
Bei einem Programmlauf soll sich folgender Bildschirmdialog ergeben:

```
Position 5                                        Position 55
↓                                                 ↓
--5---10----+---20----+---30----+---40----+---50----+---60----+---70---

Berechnung der Masse von Flüssigkeiten in zylindrischen Behältern
=================================================================

Geben Sie die Füllhöhe des Behälters in cm an     ? 200
Geben Sie das spezifische Gewicht (kg je dm3) an  ? 0.9

Die Füllmenge beträgt                              2035.75 kg
Der Füllungsgrad beträgt                           90.90909 %
```

Problemanalyse:

		Variablen-namen:
Ausgabedaten:	Füllmenge	menge
	Füllungsgrad	prozent
Eingabedaten:	Füllhöhe in cm	fuellhoehe
	spezifisches Gewicht (kg/dm³)	spez

Lösungsweg:
Allgemein gilt für die Berechnung eines Prozentsatzes:

$$\text{Prozentsatz} = \frac{\text{Prozentwert} * 1\emptyset\emptyset}{\text{Grundwert}}$$

Prozentwert = Füllhöhe
Grundwert = Behälterhöhe (2.2 Meter)

$$\text{prozent} = \frac{\text{fuellhoehe} / 1\emptyset * 1\emptyset\emptyset}{2.2 * 1\emptyset} = \frac{\text{fuellhoehe}}{2.2}$$

(fuellhoehe / 1Ø = Umrechnung der Füllhöhe in Dezimeter)
(2.2 * 1Ø = Umrechnung der Behälterhöhe in Dezimeter)

Für die Berechnung der Masse gilt allgemein folgende Formel:

Masse = Volumen in dm^3 * Dichte in kg/dm^3

Mit Hilfe dieser Formel wird die Menge der Flüssigkeit ermittelt. Bei einem Zylinder ist für das Volumen einzusetzen:

$$\text{Volumen} = \left(\frac{\text{Durchmesser} * 1\emptyset}{2}\right)^2 * 3.14159 * \frac{\text{Füllhöhe}}{1\emptyset}$$

(Durchmesser (Meter) * 1Ø = Umrechnung in Dezimeter)
(Füllhöhe / 1Ø = Umrechnung in Dezimeter)

Setzt man nun in der Formel für die Errechnung der Masse die Gleichung für das Volumen ein, so gilt:

$$\text{Masse} = \left(\frac{\text{Durchmesser} * 1\emptyset}{2}\right)^2 * 3.14159 * \frac{\text{Füllhöhe}}{1\emptyset} * \text{Dichte in } kg/dm^3$$

$$\text{menge} = \left(\frac{1.2 * 1\emptyset}{2}\right)^2 * 3.14159 * \frac{\text{fuellhoehe}}{1\emptyset} * \text{spez}$$

Programmablaufplan:

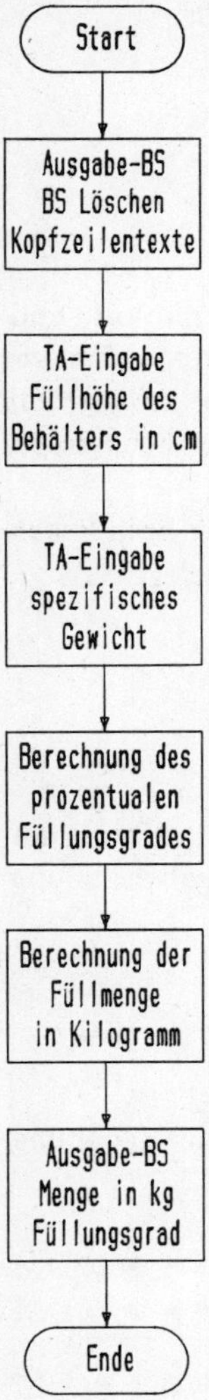

TA = Tastatur
BS = Bildschirm

Codierung:

```
100 REM Programm zur Berechnung der
    Masse von Flüssigkeiten in
    zylindrischen Behältern

200 REM Eingabe der Werte

210 CLS

220 PRINT TAB(5) "Berechnung der Masse
    von Flüssigkeiten in zylindrischen
    Behältern"

230 PRINT TAB(5) "======================
    ====================================
    ========="

240 PRINT

250 PRINT TAB(5) "Geben Sie die Füllhöhe
    des Behälters in cm an" TAB(55)

260 INPUT fuellhoehe

270 PRINT TAB(5) "Geben Sie das spezifi-
    sche Gewicht (kg je dm3) an" TAB(55)

280 INPUT spez

290 PRINT

300 REM Berechnung

310 LET prozent = fuellhoehe / 2.2

320 LET menge = ((1.2 * 10) / 2) ^ 2 *
    3.14159 * (fuellhoehe / 10) * spez

400 REM Ausgabe

410 PRINT TAB(5) "Die Füllmenge beträgt"
    TAB(55) menge "kg"

420 PRINT TAB(5) "Der Füllungsgrad
    beträgt" TAB(55) prozent "%"

430 END
```

6 MASKEN BRINGEN ZAHLEN IN DIE RICHTIGE FORM

Die Formatierungsmöglichkeiten mit Komma, Semikolon und TAB(. .) ermöglichen die linksbündige Ausgabe von Daten. Numerische Daten müssen dezimalstellengerecht rechtsbündig ausgegeben werden. Dazu ist im Programm der Einsatz von Ausgabemasken notwendig.
Die Ausgabemaske ist nichts anderes als eine Folge von bestimmten Zeichen, mit deren Hilfe das Ausgabebild von Daten festgelegt wird.

Programmbeispiel Kalkulationsschema

Anhand eines Kalkulationsschemas wird diese Form der Formatierung numerischer Daten eingeübt. Alle Arbeitsschritte zur Lösung der Aufgabe mit Hilfe des Computers werden von der Aufgabenstellung bis zur Codierung vorgestellt.

6.1 Aufgabenstellung

In einem Unternehmen soll bei Barverkäufen folgende Rechnung durch den Computer erstellt werden:

	Listenpreis	##########.## DM
−###.#%	Rabatt	##########.## DM
	Nettopreis	##########.## DM
+14.Ø%	Mehrwertsteuer	##########.## DM
	Verkaufspreis	##########.## DM

Für die Eingabe der notwendigen Daten liegt beim Warenverkauf folgendes Eingabebild für den Bildschirm vor:

```
              Barverkauf
              __________
Listenpreis DM:      .............
Rabattsatz   %:      .............
```

Die Ausgabe der Rechnung soll über den Drucker erfolgen.

6.2 Problemanalyse:

Ausgabedaten:	Listenpreis	lp
	Rabattsatz	rs
	Rabatt	r
	Nettopreis	np
	Mehrwertsteuer	mst
	Verkaufspreis	vp
Eingabedaten:	Listenpreis	lp
	Rabattsatz	rs

Lösungsweg:	Rabatt	=	Listenpreis * Rabattsatz / 1ØØ
	r	=	lp * rs / 1ØØ
	Nettopreis	=	Listenpreis – Rabatt
	np	=	lp – r
	Mehrwertsteuer	=	Nettopreis * 14 / 1ØØ
	mst	=	np * 14 / 1ØØ
	Verkaufspreis	=	Nettopreis + Mehrwertsteuer
	vp	=	np + mst

6.3 Programmablaufplan

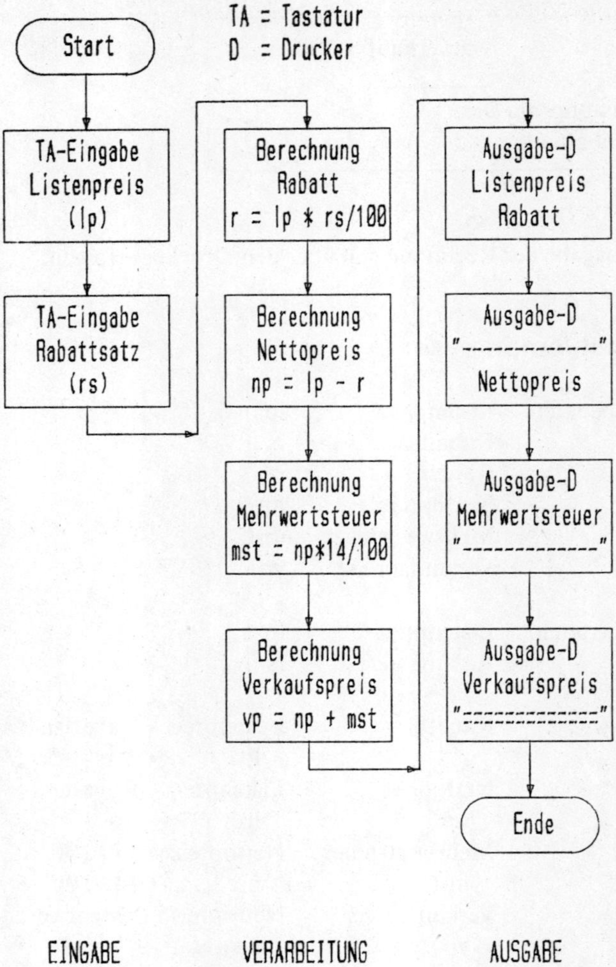

6.4 Codierung

Damit die Positionierung der Eingabeaufforderungen in diesem Programm korrekt erfolgt, liegt für die Codierung folgendes Bildschirmentwurfsblatt vor:

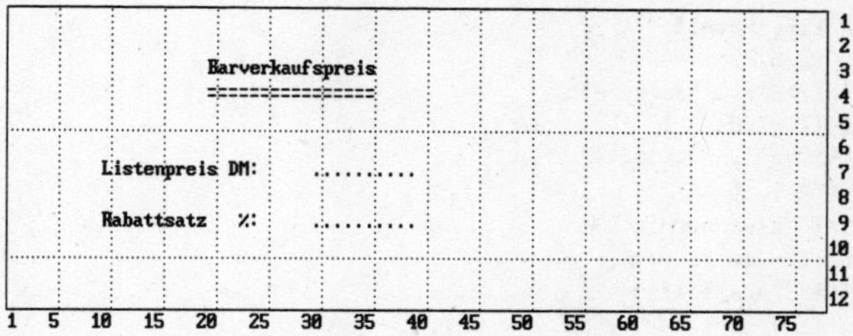

Bei der Codierung der Druckausgabe ist die folgende Vorgabe zu beachten:

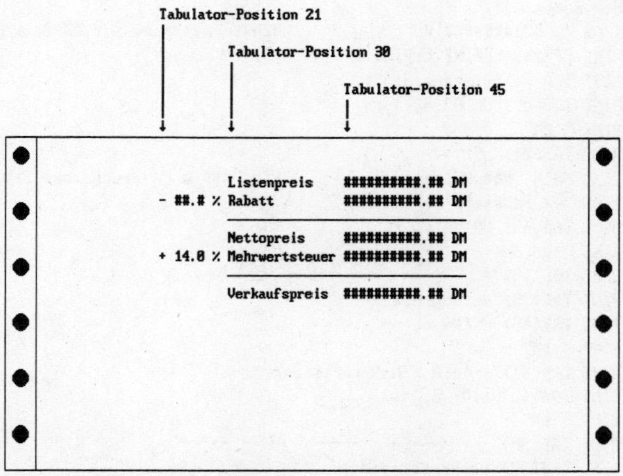

Für die Lösung ergibt sich folgendes Programm:

```
100 REM Berechnen des Verkaufspreises
110 REM lp  = Listenpreis
120 REM rs  = rabattsatz
130 REM r   = rabatt
140 REM np  = Nettopreis
150 REM mst = Umsatzsteuer
160 REM vp  = Verkaufspreis
170 CLS
180 REM Eingabeteil
190 LOCATE 3,20
200 PRINT "Barverkaufspreis"
210 LOCATE 4,20
220 PRINT "================"
230 LOCATE 7,10
240 PRINT "Listenpreis DM:      .........."
250 LOCATE 9,10
260 PRINT "Rabattsatz   %:      .........."
270 LOCATE 7,30
280 INPUT "",lp
290 LOCATE 9,30
300 INPUT "",rs
310 REM Verarbeitungsteil
320 LET r = lp * rs /100
330 LET r = INT(r * 100 +.5)/100       : REM Kaufmännische Rundung von r
340 LET np= lp - r
350 LET mst = np * 14/100
360 LET mst = INT(mst * 100 + .5)/100 : REM Kaufmännische Rundung von mst
370 LET vp = np + mst
380 REM Ausgabeteil
390 LET M$ = "##########.##"  :         REM Formatmaske für DM-Beträge
400 LPRINT:LPRINT:LPRINT:LPRINT:LPRINT:LPRINT
410 LPRINT TAB(30)"Listenpreis";
420 LPRINT TAB(45) USING m$;lp;
430 LPRINT " DM"
440 LPRINT TAB(21)"-";
450 LPRINT USING"###.#";rs; :           REM "###.#" = Druckmaske Rabattsatz
460 LPRINT " % Rabatt";
470 LPRINT TAB(45) USING m$;r;
480 LPRINT " DM"
490 LPRINT TAB(30)"------------------------------"
500 LPRINT TAB(30)"Nettopreis";
510 LPRINT TAB(45) USING m$;np;
520 LPRINT " DM"
530 LPRINT TAB(21)"+ 14.0 % Mehrwertsteuer";
540 LPRINT TAB(45)USING m$;mst;
550 LPRINT " DM"
560 LPRINT TAB(30)"------------------------------"
570 LPRINT TAB(30)"Verkaufspreis";
580 LPRINT TAB(45) USING m$;vp;
590 LPRINT " DM"
600 END
```

In diesem umfangreicheren Programm wurde die Dokumentation als Hilfe für den Nutzer stärker berücksichtigt. Alle im Programm benutzten numerischen Variablen sind vor Beginn des eigentlichen Programmes mit Hilfe der Anweisung REM noch einmal benannt (Zeilen 1ØØ bis 16Ø). Der **Eingabeteil** (ab Zeile 18Ø), der **Verarbeitungsteil** (ab Zeile 31Ø) und der **Ausgabeteil** (ab Zeile 38Ø) sind deutlich voneinander abgesetzt.

LOCATE

Die Gestaltung der Eingabemaske auf dem Bildschirm hat entsprechend dem vorliegenden Bildschirmentwurfsblatt zu erfolgen. Der Bildschirm ist in 25 Zeilen (1 bis 25) mit jeweils 8Ø Zeichen (1 bis 8Ø) unterteilt. Die Ansteuerung eines vorgegebenen Punktes auf dem Bildschirm erfolgt mit der Anweisung LOCATE. Sie hat folgende allgemeine Form:

Zeilennummer LOCATE Zeile, Spalte

Beispiel:

```
190 LOCATE 3,20
```

Diese Anweisung bewirkt, daß der Cursor auf dem Bildschirm in die Zeile 3, Spalte 2Ø springt. Die Ausgabe der Überschrift, die die nachfolgende Anweisung

```
200 PRINT "Barverkaufspreis"
```

veranlaßt, erfolgt genau an dieser Bildschirmposition. Entsprechend der Planung im Entwurfsblatt ist der Bildschirm im Eingabeteil mit LOCATE gestaltet.

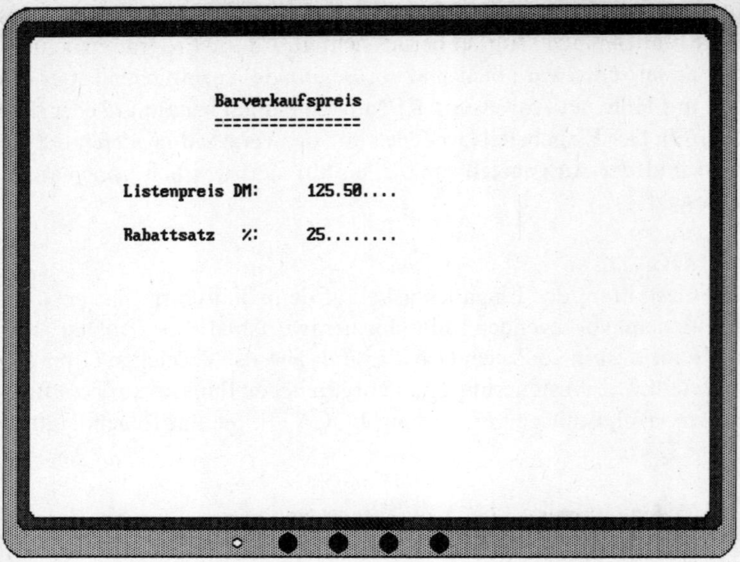

Die Gestaltung der Ausgabe über den Drucker ist mit LOCATE nicht möglich.

LPRINT

Aufgrund dieser Anweisung erfolgt die Ausgabe nicht über den Bildschirm, sondern über den Drucker. Alle Varianten der PRINT-Anweisung können bei der LPRINT-Anweisung verwendet werden.

INPUT "........", variable

Wenn eine INPUT-Anweisung kein Fragezeichen auf dem Bildschirm erzeugen soll, so müssen zwischen dem Befehlswort INPUT und dem Variablennamen eine Stringkonstante und ein Komma eingefügt werden. Die Stringkonstante kann einen Meldetext enthalten:

Beispiel:

```
2ØØØ INPUT "Währungseinheit: ",waehrung
```

Dieser Text wird auf dem Bildschirm ausgegeben, ohne daß ein Fragezeichen folgt. Die Stringkonstante kann allerdings auch "leer" sein.

Beispiel:

```
280 INPUT "",lp
```

Wegen der Übersichtlichkeit haben wir in den bisher vorliegenden Programmen die Informationstexte zur Eingabe und die Eingabe des Wertes voneinander getrennt.

Beispiel:

```
240 PRINT "Listenpreis DM:   .........."
..
280 INPUT "",lp
```

Zur Unterdrückung des Fragezeichens mußte der Hilfstext "" eingefügt werden.

Übung 12

1. Für eine Fehlermeldung soll in der Position 3Ø der Zeile 2Ø der Text "Diese Eingabe ist ungültig!" ausgegeben werden.

```
Zeile                   Position 30
↓                       ↓
  5---10----+---20----+---30----+---40----+---50----+---60----+---70---
18                      ↓
19                      ↓
20                      Diese Eingabe ist ungültig!
21
22
```

Wie lauten die notwendigen BASIC-Anweisungen?

1ØØ ______________________________

11Ø ______________________________

2. Im Programm zur Berechnung des Benzinverbrauchs wurde die Eingabe der getankten Kraftstoffmenge folgendermaßen programmiert:

6Ø PRINT "Geben Sie die getankte Kraftstoffmenge ein"
7Ø INPUT liter

Die Eingabe (zum Beispiel 42) soll ohne Ausgabe des Fragezeichens an der Position 50 der aktuellen Zeile erfolgen.

```
Position 1                                       Position 50
↓                                                ↓
1---+---10----+---20----+---30----+---40----+---50----+---60----+---70
↓                                                ↓
Geben Sie die getankte Kraftstoffmenge ein       42
```

Notieren Sie die BASIC-Anweisungen!

6Ø ______________________________

7Ø ______________________________

Lösungen zu Übung 12

1. Für eine Fehlermeldung soll in der Position 3Ø der Zeile 2Ø der Text "Diese Eingabe ist ungültig!" ausgegeben werden.

```
Zeile                     Position 30
↓                         ↓
  5---10----+---20----+---30----+---40----+---50----+---60----+---70---
 ┌──────────────────────────────────────────────────────────────────────┐
18│                       ↓
19│                       ↓
20│                       Diese Eingabe ist ungültig!
21│
22│
 └──────────────────────────────────────────────────────────────────────┘
```

Wie lauten die notwendigen BASIC-Anweisungen?

1ØØ LOCATE 2Ø,3Ø
11Ø PRINT "Diese Eingabe ist ungültig!"

2. Im Programm zur Berechnung des Benzinverbrauchs wurde die Eingabe der getankten Kraftstoffmenge folgendermaßen programmiert:

6Ø PRINT "Geben Sie die getankte Kraftstoffmenge ein"
7Ø INPUT liter

Die Eingabe (zum Beispiel 42) soll ohne Ausgabe des Fragezeichens an der Position 5Ø der aktuellen Zeile erfolgen.

```
Position 1                                       Position 50
↓                                                ↓
1---+---10----+---20----+---30----+---40----+---50----+---60----+---70
┌──────────────────────────────────────────────────────────────────────┐
│↓                                               ↓
│Geben Sie die getankte Kraftstoffmenge ein      42
│
└──────────────────────────────────────────────────────────────────────┘
```

Notieren Sie die BASIC-Anweisungen!

6Ø PRINT "Geben Sie die getankte Kraftstoffmenge ein" TAB(5Ø)
7Ø INPUT "", liter

Die kaufmännische Rundung mit INT(. .)

Bei der Lösung einer Aufgabe besteht häufig die Notwendigkeit, das Ergebnis zu runden. In BASIC nutzt man für die Rundung die Standardfunktion INT(. .).
Eine Vielzahl von Standardfunktionen sind in einer Programm-Bibliothek enthalten, die in BASIC integriert ist. Durch den Aufruf ihres Namens werden diese kleinen, in der Programm-Bibliothek enthaltenen Programme aktiviert, um Detailprobleme zu lösen. Der Funktionsname besteht üblicherweise aus drei Buchstaben, die als reservierte BASIC-Wörter sonst nicht verwendet werden dürfen. Sie sind immer Bestandteil einer übergeordneten BASIC-Anweisung. Man unterscheidet

- Rechenfunktionen
- Winkelfunktionen und
- sonstige Funktionen

Im Anhang finden Sie einen Überblick über die wichtigsten Standardfunktionen.

Bei der kaufmännischen Rundung erfolgt die folgende Nutzung der Standardfunktion INT(. .). Die Funktion INT(x) berechnet die größte ganze Zahl < x.

Beispiel:

```
330 LET r = INT(r * 100 + .5)/100
```

Bezogen auf das Beispiel nehmen wir einmal an, daß durch die Anweisung 320 ein Wert von 125,658 für r errechnet wurde. In der Anweisung 330 finden dann folgende Arbeitsschritte statt:

1. Schritt: Das Komma um zwei Stellen nach rechts verschieben.
125.658 * 100 = 12565.8

2. Schritt: Den Korrekturwert von 0.5 dazuaddieren.
12565.8 + 0.5 = 12566.3

3. Schritt: Anwendung der INT(. . .)-Funktion (Berechnung der größten ganzen Zahl < Klammerinhalt):
INT(12566.3) = 12566

4. Schritt: Das Komma um zwei Stellen nach links verschieben.
12566/1ØØ = 125.66

Der Wert von r = 125.66 ist nun, kaufmännisch korrekt gerundet, unter r abgespeichert.

Definieren einer Funktion

Sind in einem Programm eine Vielzahl von Rundungen notwendig, so ist das wiederholte Einfügen der Rundungsanweisung zu aufwendig. In BASIC ist es möglich, beliebige Funktionen mit der Anweisung DEF FNname selbst zu definieren. Grundsätzlich geschieht dies folgendermaßen:

Zeilennummer DEF FNname(parameter) = arithmetischer Ausdruck

Beispiel für die Definition der Funktion:

```
315  DEF FNrunden(x) = INT(x * 1ØØ + .5)/1ØØ
```

Beispiel für den Aufruf der Funktion:

```
33Ø  LET r = FNrunden(r)
```

In diesem Fall hätten wir zu Beginn des Verarbeitungsteils eine Funktion "runden" definiert. Die Bezeichnung einer Funktion beginnt immer mit den Buchstaben FN (für Funktion), an die unmittelbar der gewählte Name angehängt wird. Als Name ist hier runden eingesetzt. Der Name für den Parameter (Platzhalter für eine beliebige Variable) kann beliebig gewählt werden. In dieser Funktion wurde x eingesetzt. Ist nun eine Rundung notwendig, so wird dem zu rundenden Wert die Funktion "runden" zugewiesen (Zeile 33Ø) und der Wert selbst als Parameter eingesetzt. Bei einer Vielzahl von Rundungen ist das eine erhebliche Arbeitserleichterung.
Enthält die Zeile mit der Definition der Funktion (DEF FN. . . .) einen Programmierfehler, so erfolgt bei einem Programmlauf die Fehlermeldung nicht in dieser Zeile, sondern erst in der Zeile, in der diese Funktion aufgerufen wird.

Übung 13

1. Für die Berechnung von Gewichten in kg wird eine Rundungsroutine benötigt, die das jeweilige Gewicht auf drei Stellen nach dem Komma rundet.
   Wie lautet die entsprechende BASIC-Anweisung zur Rundung auf drei Stellen nach dem Komma?

   1ØØ LET kg = ______________________________

2. In einem Programm muß an verschiedenen Stellen anhand eines Nettobetrages (ohne Umsatzsteuer) der Bruttobetrag einschließlich Umsatzsteuer berechnet werden. Der Umsatzsteuersatz beträgt 14%.
   Definieren Sie mit dem Funktionsnamen ust eine entsprechende Funktion.

   1Ø ______________________________

3. Diese Funktion wird in den Zeilen 1ØØ und 2ØØ aufgerufen. Wie lauten die entsprechenden vollständigen BASIC-Anweisungen:

   1ØØ LET zahl1 = ______________________________
   2ØØ LET zahl2 = ______________________________

Lösungen zu Übung 13

1. Für die Berechnung von Gewichten in kg wird eine Rundungsroutine benötigt, die das jeweilige Gewicht auf drei Stellen nach dem Komma rundet.
   Wie lautet die entsprechende BASIC-Anweisung zur Rundung auf drei Stellen nach dem Komma?

   ```
   1ØØ LET kg = INT(kg * 1ØØØ + Ø.5 / 1ØØØ)
   ```

2. In einem Programm muß an verschiedenen Stellen anhand eines Nettobetrages (ohne Umsatzsteuer) der Bruttobetrag einschließlich Umsatzsteuer berechnet werden. Der Umsatzsteuersatz beträgt 14%.
   Definieren Sie mit dem Funktionsnamen ust eine entsprechende Funktion.

   ```
   1Ø DEF FNust(x) = x * 1.14
   ```

3. Diese Funktion wird in den Zeilen 1ØØ und 2ØØ aufgerufen. Wie lauten die entsprechenden vollständigen BASIC-Anweisungen:

   ```
   1ØØ LET zahl1 = FNust(zahl1)
   2ØØ LET zahl2 = FNust(zahl2)
   ```

PRINT USING

Die Anweisung PRINT USING ermöglicht die formatierte Ausgabe von Daten unter Verwendung einer Ausgabemaske. Im vorliegenden Programm ist mit Hilfe der Ausgabemaske die dezimalstellengerechte rechtsbündige Ausgabe der numerischen Variablen programmiert.
Die erste Möglichkeit, eine entsprechende Ausgabeanweisung zu programmieren, ist die direkte Verknüpfung der Ausgabemaske mit der auszugebenden Variablen. Die Ausgabeanweisung hat die allgemeine Form:

Zeilennummer PRINT USING "Ausgabemaske";variable

Beispiel:

```
450 PRINT USING "###.#"; rs;
```

Die Ausgabemaske muß in Anführungszeichen geschrieben werden. Die durch die Ausgabemaske formatierte Ausgabevariable (der Rabattsatz rs) wird anschließend aufgeführt. Ausgabemaske und Variable sind durch Semikolon zu trennen. Das Ausgabemaskenzeichen # reserviert eine Dezimalziffernstelle. Als Dezimalziffernstelle zählt auch das negative Vorzeichen. Durch den Punkt wird die Position des Dezimalpunktes festgelegt.
Hat der auszugebende Rabattsatz rs im Beispiel weniger als drei Vorkommastellen, so erfolgt die Ausgabe mit führenden Leerstellen.

Beispiel: rs = 12
Ausgabe: 12.0

Sollte jedoch der Wert der Variablen größer sein als Stellen reserviert wurden, gibt der Computer als Hinweis ein führendes Prozentzeichen aus.

Beispiel: is = 112

```
500 PRINT USING "##.#";is
```

Ausgabe: %112

Rechts vom Dezimalpunkt wird die gleiche Anzahl von Ziffern ausgegeben, die reserviert wurde. Bei nicht belegten Ziffern erfolgt die Ausgabe von Nullen. Hat die Variable mehr Nachkommastellen als in

der Maske reserviert, werden die Nachkommastellen gerundet ausgegeben. Intern rechnet aber der Computer mit der nicht gerundeten Zahl weiter.
Ist eine Vielzahl von dezimalstellengerechten Ausgaben in gleicher Formatgröße notwendig, so ist es zweckmäßig, die Formatmaske einer Stringvariablen zuzuweisen. In dem Beispielprogramm sind alle DM-Beträge in gleicher Formatgröße auszugeben. Für diese DM-Beträge ist zu Beginn der Ausgabe folgende Formatmaske der Stringvariablen m$ zugewiesen.

```
39Ø LET m$ = "###########.##"
```

Die Ausgabe des Listenpreises erfolgt beispielsweise dann durch die folgende Verknüpfung von Ausgabemaske und Variable:

```
42Ø LPRINT TAB(45) USING m$;lp;
```

An der Anweisung ist zu ersehen, daß die Ausgabemaske auch bei Ausgabe der Daten über den Drucker (LPRINT) einsetzbar ist. Eine Verknüpfung von TAB(. .) und PRINT USING ist möglich.
Ist bei der Ausgabe von numerischen Variablen die Angabe des korrekten Vorzeichens erwünscht, so setzt man vor das erste #-Zeichen ein "+":

```
1ØØØ PRINT USING "+####.##";a
```

```
Ausgabe bei  a = -6ØØ        -6ØØ.ØØ
             a =   3Ø        +3Ø.ØØ
```

Soll das Vorzeichen jedoch an die Zahl angehängt werden, so setzt man hinter das letzte #-Zeichen ein "+":

```
15ØØ PRINT USING "#####.##+";b
```

```
Ausgabe bei  b = -6ØØ         6ØØ.ØØ-
             b =   3Ø          3Ø.ØØ+
```

Soll nur bei einer negativen Zahl das Minuszeichen angehängt werden, so muß hinter dem letzten #-Zeichen ein Minuszeichen stehen:

```
2ØØØ PRINT USING "#####.##-";c
```

```
Ausgabe bei c = -6ØØ        6ØØ.ØØ-
            c =   3Ø         3Ø.ØØ
```

Es gibt bei der Erstellung von Format-Masken – auch im Zusammenhang mit der Formatierung von Zeichenketten – weitere Möglichkeiten. Allerdings werden diese äußerst selten genutzt. Im Bedarfsfall ist hier das BASIC-Handbuch zu Rate zu ziehen.

Übung 14

1. Zum Testen der Anweisung PRINT USING "..." liegt folgendes Programm vor:

   Welche Bildschirmausgabe haben diese Anweisungen zur Folge? Setzen Sie bitte ein:

```
 1Ø LET zahl1 = 5.557
 2Ø LET zahl2 = 5555.999
 3Ø LET zahl3 = –5555.999
 4Ø LET zahl4 = 19555.664
 5Ø LET zahl5 = –19555.664

1ØØ PRINT USING "######.##";zahl1         _____._____
11Ø PRINT USING "######.##";zahl2         _____._____
12Ø PRINT USING "######.##";zahl3         _____._____
13Ø PRINT USING "######.##";zahl4         _____._____
14Ø PRINT USING "######.##";zahl5         _____._____
2ØØ PRINT USING "+#####.##";zahl1         _____._____
21Ø PRINT USING "+#####.##";zahl2         _____._____
22Ø PRINT USING "+#####.##";zahl3         _____._____
23Ø PRINT USING "+#####.##";zahl4         _____._____
24Ø PRINT USING "+#####.##";zahl5         _____._____
3ØØ PRINT USING "######.##–";zahl1        _____._____
31Ø PRINT USING "######.##–";zahl2        _____._____
32Ø PRINT USING "######.##–";zahl3        _____._____
33Ø PRINT USING "######.##–";zahl4        _____._____
34Ø PRINT USING "######.##–";zahl5        _____._____
```

2. In Übung 11 (Aufgabe 3) wurde ein Programm zur Errechnung der Masse und des Füllungsgrades zylindrischer Körper erstellt. Dieses Programm ist so umzuwandeln, daß die Bildschirmausgabe formatiert erfolgt.

```
                                                    Position 65
                                                              ↓
    Position 5                                Position 55     ↓
    ↓                                                   ↓     ↓
1---5---10----+---20----+---30----+---40----+---50----+---60----+---70
 ---------------------------------------------------------------------
|   ↓                                                   ↓     ↓      |
|   Die Füllmenge beträgt                               xxxxxx    kg |
|   Der Füllungsgrad beträgt                            xxxxxx.xx %  |
|                                                                    |
 ---------------------------------------------------------------------
```

Ändern Sie bitte die Anweisungen für die Bildschirmausgabe ab!

4ØØ REM Ausgabe
41Ø ______________________________
42Ø ______________________________
43Ø ______________________________
44Ø ______________________________
45Ø ______________________________
46Ø ______________________________

Außerdem sollen nach der Ausgabe über den Bildschirm folgende Texte sowie alle vier Werte über den Drucker ausgegeben werden:

```
                                                Position 65
                                                          ↓
Position 5                                Position 55     ↓
↓                                                   ↓     ↓
-5---10----+---20----+---30----+---40----+---50----+---60----+---70--
 -------------------------------------------------------------------
| ↓                                                   ↓     ↓       |
| Berechnung der Masse von Flüssigkeiten in zylindrischen Behältern |
| ================================================================= |
|                                                     ↓     ↓       |
| Füllhöhe des Behälters                              xxxxxx    cm  |
| Spezifisches Gewicht                                xxxxxx.xx kg/dm |
|                                                                   |
| Die Füllmenge beträgt                               xxxxxx    kg  |
| Der Füllungsgrad beträgt                            xxxxxx.xx %   |
|                                                                   |
 -------------------------------------------------------------------
```

Vervollständigen Sie das Programm um die Druckausgabe!

500 REM Druckausgabe
510 ______________________________
____
520 ______________________________
____
520 ______________________________
540 ______________________________
550 ______________________________
560 ______________________________
570 ______________________________
580 ______________________________
590 ______________________________
600 ______________________________
610 ______________________________
620 ______________________________
630 ______________________________
640 ______________________________
650 ______________________________
660 ______________________________

Lösungen zu Übung 14

1. Zum Testen der Anweisung PRINT USING "..." liegt folgendes Programm vor:

   Welche Bildschirmausgabe haben diese Anweisungen zur Folge? Setzen Sie bitte ein:

```
 10 LET zahl1 = 5.557
 20 LET zahl2 = 5555.999
 30 LET zahl3 = -5555.999
 40 LET zahl4 = 19555.664#
 50 LET zahl5 = -19555.664#

100 PRINT USING "#####.##";zahl1        _ _ _ _ 5 . 5 6 _ _
110 PRINT USING "#####.##";zahl2        _ 5 5 5 6 . 0 0 _ _
120 PRINT USING "#####.##";zahl3        - 5 5 5 6 . 0 0 _ _
130 PRINT USING "#####.##";zahl4        1 9 5 5 5 . 6 6 _ _
140 PRINT USING "#####.##";zahl5        % - 1 9 5 5 5 . 6 6
200 PRINT USING "+####.##";zahl1        _ _ _ + 5 . 5 6 _ _
210 PRINT USING "+####.##";zahl2        + 5 5 5 6 . 0 0 _ _
220 PRINT USING "+####.##";zahl3        - 5 5 5 6 . 0 0 _ _
230 PRINT USING "+####.##";zahl4        % + 1 9 5 5 5 . 6 6
240 PRINT USING "+####.##";zahl5        % - 1 9 5 5 5 . 6 6
300 PRINT USING "#####.##-";zahl1       _ _ _ _ 5 . 5 6 _ _
310 PRINT USING "#####.##-";zahl2       _ 5 5 5 6 . 0 0 _ _
320 PRINT USING "#####.##-";zahl3       _ 5 5 5 6 . 0 0 _ _
330 PRINT USING "#####.##-";zahl4       1 9 5 5 5 . 6 6 _ _
340 PRINT USING "#####.##-";zahl5       1 9 5 5 5 . 6 6 _ _
```

2. In Übung 11 (Aufgabe 3) wurde ein Programm zur Errechnung der Masse und des Füllungsgrades zylindrischer Körper erstellt. Dieses Programm ist so umzuwandeln, daß die Bildschirmausgabe formatiert erfolgt.

```
                                                             Position 65
                                                                       ↓
     Position 5                                      Position 55       ↓
     ↓                                                        ↓        ↓
1---5---10----+---20----+---30----+---40----+---50----+---60----+---70

     ↓                                                        ↓        ↓
     Die Füllmenge beträgt                                    xxxxxx   kg
     Der Füllungsgrad beträgt                                 xxxxxx.xx %
```

Ändern Sie die Anweisungen für die Bildschirmausgabe ab!

```
400 REM Ausgabe
410 PRINT TAB(5) "Die Füllmenge beträgt" TAB(55)
420 PRINT USING "######"; menge;
430 PRINT TAB(65)"kg"
440 PRINT TAB(5) "Der Füllungsgrad beträgt " TAB(55)
450 PRINT USING "######.##"; prozent;
460 PRINT TAB(65)"%"
```

Außerdem sollen nach der Ausgabe über den Bildschirm folgende Texte sowie alle vier Werte über den Drucker ausgegeben werden:

```
                                                  Position 65
                                                          ↓
 Position 5                               Position 55     ↓
 ↓                                                  ↓     ↓
-5---10----+---20----+---30----+---40----+---50----+---60----+---70--

 ↓                                                  ↓     ↓
 Berechnung der Masse von Flüssigkeiten in zylindrischen Behältern
 =================================================================
                                                    ↓     ↓
 Füllhöhe des Behälters                             xxxxxx    cm
 Spezifisches Gewicht                               xxxxxx.xx kg/dm

 Die Füllmenge beträgt                              xxxxxx    kg
 Der Füllungsgrad beträgt                           xxxxxx.xx %
```

Vervollständigen Sie das Programm um die Druckausgabe!

```
500 REM Druckausgabe
510 LPRINT TAB(5) "Berechnung der Masse von Flüssigkeiten in
    zylindrischen Behältern"
520 LPRINT TAB(5) "===========================================
    ======================="
520 LPRINT
540 LPRINT TAB(5) "Füllhöhe des Behälters" TAB(55)
550 LPRINT USING "######"; fuellhoehe;
560 LPRINT TAB(65)"cm"
570 LPRINT TAB(5) "Spezifisches Gewicht " TAB(55)
580 LPRINT USING "######.##"; spez;
590 LPRINT TAB(65)"kg/dm3"
600 LPRINT
610 LPRINT TAB(5) "Die Füllmenge beträgt" TAB(55)
620 LPRINT USING "######"; menge;
630 LPRINT TAB(65)"kg"
640 LPRINT TAB(5) "Der Füllungsgrad beträgt " TAB(55);
650 LPRINT USING "######.##"; prozent;
660 LPRINT TAB(65)"%"
```

7 DIE QUAL DER WAHL: WENN . . . DANN . . .

Ein Problem, zu dessen Lösung mit Hilfe des Computers ein lineares Programm erforderlich ist, können Sie mit den bisher behandelten Befehlen benutzerfreundlich programmieren. Zu Recht stellen Sie sich jetzt die Frage: Was ist ein lineares Programm? Bei einem Blick auf die Programmablaufpläne mit den folgenden Codierungen können Sie feststellen, daß bei allen bisherigen Programmen die BASIC-Anweisungen in der vorliegenden Reihenfolge einmal vom Anfang bis zum Ende vom Computer abgearbeitet werden. Jede Arbeitsanweisung wird genau einmal ausgeführt.
Ein lineares Programm besteht somit aus einer Anzahl von Anweisungen, die der Computer genau in der vorliegenden Reihenfolge einmal ausführt.
Nicht jedes Problem läßt sich durch ein lineares Programm lösen. Es müssen auch Entscheidungen gefällt werden, die zu unterschiedlichen Programmabläufen führen.

Beispiel:
Ein Großhändler gewährt bei Einkäufen ab 100,– DM 10% Rabatt.

In einem Programm zur Ermittlung des zu zahlenden Einkaufsbetrages ist dann folgende Entscheidung einzubauen:

WENN die Kaufsumme größer oder gleich 100,– DM ist,
DANN ist ein Rabatt von 10% von der Kaufsumme abzuziehen.

Die zugrunde liegende Ablauflogik in dieser Art von Programmen lautet immer ganz allgemein:

WENN die folgende Bedingung erfüllt ist,
DANN führe die folgende Anweisung aus.

In einem Programmablaufplan wird eine solche Bedingung folgendermaßen dargestellt:

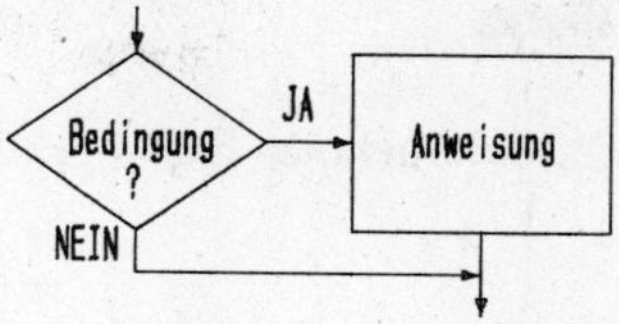

Die entsprechenden englischsprachigen Begriffe, die in BASIC bei diesen Entscheidungen genutzt werden, lauten

IF . . . THEN . . .

Programme mit dieser Ablaufstruktur bezeichnet man als verzweigte Programme. Die IF. . .THEN . . .-Anweisung wird darüber hinaus zur Programmierung von Programmen mit Schleifen verwendet.

Beispiel:
In einem Programm zur Erstellung einer Rechnung wird so lange die Menge mit dem jeweiligen Einzelpreis multipliziert, bis der Nutzer eine Null eingibt.
Die Abbruchbedingung für die Schleife lautet dann:

WENN für die Menge eine Null eingegeben wird,
DANN sind keine weiteren Eingaben zu erwarten,
die Rechnung ist fertigzustellen.

Die Anwendung und Darstellung der IF. . .THEN . . .-Anweisung erfolgt am Beispiel der Erstellung einer **Stromrechnung**.

Programmbeispiel Stromrechnung

7.1 Aufgabenstellung

Ein Energieversorgungsunternehmen hat folgende Stromtarife

	Tarif1	Tarif2
Arbeitspreis (DM je kwh):	0,19 DM	0,16 DM
Bereitstellungspreis für die beiden ersten Räume:	9,20 DM	15,20 DM
für jeden weiteren Raum:	1,70 DM	3,50 DM
Zählergebühr:	4,60 DM	4,60 DM

Für die monatliche Stromabrechnung ist sowohl für Tarif1 als auch für Tarif2 zu ermitteln:

- Der Arbeitspreis, der vom Verbrauch abhängig ist.
- Der Bereitstellungspreis, der aufgrund der Zahl der Räume zu berechnen ist.
- Der Grundpreis, der sich aus dem Bereitstellungspreis und der Zählergebühr ergibt.
- Der Rechnungspreis.

Anschließend ist der günstigere Tarif anzuzeigen.

7.2 Problemanalyse

Ausgabedaten:

	Variablenbezeichnung: Tarif1	Tarif2
Arbeitspreis	apreis1	apreis2
Bereitstellungspreis	bpreis1	bpreis2
Zählergebühr	zaehlgeb	zaehlgeb
Grundpreis	gpreis1	gpreis2
Rechnungspreis	rpreis1	rpreis2
Ausgabe des günstigsten Tarifs		

Eingabedaten:

	Variablenbezeichnung:
monatlicher Stromverbrauch in kwh	kwh
Anzahl der Tarifräume	raeume

Lösungsweg:

Arbeitspreis = Kilowattstunden * Kilowattpreis
Tarif1: apreis1 = kwh * 0.19
Tarif2: apreis2 = kwh * 0.16

Bereitstellungspreis für zwei Räume
Tarif1: bpreis1 = 9.2
Tarif2: bpreis2 = 15.2

Bereitstellungspreis bei mehr als zwei Räumen
Tarif1: bpreis1 = ((raeume − 2) * 1.7) + 9.2
Tarif2: bpreis2 = ((raeume − 2) * 3.5) + 15.2

Grundpreis = Bereitstellungspreis + Zählergebühr
Tarif1: gpreis1 = bpreis1 + 4.6
Tarif2: gpreis2 = bpreis2 + 4.6

Rechnungspreis = Arbeitspreis + Grundpreis
Tarif1: rpreis1 = apreis1 + gpreis1
Tarif2: rpreis2 = apreis2 + gpreis2

WENN rpreis1 < rpreis2,
DANN erfolgt die Ausgabe von rpreis1,
SONST erfolgt die Ausgabe von rpreis2.

7.3 Programmablaufplan

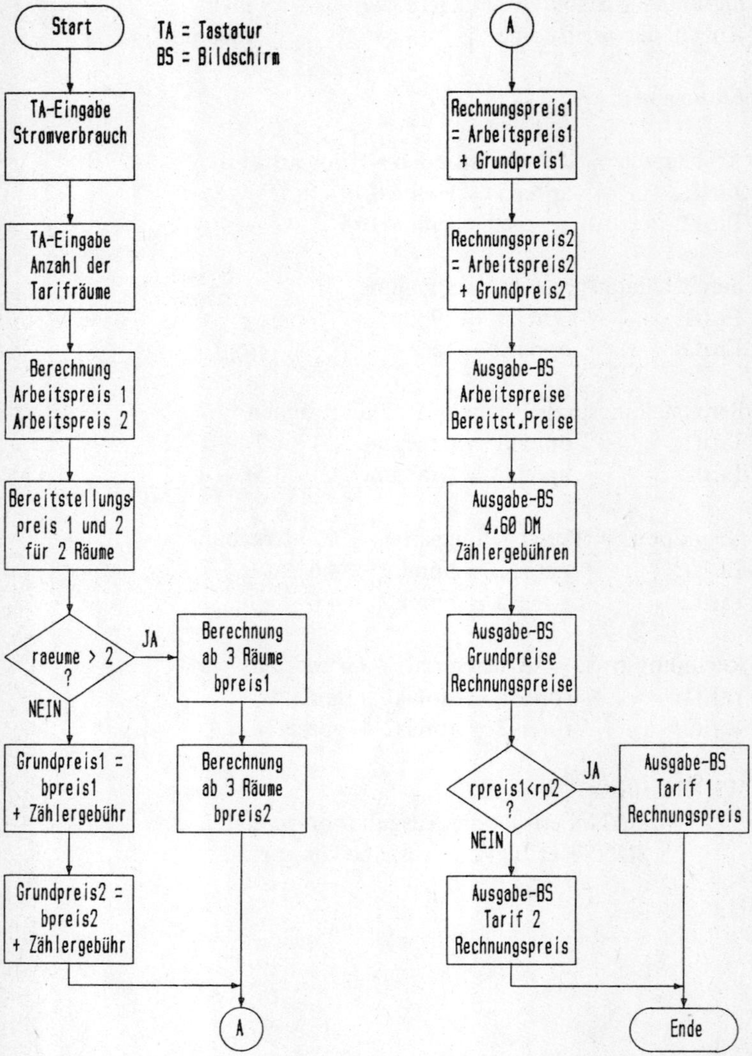

7.4 Codierung

Bei der Codierung ist der folgende Aufbau des Bildschirms für die Ein- und Ausgabedaten zu berücksichtigen:

```
     S t r o m a b r e c h n u n g                                             1
     =============================                                             2
                                                                               3
     Monatlicher Stromverbrauch in kwh      ###                                4
     Anzahl der Tarifräume                  #                                  5
                                                                               6
                                                                               7
                                            T a r i f  I          T a r i f  I I 8
                                            DM        DM          DM        DM 9
     Arbeitspreis                             #######.##            #######.## 10
     Bereitstellungspreis           #######.##          #######.##             11
     Zählergebühr                   #######.##          #######.##             12
     Grundpreis                               #######.##            #######.## 13
                                              ----------            ---------- 14
     Rechnungssumme                           #######.##            #######.## 15
                                              ==========            ========== 16
                                                                               17
                                                                               18
     Tarif ## ist günstiger mit DM: #######.##                                 19
                                                                               20
1   5    10   15   20   25   30   35   40   45   50   55   60   65   70   75
```

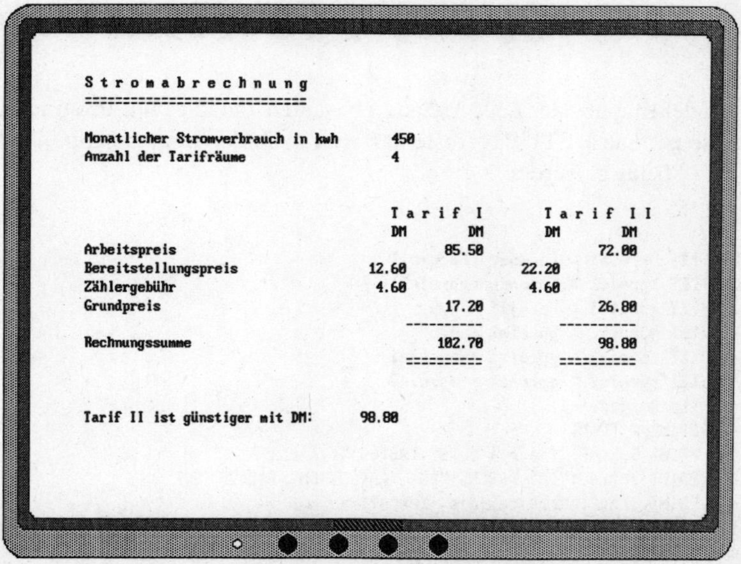

```
100 REM Stromrechnung
110 REM Festlegung der Variablenbezeichungen
120 REM apreis1 = Arbeitspreis1          apreis2 = Arbeitspreis2
130 REM bpreis1 = Bereitstellungspreis2 bpreis2 = Bereitstellungspreis2
140 REM gpreis1 = Grundpreis1           gpreis2 = Grundpreis2
150 REM rpreis1 = Rechungspreis1        rpreis2 = Rechnungspreis2
160 REM kwh     = verbrauchte Kilowattstunden
170 REM raeume  = Anzahl der Räume
180 REM m1$     = Maske für die formatierte DM-Ausgabe
190 REM Eingabeteil
200 CLS
210 PRINT TAB(5) "S t r o m a b r e c h n u n g"
220 PRINT TAB(5) "============================="
230 PRINT
240 PRINT TAB(5) "Monatlicher Stromverbrauch in kwh" TAB(45)
250 INPUT "",kwh
260 PRINT TAB(5) "Anzahl der Tarifräume" TAB(45)
270 INPUT "",raeume
280 REM Berechnungsteil
290 LET m1$ ="#######.##"
300 DEF FNrunden(x) = INT(x * 100 + .5)/100
310 LET apreis1 = kwh * .19
320 LET apreis2 = kwh * .16
330 LET bpreis1 = 9.2
340 LET bpreis2 = 15.2
350 IF raeume > 2
      THEN LET bpreis1 = ((raeume - 2) * 1.7) + 9.2 :
           LET bpreis2 =  ((raeume - 2) * 3.5) + 15.2
```

Bei der Eingabe der Zeile 35∅ ist zu beachten, daß dies **eine** Programmzeile ist. Die RETURN-Taste darf erst nach der Eingabe von ". . + 15.2" betätigt werden.

```
360 LET bpreis1 = fnrunden(bpreis1)
370 LET bpreis2 = fnrunden(bpreis2)
380 LET gpreis1 = bpreis1 + 4.6
390 LET gpreis2 = bpreis2 + 4.6
400 LET rpreis1 = gpreis1 + apreis1
410 LET rpreis2 = gpreis2 + apreis2
420 REM Ausgabeteil
430 PRINT : PRINT
440 PRINT TAB(45)"T a r i f  1" TAB(65)"T a r i f  2"
450 PRINT TAB(45)"DM" TAB(55)"DM" TAB(65)"DM" TAB(75)"DM"
460 PRINT TAB(5)"Arbeitspreis" TAB(47)
470 PRINT USING m1$;apreis1;
480 PRINT TAB(67) USING m1$;apreis2
```

```
490 PRINT TAB(5)"Bereitstellungspreis" TAB(37)
500 PRINT USING m1$;bpreis1;
510 PRINT TAB(57) USING m1$;bpreis2
520 PRINT TAB(5)"Zählergebühr" TAB(37)
530 PRINT USING m1$;4.6;
540 PRINT TAB(57) USING m1$;4.6
550 PRINT TAB(5)"Grundpreis" TAB(47)
560 PRINT USING m1$;gpreis1;
570 PRINT TAB(67)USING m1$;gpreis2
580 PRINT TAB(48) "----------" TAB(68)"----------"
590 PRINT TAB(5)"Rechnungssumme" TAB(47)
600 PRINT USING m1$;rpreis1;
610 PRINT TAB(67) USING m1$;rpreis2
620 PRINT TAB(48)"==========" TAB(68) "=========="
630 PRINT:PRINT
640 REM Entscheidung über Ausgabe des günstigeren Tarifs
650 IF rpreis1 < rpreis2
      THEN PRINT TAB(5) "Tarif 1 ist günstiger mit DM: " USING m1$;rpreis1
      ELSE PRINT TAB(5) "Tarif 2 ist günstiger mit DM: " USING m1$;rpreis2
660 END
```

IF ... THEN ...

Die IF ... THEN ...-Anweisung ermöglicht es, daß bestimmte Anweisungen nur ausgeführt werden, wenn die formulierte Bedingung erfüllt ist. Diese Anweisung hat die allgemeine Form:

Zeilennummer	**IF**	Konstante oder Variable oder Ausdruck	**Vergleichsoperator**	Konstante oder Variable oder Ausdruck	**THEN**	Anweisung

Beispiel:

```
35Ø IF raeume > 2
        THEN LET bpreis1 = ((raeume - 2) * 1.7) + 9.2 :
             LET bpreis2 = ((raeume - 2) * 3.5) + 15.2
```

Wenn mehr als zwei Räume vorhanden sind, ist der
Bereitstellungspreis1 = ((Anzahl der Räume – 2) ∗ 1.7Ø) + 9.2Ø
Bereitstellungspreis2 = ((Anzahl der Räume – 2) ∗ 3.5Ø) + 15.2Ø

Zuerst wird in den Zeilen 33∅ und 34∅ der Bereitstellungspreis festgelegt, der mindestens zu bezahlen ist. Im Tarif1 sind das 9,2∅ DM und im Tarif2 15,2∅ DM. Ist die Bedingung “mehr als zwei Räume” erfüllt, so werden für jeden weiteren Raum bei Tarif1 1,7∅ DM, bei Tarif2 3,5∅ DM berechnet.

In einer Anweisung mit IF . . . THEN . . . muß nach IF immer eine Bedingung formuliert sein, die der Computer bei Abarbeitung des Programms überprüfen kann. Diese Bedingung kann – wie im Beispiel – durch den Vergleich einer Variablen mit einer Konstanten (IF raeume > 2) formuliert werden. Die verschiedenen Möglichkeiten sind in der allgemeinen Formulierung der IF . . . THEN . . .-Anweisung aufgeführt. Wichtig ist, daß das Ergebnis überprüfbar ist. Bei der Überprüfung heißt das Ergebnis entweder

die Bedingung ist erfüllt = ja,
die Bedingung ist nicht erfüllt = nein.

Die Überprüfung der Bedingung setzt **Vergleichsoperatoren** voraus, die eine JA-NEIN-Entscheidung ermöglichen. Die in BASIC vorhandenen Vergleichsoperatoren sind:

=	gleich
<	kleiner als
>	größer als
< >	ungleich
< =	kleiner oder gleich
> =	größer oder gleich

Diese Vergleichsoperatoren gelten auch für Textvariablen.

■ IF . . . THEN . . . ELSE . . .

Bei der IF . . . THEN . . . ELSE . . .-Anweisung ist die Ablauflogik folgendermaßen erweitert:

WENN die folgende Bedingung erfüllt ist,
DANN führe die Anweisung 1 aus,
SONST führe die Anweisung 2 aus.

In BASIC umgesetzt ergibt sich:

Zeilen-nummer	**IF**	Konstante oder Variable oder Ausdruck	**Vergleichs-operator**	Konstante oder Variable oder Ausdruck	**THEN**	Anweisung
					ELSE	Anweisung

Im Programmablauf wird die IF . . . THEN . . . ELSE . . .-Anweisung folgendermaßen dargestellt:

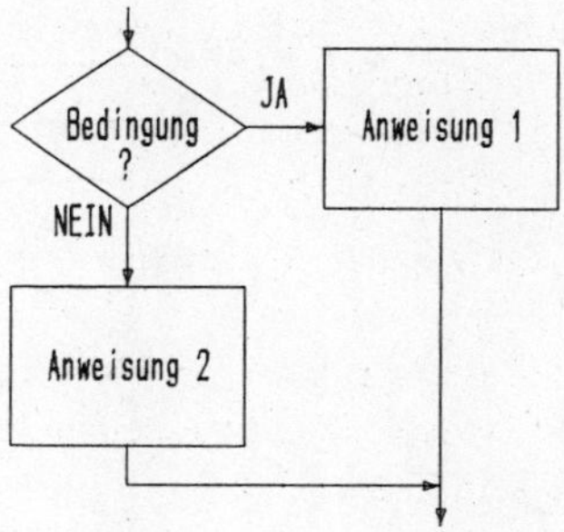

Beispiel:

```
650 IF rpreis1 < rpreis2
        THEN PRINT TAB(5) "Tarif 1 ist günstiger mit DM: "
        USING m1$;rpreis1
        ELSE PRINT TAB(5) "Tarif 2 ist günstiger mit DM: "
        USING m2$;rpreis2
```

Im vorliegenden Programm berechnet der Computer den Rechnungspreis nach Tarif 1 und Tarif 2. Ist der Tarif 1 günstiger, dann wird dieser noch einmal gesondert ausgegeben. Sonst folgt eine Ausgabe des günstigeren Tarifes 2.

In dem vorliegenden Programm sind noch keine Eingabeprüfungen eingebaut, so daß Sie unzulässige Werte eingeben können, ohne daß der Computer den Programmlauf unterbricht. Im folgenden Kapitel wird gezeigt, wie man mit IF . . . THEN . . . solche Eingabeprüfungen (Plausibilitätsprüfungen) im Programm durchführt.

Übung 15

1. Ein Facharbeiter erhält zu seinem Grundlohn eine Prämie von 8 Prozent, wenn die Ausschußquote kleiner als 5 Prozent ist. Die Berechnung der Prämie läßt sich folgendermaßen ermitteln:

   Praemie ist null
   WENN die Ausschußquote kleiner ist als 5
   DANN ermittle die Prämie mit Grundlohn * Ø.Ø8

   Vervollständigen Sie den Programmablaufplan!

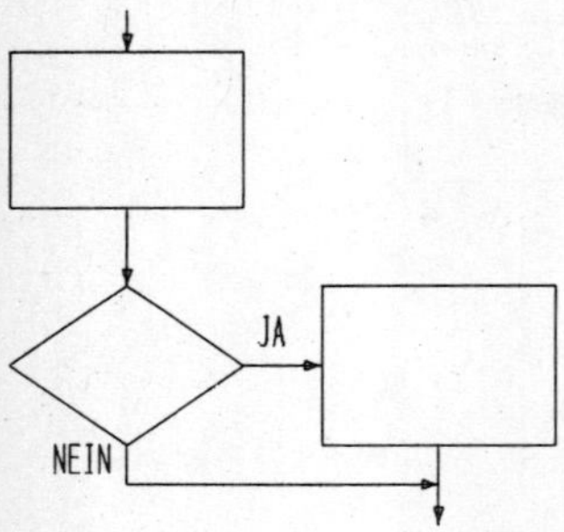

   Notieren Sie die BASIC-Anweisungen!

   2ØØ ______________________
   21Ø ______________________
   ____

2. Die Variable X hat in einem Programmlauf den Wert 5.
   Stellen Sie fest, ob die jeweilige Bedingung erfüllt ist (ja) oder nicht erfüllt ist (nein).

IF X = 5 THEN	___ ja	___ nein
IF X < 3 THEN	___ ja	___ nein
IF X > 6 THEN	___ ja	___ nein
IF X <> 4 THEN	___ ja	___ nein
IF X <= 9 THEN	___ ja	___ nein
IF X >= 6 THEN	___ ja	___ nein

3. Im Programm "Stromrechnung" wurde in den Zeilen 33Ø–35Ø der Bereitstellungspreis berechnet. Hierzu wurde in den Zeilen 33Ø und 34Ø der Mindestbetrag für den bpreis1 mit 9,2Ø DM sowie für den bpreis2 mit 15,2Ø DM festgelegt. Falls die Wohnung mehr als zwei Räume enthielt, wurde in der folgenden Zeile (35Ø) der Bereitstellungspreis neu berechnet.

Diese Abfrage läßt sich auch als WENN . . . DANN . . . SONST . . .-Anweisung programmieren:

```
WENN raeume > 2 ist
     DANN  berechne bpreis1 durch ((raeume–2)*1.7) +  9.2
           berechne bpreis2 durch ((raeume–2)*3.5) + 15.2
     SONST ist bpreis1  9.2
               bpreis2 15.2
```

Vervollständigen Sie den Programmablaufplan!

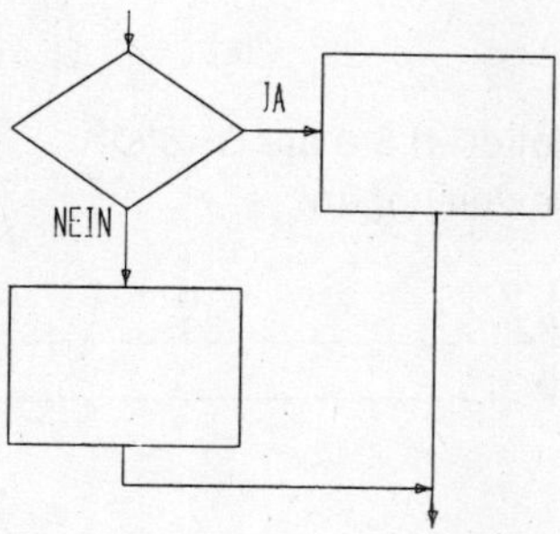

Notieren Sie das BASIC-Programm

35Ø ______________________

____

____

____

____

____

Wenn Sie diese Anweisung in das Programm "Stromrechnung" einbauen, vergessen Sie bitte nicht die Zeilen 33Ø sowie 34Ø zu löschen!

4. Im Kapitel 6 wurde ein Programm zur Ermittlung des Verkaufspreises erstellt. Dabei wurde immer mit einem Umsatzsteuersatz von 14% gerechnet. Einige Artikel wie beispielsweise Bücher werden nur mit einer Umsatzsteuer von 7 Prozent belastet.

   Das Programm ist nun wie folgt abzuändern:
   Nach der Eingabe des Rabattsatzes (Zeile 3ØØ) soll eine Abfrage erfolgen:
   "Halber Steuersatz?"
   Ist die Antwort "j", so ist mit dem Steuersatz von 7 Prozent zu rechnen. Bei allen anderen Eingaben beträgt der Steuersatz 14%.

Das Programm muß zuerst um folgende Zeilen erweitert werden:

```
1Ø5 REM frage$ = nimmt das eingegebene Zeichen auf
155 REM usatz = Umsatzsteuersatz (7 oder 14)
272 LOCATE 9,1Ø
274 PRINT "Halber Steuersatz"
35Ø LET mst = np * usatz/1ØØ
```

Die Abfrage wird in folgender Form durchgeführt:

```
WENN frage$ = "j"
        DANN usatz = 7
        SONST usatz = 14
```

Vervollständigen Sie den Programmablaufplan!

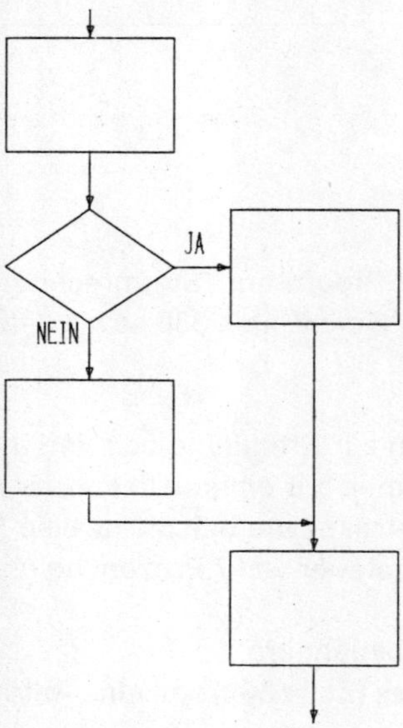

Notieren Sie die BASIC-Anweisungen!

3Ø2 ______________________

3Ø4 ______________________

31Ø REM Verarbeitungsteil

315 ______________________

____

____

32Ø LET r = lp * rs/1Ø

Lösungen zu Übung 15

1. Ein Facharbeiter erhält zu seinem Grundlohn eine Prämie von 8 Prozent, wenn die Ausschußquote kleiner als 5 Prozent ist. Die Berechnung der Prämie läßt sich folgendermaßen ermitteln:

   Praemie ist null
   WENN die Ausschußquote kleiner ist als 5
   DANN ermittle die Prämie mit Grundlohn * Ø.Ø8

   Vervollständigen Sie den Programmablaufplan!

   Notieren Sie die BASIC-Anweisungen!

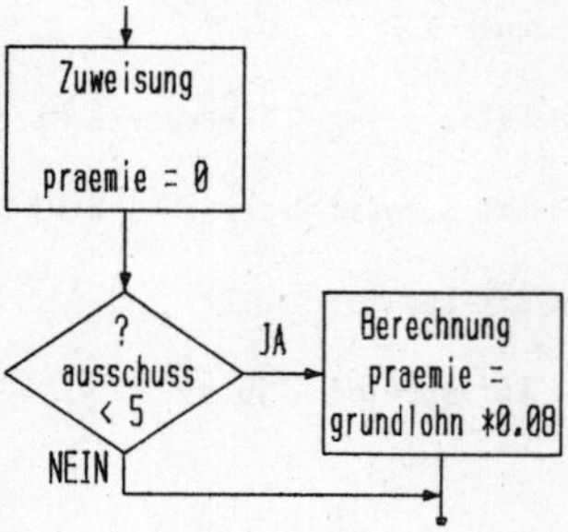


```
200 LET praemie = 0

210 IF ausschuss < 5
       THEN LET praemie = grundlohn * 0.08
```

2. Die Variable X hat in einem Programmlauf den Wert 5.
   Stellen Sie fest, ob die jeweilige Bedingung erfüllt ist (ja) oder nicht erfüllt ist (nein).

IF X = 5 THEN	X ja	nein
IF X < 3 THEN	ja	X nein
IF X > 6 THEN	ja	X nein
IF X <> 4 THEN	X ja	nein
IF X <= 9 THEN	X ja	nein
IF X >= 6 THEN	ja	X nein

3. Im Programm «Stromrechnung» wurde in den Zeilen 33Ø–35Ø der Bereitstellungspreis berechnet. Hierzu wurde in den Zeilen 33Ø und 34Ø der Mindestbetrag für den bpreis1 mit 9,2Ø DM sowie für den bpreis2 mit 15,2Ø DM festgelegt. Falls die Wohnung mehr als zwei Räume enthielt, wurde in der folgenden Zeile (35Ø) der Bereitstellungspreis neu berechnet.

Diese Abfrage läßt sich auch als WENN . . . DANN . . . SONST . . .-Anweisung programmieren:

```
WENN raeume > 2 ist
     DANN berechne bpreis1 durch ((raeume–2)*1.7) +  9.2
          berechne bpreis2 durch ((raeume–2)*3.5) + 15.2
     SONST ist bpreis1  9.2
               bpreis2 15.2
```

Vervollständigen Sie den Programmablaufplan!

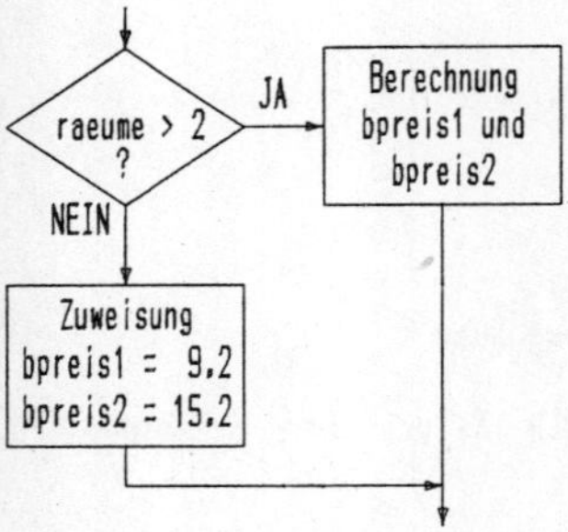

Notieren Sie das BASIC-Programm!

```
350 IF raeume > 2
    THEN LET bpreis1 = ((raeume-2)*1.7)+9.2:
         LET bpreis2 = ((raeume-2)*3.5)+15.2
    ELSE LET bpreis1 = 9.2:
         LET bpreis2 = 15.2
```

Wenn Sie diese Anweisung in das Programm "Stromrechnung" einbauen, vergessen Sie bitte nicht die Zeilen 33∅ sowie 34∅ zu löschen!

4. Im Kapitel 6 wurde ein Programm zur Ermittlung des Verkaufspreises erstellt. Dabei wurde immer mit einem Umsatzsteuersatz von 14% gerechnet. Einige Artikel wie beispielsweise Bücher werden nur mit einer Umsatzsteuer von 7 Prozent belastet.

   Das Programm ist nun wie folgt abzuändern:
   Nach der Eingabe des Rabattsatzes (Zeile 3∅∅) soll eine Abfrage erfolgen:
   "Halber Steuersatz?"
   Ist die Antwort "j", so ist mit dem Steuersatz von 7 Prozent zu rechnen. Bei allen anderen Eingaben beträgt der Steuersatz 14%.

Das Programm muß zuerst um folgende Zeilen erweitert werden:

```
105 REM frage$ = nimmt das eingegebene Zeichen auf
155 REM usatz  = Umsatzsteuersatz (7 oder 14)
272 LOCATE  9,10
274 PRINT "Halber Steuersatz"
350 LET mst = np * usatz/100
```

Die Abfrage wird in folgender Form durchgeführt:

WENN frage$ = "j"
DANN usatz = 7
SONST usatz = 14

Vervollständigen Sie den Programmablaufplan!

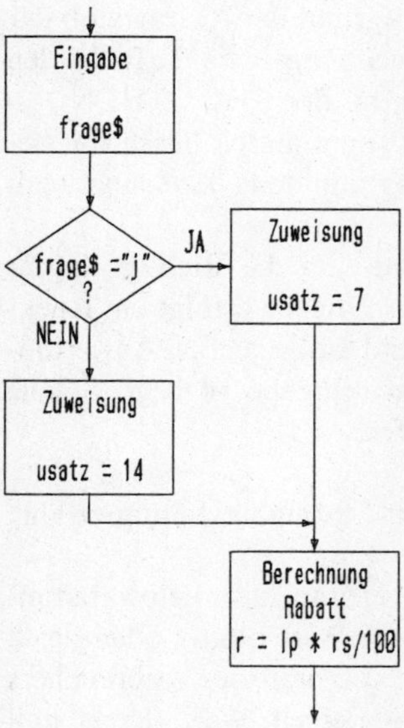

Notieren Sie die BASIC-Anweisungen!

```
302 LOCATE 9,30

304 INPUT frage$

310 REM Verarbeitungsteil

315 IF frage$ = "j"
       THEN LET usatz = 7
       ELSE LET usatz = 14

320 LET r = lp * rs / 100
```

8 PLAUSIBILITÄTSPRÜFUNG DER EINGABEDATEN

Im Programm zur Berechnung des Stromverbrauchs ist zweimal eine IF . . . THEN . . .-Anweisung vorhanden. Einmal ist die Berechnung des Bereitstellungspreises davon abhängig, ob zwei oder mehr Tarifräume beim Verbraucher vorhanden sind. Zum andern erfolgt die Ausgabe des jeweils günstigeren Tarifs aufgrund der Abfrage, ob der Rechnungspreis 1 kleiner ist als der Rechnungspreis 2. In beiden Fällen wird in Abhängigkeit von der in der IF . . . THEN . . .-Anweisung formulierten Bedingung ein Programmteil bearbeitet beziehungsweise nicht bearbeitet. Diese Programmteile bezeichnet man als **Programmzweige**.
Die gleiche Anweisung wird nun genutzt, um die Richtigkeit der Eingabe zu prüfen. Bei einer unkorrekten Eingabe erfolgt ein Rücksprung zu der Eingabeanweisung. Diese und die folgenden Anweisungen werden wiederholt, bis eine korrekte Eingabe vorliegt. Solche Programmteile bezeichnet man als **Schleifen**.

Die Aufgabenstellung für das Programm Stromabrechnung erfährt dann die folgende Erweiterung:
Nach der Eingabe des monatlichen Stromverbrauchs in Kilowattstunden (kwh) ist zu prüfen, ob der eingegebene Wert positiv oder gleich null ist. Im Extremfall kann bei einem langen Urlaub des Verbrauchers ein Stromverbrauch von null vorliegen. Bei einem Wert kleiner null liegt ein Eingabefehler vor. Auf dem Bildschirm erfolgt eine Fehlermeldung, und der Nutzer wird aufgefordert, einen korrekten Wert einzugeben.
Die gleiche Eingabeprüfung erfolgt bei der Eingabe der Anzahl der Tarifräume. Hier erfolgt jedoch auch eine Fehlermeldung, wenn eine Null eingegeben wurde.

Im **Programmablaufplan** sind folgende Ergänzungen notwendig:

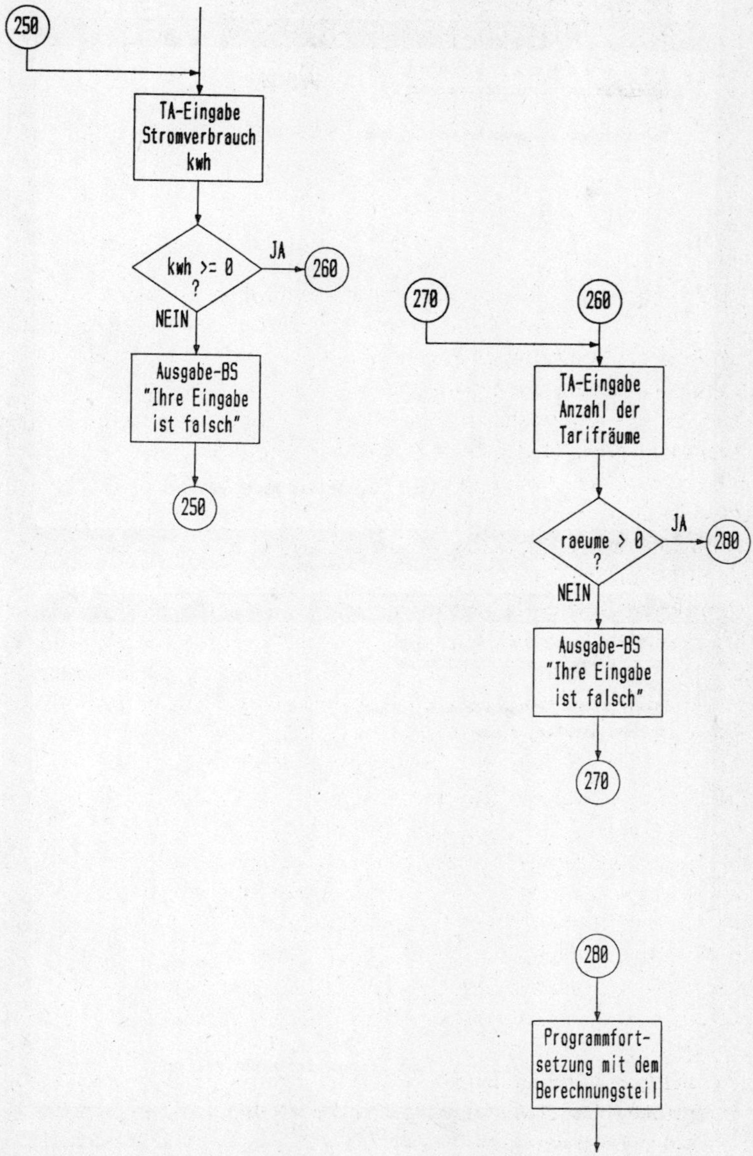

Bei der Ergänzung der **Codierung** ist die folgende Bildschirmgestaltung im Falle einer fehlerhaften Eingabe zu beachten:

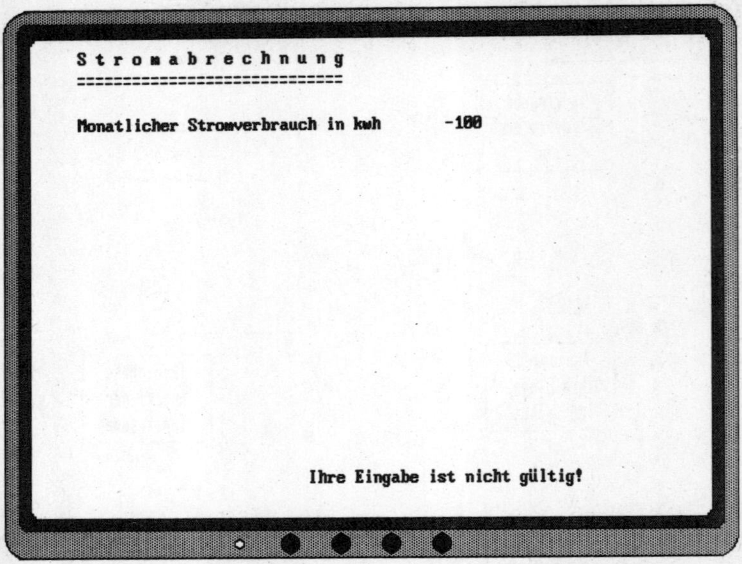

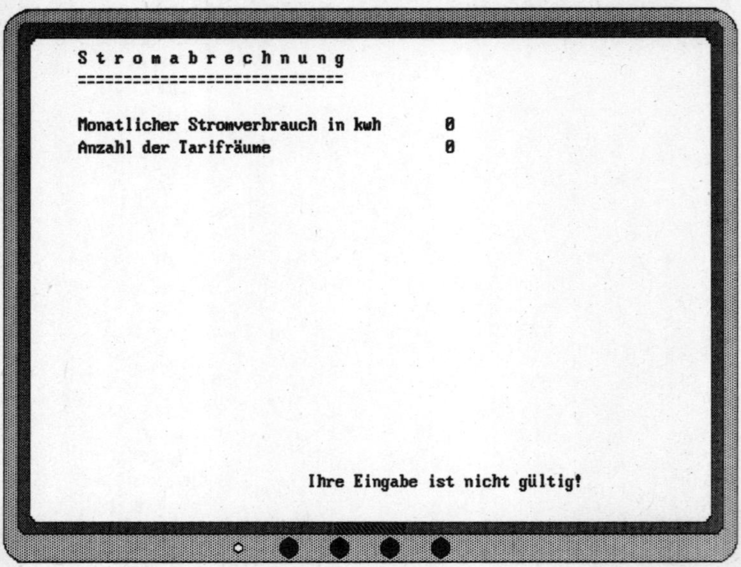

Es ergibt sich dann die folgende Ergänzung des Programms:

```
200 CLS
210 PRINT TAB(5) "S t r o m a b r e c h n u n g"
220 PRINT TAB(5) "============================="
230 PRINT
240 PRINT TAB(5) "Monatlicher Stromverbrauch in kwh" TAB(45)
250 INPUT "",kwh
251 IF kwh >= 0 THEN GOTO 260 :             REM richtige Eingabe
252 LOCATE 20,30
253 PRINT  "Ihre Eingabe ist nicht richtig"
254 time$ = "00:00:00"
255 IF TIMER < 5 THEN GOTO 255 :            REM Warteschleife - der Text
                                                wird 5 Sekunden lang auf
                                                dem Bildschirm ausgegeben
256 LOCATE 20,30
257 PRINT "                              " : REM Löschen der
                                                Bildschirmmeldung
258 LOCATE 4,45 : PRINT "          ":       REM Löschen der fehlerhaften
                                                Eingabe
259 LOCATE 4,45 :GOTO 250
260 PRINT TAB(5) "Anzahl der Tarifräume" TAB(45)
270 INPUT "",raeume
271 IF raeume > 0 THEN GOTO 280 :           REM richtige Eingabe
272 LOCATE 20,30
273 PRINT "Ihre Eingabe ist nicht richtig"
274 time$ = "00:00:00"
275 IF TIMER < 5 THEN GOTO 275 :            REM Warteschleife - der Text
                                                wird 5 Sekunden lang auf
                                                dem Bildschirm ausgegeben
276 LOCATE 20,30
277 PRINT "                              " : REM Löschen der
                                                Bildschirmmeldung
278 LOCATE 5,45 : PRINT "          " :      REM Löschen der fehlerhaften
                                                Eingabe
279 LOCATE 5,45 : GOTO 270
280 REM Berechnungsteil
```

In diesem Abschnitt des Programmes ist wiederholt die Anweisung LOCATE eingesetzt, um die Fehlermeldung an einer bestimmten Stelle des Bildschirms auszugeben. Die Fehlermeldung wird nach fünf Sekunden durch Überschreiben mit Leerstellen gelöscht. Zusätzlich wird die fehlerhafte Eingabe gelöscht. Dann positioniert LOCATE den Cursor an der Stelle, an der die korrekte Eingabe erfolgen soll. Um eine Meldung eine begrenzte Zeit auf dem Bildschirm sichtbar zu machen, ist die Programmierung einer Warteschleife notwendig.

Programmierung einer Warteschleife

Die Meldung, “Ihre Eingabe ist nicht richtig”, soll insgesamt fünf Sekunden auf dem Bildschirm in der Zeile 20, Spalte 30, ausgegeben werden. Voraussetzung ist, daß die innere Uhr des Rechners auf null gestellt wird.
Die Anweisung und Variable TIME$ dient zum Stellen der internen Uhr des Rechners. Er hat die allgemeine Form

Zeilennummer time$ = “hh:mm:ss”

“h” für hour stellt die Stunden, “m” für minute stellt die Minuten, und “s” für second stellt die Sekunden dar.
Dies geschieht in den Zeilen 254 und 274 durch die Anweisung

```
254 time$ = "ØØ:ØØ:ØØ"
```

Die Funktion TIMER gibt die Anzahl der Sekunden wieder, die nach dem Stellen der internen Uhr auf Null vergangen ist. Diese Variable ist dann in die Abfrage

```
255 IF TIMER < 5 THEN GOTO 255
```

eingebunden. Durch diese Abfrage verbleibt das Programm exakt fünf Sekunden lang in dieser Programmzeile, ehe eine Weiterbearbeitung der folgenden Zeilen erfolgt.

GOTO Zeilennummer

Die BASIC-Anweisung GOTO Zeilennummer bewirkt, daß die Ausführung des Programms an der angegebenen Zeilennummer fortgesetzt wird. Der Sprung kann von der Erfüllung einer Bedingung abhängig sein.

Beispiel:

```
251 IF kwh > = Ø THEN GOTO 26Ø
```

Ist der Wert der Variablen kwh größer oder gleich Ø, wird das Programm mit der Programmzeile 26Ø fortgesetzt. Hat kwh einen kleineren Wert als Ø, so wird das Programm mit der folgenden Zeile (in diesem Fall die Zeile 252) weitergeführt. Daneben können auch unbedingte Sprungbefehle verwendet werden.

Beispiel:

```
259 LOCATE 4,45 : GOTO 25Ø
```

Hier wird das Programm nach Beendigung der Fehlerroutine mit der Programmzeile 25Ø fortgesetzt.

Grundsätzlich hat die GOTO-Anweisung folgenden Aufbau:

Zeilennummer GOTO Zeilennummer

Die Zeilennummer darf nur im möglichen Bereich von 0 bis 65529 liegen. Wird in der GOTO-Anweisung eine Zeilennummer angeführt, die im Programm nicht existiert, gibt der Computer die Fehlermeldung "undefined line number" aus und bricht die Programmausführung ab. Die GOTO-Anweisung sollte im Programm sehr sparsam verwendet werden, da sonst das Programm unübersichtlich werden kann. Je mehr GOTO-Anweisungen in einem Programm vorhanden sind, desto höher ist der Zeitaufwand bei Änderungen des Programms.

Übung 16

1. In einem Programm verwendet man eine Verzweigung, wenn ____
   ____
   ____
   ____

   Bei einer Schleife dagegen ______________________________
   ____

2. Die interne Uhr des Computers soll im Direktmodus (also ohne Zeilennummer) auf die aktuelle Uhrzeit gestellt werden. Formulieren Sie die entsprechende BASIC-Anweisung, wenn die aktuelle Uhrzeit 17 Uhr 35 Minuten und 2Ø Sekunden ist.

   BASIC-Anweisung: ______________________________

   Notieren Sie die BASIC-Anweisungen für eine Warteschleife mit einer Dauer von 3 Sekunden.

   BASIC-Anweisungen:
   2ØØ ______________________________
   21Ø ______________________________

3. Im Kapitel 6 wurde ein Programm zur Ermittlung des Verkaufspreises erstellt. Dort wurden in den Zeilen 27Ø–3ØØ der Listenpreis und der Rabattsatz eingegeben.
   Für die Eingabe des Listenpreises soll als Übung eine Plausibilitätskontrolle programmiert werden. Bei der Eingabe einer Zahl kleiner als oder gleich null soll die Fehlermeldung "Ihre Eingabe ist ungültig!" in der Zeile 22 Spalte 3Ø ausgegeben werden. Nach einer Wartezeit von 3 Sekunden soll diese Fehlermeldung wieder gelöscht werden. Anschließend kann der Benutzer die Eingabe wiederholen.

   Notieren Sie die BASIC-Anweisungen für diese Plausibilitätsprüfung!

   27Ø LOCATE 7,3Ø
   28Ø INPUT "",lp
   281 ______________________________

282 ______________________________
283 ______________________________
284 ______________________________
285 ______________________________
286 ______________________________
287 ______________________________
288 ______________________________
29Ø LOCATE 9,3Ø
3ØØ INPUT "",rs

4. Die Uhr des Rechners läßt sich dazu benutzen, den Computer als Digitaluhr zu "mißbrauchen". Dazu ist ein kurzes Programm notwendig, das folgende Schritte enthält:
   a) aktuelle Uhrzeit eingeben
   b) Uhrzeit der Variablen time$ zuweisen
   c) Bildschirm löschen
   d) Cursor in die Bildschirmmitte (Zeile 13, Spalte 37) setzen
   e) aktuelle Zeit mit der PRINT-Anweisung ausgeben.

   Die letzten Anweisungen sind in einer Schleife fortlaufend zu bearbeiten.

   Notieren Sie nun das Programm!

   1Ø ______________________________
   2Ø ______________________________
   3Ø ______________________________
   4Ø ______________________________
   5Ø ______________________________
   6Ø ______________________________
   7Ø ______________________________

   Achtung: Wenn Sie dieses Programm eingeben, erzeugen Sie eine Endlos-Schleife. Der Programmlauf kann durch die Betätigung der Tasten <CTRL> und <BREAK> abgebrochen werden.

Lösungen zu Übung 16

1. In einem Programm verwendet man eine Verzweigung, wenn in Abhängigkeit von der in der IF . . . THEN . . .-Anweisung formulierten Bedingung ein Programmteil bearbeitet bzw. nicht bearbeitet wird.

   Bei einer Schleife dagegen werden bestimmte Programmschritte wiederholt, bis ein bestimmtes Ergebnis vorliegt.

2. Die interne Uhr des Computers soll im Direktmodus (also ohne Zeilennummer) auf die aktuelle Uhrzeit gestellt werden. Formulieren Sie die entsprechende BASIC-Anweisung, wenn die aktuelle Uhrzeit 17 Uhr 35 Minuten und 2Ø Sekunden ist.

   BASIC-Anweisung: time$ = "17:35:2Ø"

   Notieren Sie die BASIC-Anweisungen für eine Warteschleife mit einer Dauer von 3 Sekunden.

   BASIC-Anweisungen:

```
200 time$ = "00:00:00"
210 IF TIMER < 3 THEN GOTO 210
```

3. Im Kapitel 6 wurde ein Programm zur Ermittlung des Verkaufspreises erstellt. Dort wurden in den Zeilen 27Ø–3ØØ der Listenpreis und der Rabattsatz eingegeben.
   Für die Eingabe des Listenpreises soll als Übung eine Plausibilitätskontrolle programmiert werden. Bei der Eingabe einer Zahl kleiner als oder gleich null soll die Fehlermeldung "Ihre Eingabe ist ungültig!" in der Zeile 22 Spalte 3Ø ausgegeben werden. Nach einer Wartezeit von 3 Sekunden soll diese Fehlermeldung wieder gelöscht werden. Anschließend kann der Benutzer die Eingabe wiederholen.

   Notieren Sie die BASIC-Anweisungen für diese Plausibilitätsprüfung!

```
270 LOCATE  7,30
280 INPUT "",lp
281 IF lp > 0 THEN GOTO 290
282 LOCATE 22,30
283 PRINT "Ihre Eingabe ist ungültig!"
284 time$ = "00:00:00"
285 IF TIMER < 3 THEN GOTO 285
286 LOCATE 22,30 : PRINT "
287 LOCATE  7,30 : PRINT "
288 GOTO 270
290 LOCATE  9,30
300 INPUT "",rs
```

4. Die Uhr des Rechners läßt sich dazu benutzen, den Computer als Digitaluhr zu "mißbrauchen". Dazu ist ein kurzes Programm notwendig, das folgende Schritte enthält:
   a) aktuelle Uhrzeit eingeben
   b) Uhrzeit der Variablen time$ zuweisen
   c) Bildschirm löschen
   d) Cursor in die Bildschirmmitte (Zeile 13, Spalte 37) setzen
   e) aktuelle Zeit mit der PRINT-Anweisung ausgeben.

   Die letzten Anweisungen sind in einer Schleife fortlaufend zu bearbeiten.

   Notieren Sie nun das Programm!

```
10 PRINT "Geben Sie die aktuelle Uhrzeit in der Form HH:MM:SS ein";
20 INPUT zeit$
30 CLS
40 time$ = zeit$
50 LOCATE 13,37
60 PRINT time$
70 GOTO 50
```

Achtung: Wenn Sie dieses Programm eingeben, erzeugen Sie eine Endlos-Schleife. Der Programmlauf kann durch die Betätigung der Tasten <CTRL> und <BREAK> abgebrochen werden.

9 WIEDERHOLUNGEN ERWÜNSCHT: SO LANGE WIE . . .

Bei der Plausibilitätsprüfung der Eingabedaten wurde eine Schleife mit Hilfe der IF . . . THEN . . .-Anweisung programmiert. BASIC ermöglicht noch eine andere Programmierung von Schleifen mit vorheriger Abfrage. Zunächst wird im Programm eine Bedingung festgelegt. Am Anfang einer danach folgenden Schleife wird geprüft, ob diese Bedingung wahr (= erfüllt) ist. Solange die Bedingung wahr ist, werden die in der Schleife programmierten Anweisungen wiederholt. Damit keine Endlosschleife entsteht, muß innerhalb der Schleife durch eine Anweisung die Bedingung irgendwann unwahr werden. Dann wird die Schleife verlassen, und das Programm bearbeitet die darauf folgenden Anweisungen.

Beispiel:
Der Preis für ein Gramm Gold ist für eine Reihe von Tagen einzugeben, um den durchschnittlichen Tagespreis für diesen Zeitraum zu ermitteln. Die Eingabe wird beendet und der Durchschnittspreis für ein Gramm ausgegeben, sobald die Eingabe des Wertes null erfolgt.
Die Programmstruktur dieser Schleife sieht wie folgt aus:

Der Preis für ein Gramm Gold ist ungleich null.
So lange ein Preis ungleich null ist,
  gib den Preis für ein Gramm ein,
  summiere die Tagespreise.
Sobald der Preis gleich null ist, ermittle den Durchschnittspreis.

Die entsprechende BASIC-Anweisung, die den Schleifenanfang und das Schleifenende festlegt, lautet **WHILE . . . WEND**. Die Programmierung und Systematik dieses Schleifentyps wird anhand einer Aufgabe zum Zahlenraten dargestellt.

Programmbeispiel Zahlenraten

9.1 Aufgabenstellung

Der Nutzer des Computers darf sich eine Zahl zwischen 1 und 100 ausdenken. Der Computer versucht aufgrund des vorliegenden Programms, diese Zahl in wenigen Schritten zu "erraten".
Auf die vom Computer "erratene" Zahl muß der Nutzer wie folgt antworten:

Die Zahl ist richtig → Eingabe j
Die Zahl ist zu groß → Eingabe g
Die Zahl ist zu klein → Eingabe k

Bei der Eingabe "g" beziehungsweise "k" errechnet der Computer so lange eine neue Zahl, bis er die richtige Zahl gefunden hat. Anschließend gibt er die Anzahl der Schritte aus, die er benötigt hat, um die Zahl zu ermitteln.

9.2 Problemanalyse

	Variablenname
Ausgabedaten:	
die erratene Zahl	zahl
die Anzahl der Rateschritte	zaehler
Eingabedatum:	
Eingabe "j", "g" oder "k" auf die vom Computer vorgeschlagene Zahl	eingabe$

Lösungsweg:
Die Grenzen des Zahlenbereiches werden den Variablen minimum und maximum zugewiesen:

minimum = 1
maximum = 1Ø1 (1ØØ und 1 als Korrekturfaktor für die Rundung)

Die Variablen zaehler und eingabe$ erhalten folgende Anfangswerte:

eingabe$ = " "
(So wird auf jeden Fall ein Schleifendurchlauf erreicht.)
zaehler = Ø

Solange die Variable eingabe$ < > "j" ist, werden

a) der untere und der obere Wert des Zahlenbereiches addiert, durch zwei geteilt und als ganze Zahl gerundet:

   zahl = INT((minimum + maximum)/2)

b) nach jedem Ratevorgang der Zähler um 1 erhöht:

   zaehler = zaehler + 1

c) die Ganzzahl des Ergebnisses wird als geratene Zahl ausgegeben:

   "Ich tippe auf die Zahl: xxx"

d) Entspricht die geratene Zahl der vom Nutzer gewählten Zahl (Eingabe "j"), so wird die Schleife beendet und die Anzahl der Rateschritte ausgegeben.

e) Ist die geratene Zahl zu groß (Eingabe "g"), wird diese Zahl als neue Obergrenze des Zahlenbereichs festgelegt:

   maximum = zahl

f) Ist die geratene Zahl zu klein (Eingabe "k"), wird diese Zahl als neue Untergrenze des Zahlenbereichs festgelegt:

   minimum = zahl

Auf diese Weise wird die vom Nutzer gewählte Zahl durch ständige Eingrenzung des in Frage kommenden Zahlenbereiches in einer endlichen Anzahl von Schritten erraten.

9.3 Programmablaufplan

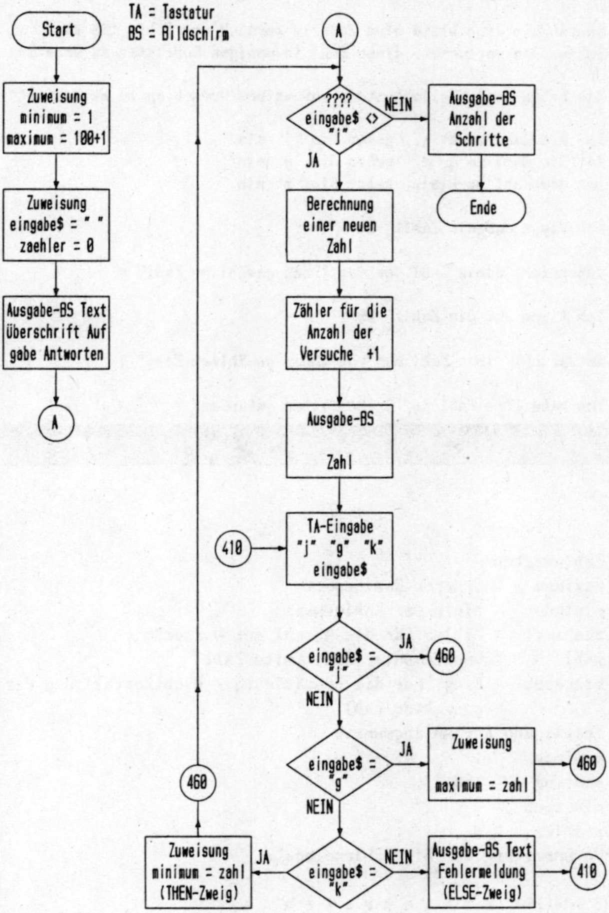

9.4 Codierung

Bei der Codierung ist die folgende Gestaltung der Bildschirmein- und ausgaben zu beachten:

```
                 Z a h l e n r a t e n
                 ====================

    Denken Sie sich bitte eine Zahl im Bereich von 1 bis 100 aus!
    Ich werden versuchen, diese Zahl in wenigen Schritten zu erraten.

    Sie haben drei Möglichkeiten, auf meinen Vorschlag zu antworten:

    Ist die Zahl richtig,  geben Sie 'j' ein,
    Ist die Zahl zu groß,  geben Sie 'g' ein,
    Ist die Zahl zu klein, geben Sie 'k' ein.

    Ich tippe auf die Zahl:  51

    Entspricht diese Zahl der von Ihnen gewählten Zahl? g

    Ich tippe auf die Zahl:  26

    Entspricht diese Zahl der von Ihnen gewählten Zahl? j

    Ich habe Ihre Zahl in  2  Schritten gefunden!
```

```
100 REM Zahlenraten
110 REM maximum   = Größter Zahlenwert
120 REM minimum   = Kleinster Zahlenwert
130 REM zaehler   = Zähler für die Anzahl der Versuche
140 REM zahl      = vom Computer ermittelte Zahl
150 REM eingabe$  = Eing. für die Bestätigung / Nichtbestätigung der
                    gesuchten Zahl
160 REM Festlegung der Anfangswerte
170 LET minimum   = 1
180 LET maximum   = 100+1
190 LET eingabe$  = " "
200 LET zaehler   = 0
210 REM Vorbereitung der Bildschirmeingabe
220 CLS
230 PRINT TAB(20) "Z a h l e n r a t e n"
240 PRINT TAB(20) "===================="
250 PRINT : PRINT
260 PRINT TAB(5) "Denken Sie sich bitte eine Zahl im Bereich von 1 bis 100 aus!"
270 PRINT TAB(5) "Ich versuche, diese Zahl in wenigen Schritten zu erraten."
280 PRINT
290 PRINT TAB(5) "Sie haben drei Möglichkeiten, auf den Vorschlag zu antworten: "
300 PRINT
310 PRINT TAB(5) "Ist die Zahl richtig,  geben Sie 'j'ein,"
320 PRINT TAB(5) "Ist die Zahl zu groß,  geben Sie 'g'ein,"
```

```
330 PRINT TAB(5) "Ist die Zahl zu klein, geben Sie 'k'ein."
340 REM Zahlensuche
350 WHILE eingabe$ <> "j"
360     LET zahl = int((minimum + maximum)/2)
370     LET zaehler = zaehler + 1
380     PRINT
390     PRINT TAB(5) "Ich tippe auf die Zahl: ";zahl
400     PRINT
410     PRINT TAB(5) "Entspricht diese Zahl der von Ihnen gewählten Zahl? ";
420     INPUT "",eingabe$
430     IF eingabe$ = "j"
           THEN GOTO 460
440     IF eingabe$ = "g"
           THEN LET maximum = zahl : GOTO 460
450     IF eingabe$ = "k"
           THEN LET minimum = zahl
           ELSE PRINT TAB(5) "Ihre Eingabe ist ungültig" : GOTO 410
460 WEND
470 PRINT
480 PRINT TAB(5) "Ich habe Ihre Zahl in ";zaehler;"Schritten gefunden!"
490 END
```

WHILE . . . WEND

Die BASIC-Anweisung WHILE . . . WEND dient der Programmierung von Schleifen. Vor Beginn der Schleife wird ein Anfangswert festgelegt. Hierdurch wird sichergestellt, daß die Schleife wenigstens einmal durchlaufen wird.

Beispiel:

```
190 LET eingabe$ = ""
```

In Abhängigkeit vom Wert der Variablen eingabe$ wird die Schleife so lange durchlaufen, wie die in der WHILE-Anweisung formulierte Bedingung wahr (= erfüllt) ist.

Die allgemeine WHILE-Anweisung hat die Form:

Zeilennummer	WHILE	Bedingung
Zeilennummer		Anweisung 1
....	....	
....	....	
....	....	
Zeilennummer		Anweisung n
Zeilennummer	WEND	

Beispiel:

```
350 WHILE eingabe$ <> "j"
360       LET zahl = int((minimum + maximum)/2)
...       ...........
420       INPUT"",eingabe$
...       ...........
450       IF eingabe$ = "k" THEN ...
460 WEND
```

Im Beispiel werden die Anweisungen von 360 bis 420 so lange wiederholt, wie der Wert der Stringvariablen eingabe$ ungleich "j" ist. Damit keine Endlosschleife entsteht, muß in den Anweisungen innerhalb der Schleife eine Anweisung vorhanden sein, über die die Bedingung geändert werden kann. Im vorliegenden Beispiel ist in Zeile 420 die Eingabe eines Wertes für die Stringvariable eingabe$ programmiert. Sobald die Eingabe "j" erfolgt, weil die vom Computer ermittelte Zahl der vom Nutzer ausgedachten Zahl entspricht, wird die Schleife verlassen.

Oft ist es sinnvoll, eine Schleife mit den BASIC-Anweisungen WHILE . . .WEND zu programmieren statt mit der IF . . .THEN . . .-Anweisung. Schleifenanfang und Schleifenende sind hier deutlich gekennzeichnet, was die Übersichtlichkeit eines umfangreichen Programms erhöht.

Übung 17

1. Ergänzen Sie bitte:
   Die BASIC-Anweisung WHILE . . .WEND dient ____________________
   ____

   Vor dem Beginn der Schleife wird ______________________________
   ____

   Die Schleife wird so lange durchlaufen, ________________________
   ____

2. Wie häufig werden die Zeilen 3∅ und 4∅ des folgenden Programms durchlaufen?

```
1∅ LET zahl = 1
2∅ WHILE zahl < 1∅
3∅       PRINT zahl
4∅       LET zahl = zahl + 1
5∅ WEND
6∅ END
```

   Die Anweisungen in den Zeilen 3∅ und 4∅ werden ___mal ausgeführt.

3. Angenommen, die Zeile 1∅ des Programms der Aufgabe 2 lautet:
   1∅ LET zahl = 1∅
   Wie häufig werden die Zeilen 3∅ und 4∅ des Programms durchlaufen?

   Die Anweisungen in den Zeilen 3∅ und 4∅ werden ___mal ausgeführt.

4. Für das Eingangsbeispiel dieses Kapitels (Ermittlung des Durchschnittspreises für ein Gramm Gold) läßt sich der folgende Programmablaufplan entwickeln.

   Vervollständigen Sie das BASIC-Programm!

Programmablaufplan

TA = Tastatur
BS = Bildschirm

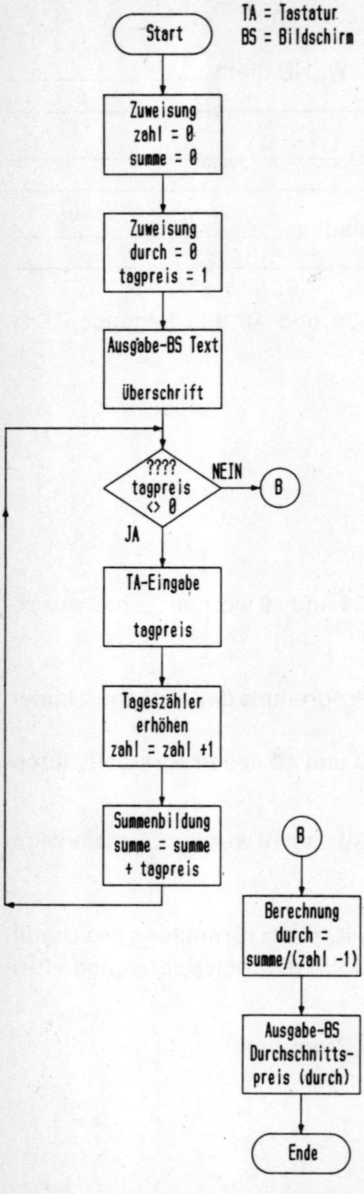

BASIC-Programm

10 CLS

20 LET zahl = 0
30 LET summe = 0

40 LET durch = 0
50 LET tagpreis = 1

60 ____________________

70 ____________________

80 ____________________
90 ____________________

100 ____________________

110 ____________________

120 ____________________
130 ____________________

140 ____________________

150 ____________________

160 ____________________

Lösungen zu Übung 17

1. Ergänzen Sie bitte:

   Die BASIC-Anweisung WHILE . . . WEND dient der Programmierung von Schleifen.

   Vor dem Beginn der Schleife wird ein Anfangswert festgelegt.

   Die Schleife wird so lange durchlaufen, wie die in der WHILE-Anweisung formulierte Bedingung wahr ist.

2. Wie häufig werden die Zeilen 3Ø und 4Ø des folgenden Programms durchlaufen?

```
10 LET zahl = 1
20 WHILE zahl < 10
30       PRINT zahl
40       LET zahl = zahl + 1
50 WEND
60 END
```

   Die Anweisungen in den Zeilen 3Ø und 4Ø werden 9mal ausgeführt.

3. Angenommen, die Zeile 1Ø des Programms der Aufgabe 2 lautet:
   1Ø LET zahl = 1Ø
   Wie häufig werden die Zeilen 3Ø und 4Ø des Programms durchlaufen?

   Die Anweisungen in den Zeilen 3Ø und 4Ø werden Ømal ausgeführt.

4. Für das Eingangsbeispiel dieses Kapitels (Ermittlung des Durchschnittspreises für ein Gramm Gold) läßt sich der folgende Programmablaufplan entwickeln.

   Vervollständigen Sie das BASIC-Programm!

Programmablaufplan

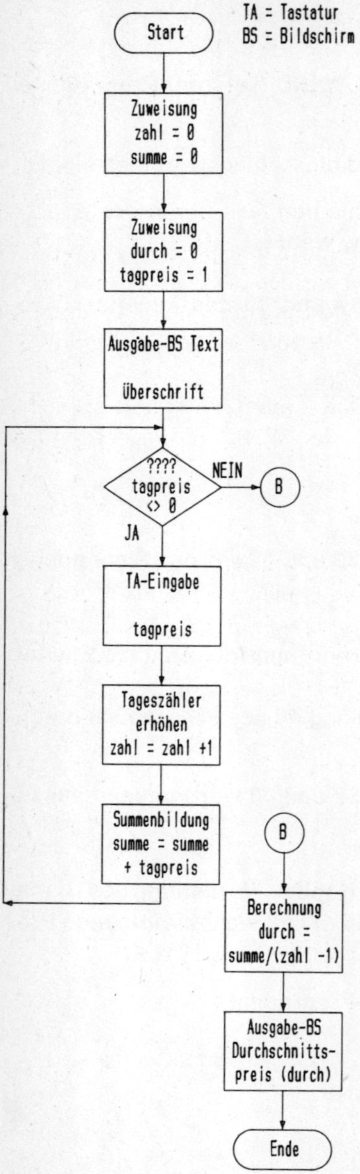

BASIC-Programm

```
10 CLS
20 LET zahl = 0
30 LET summe = 0
40 LET durch = 0
50 LET tagpreis = 1
60 PRINT "Durchschnittspreis für Gold"
70 PRINT "----------------------------"
80 PRINT
90 WHILE tagpreis <> 0
100       INPUT "Tagespreis" ; tagpreis
110       LET zahl = zahl + 1
120       LET summe = summe + tagpreis
130 WEND
140 LET durch = summe/(zahl-1)
150 PRINT "Durchschnittspreis";durch
160 END
```

10 DIE ZÄHLERGESTEUERTE SCHLEIFE: FÜR X = 1 BIS 10 WIEDERHOLE

Im Kapitel 8 haben Sie Schleifen mit Plausibilitätsprüfungen kennengelernt. Bei einer fehlerhaften Eingabe wurden bestimmte Anweisungen solange wiederholt, bis eine gültige Eingabe vorlag. In solchen Fällen ist nicht vorhersehbar, wie häufig ein bestimmter Programmabschnitt wiederholt wird.
Es gibt Aufgabenstellungen, bei denen bestimmte Vorgänge ebenfalls wiederholt werden müssen. Die Anzahl der Wiederholungen ist jedoch von vornherein bekannt.

Beispiel:
In einem Warenhaus soll aus den Umsätzen der Tage Montag bis einschließlich Samstag der Gesamtumsatz berechnet werden. Außerdem soll der durchschnittliche Umsatz je Tag ermittelt werden. Dazu müssen nacheinander die Umsätze des 1. Wochentages, des 2. Wochentages usw. eingegeben werden. Die Eingabe des Umsatzes und die anschließende Summierung zwecks Ermittlung des Gesamtumsatzes muß sechsmal durchgeführt werden.

Ist eine genau bestimmte Anzahl von Wiederholungen zu programmieren, so ergibt sich in einem Programmablaufplan die folgende Programmstruktur:

LV = Laufvariable
AW = Anfangswert
EW = Endwert

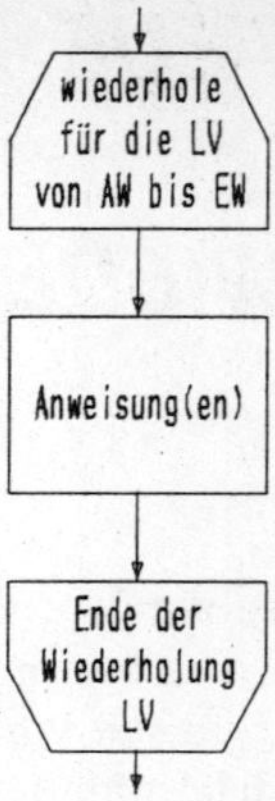

Im Beispiel:

wiederhole
für jeden Wochentag
von 1
bis 6

Eingabe des jeweiligen
Tagesumsatzes
Erhöhung des Gesamtumsatzes
um den jeweiligen Tagesumsatz

Ende der
Wiederholung
wenn Wochentag 6 erreicht ist

Die Laufvariable nimmt in diesem Beispiel nacheinander die Werte 1, 2, 3, 4, 5, 6 an. Sie ist der Zähler, der die Anzahl der Schleifendurchläufe in Abhängigkeit von Anfangswert und Endwert steuert.

Um noch einmal ein Problem ausführlich von der Aufgabenstellung bis hin zur Codierung aufzuzeigen, wird für die Darstellung der zählergesteuerten Schleife das neue Beispiel einer Tabelle der Telefonkosten aufgegriffen. Das Beispiel "Wochenumsatz – durchschnittlicher Tagesumsatz" wird in der anschließenden Aufgabenstellung und in den Kapiteln 11 und 12 behandelt.

Programmbeispiel Telefonkosten

10.1 Aufgabenstellung

Die monatlichen Telefonkosten sind in einer Tabelle in Abhängigkeit von den Gebühreneinheiten folgendermaßen darzustellen.

Gebühreneinheiten	Telefonrechnung
20	27,00 DM
40	31.60 DM
60	36.20 DM
....	....
280	86.80 DM
300	91.40 DM

10.2 Problemanalyse

Ausgabedaten:
Entsprechend der im vorangehenden Beispiel vorgestellten Schleifenstruktur sind in der Tabelle mit der Laufvariablen Gebühreneinheiten ab dem Anfangswert 2Ø und mit der Schrittweite 2Ø die zugehörigen Telefonkosten darzustellen. Bezeichnet man die Anzahl der Gebühreneinheiten als X und die dazugehörigen jeweiligen Telefonkosten als Y, dann gilt:

```
wiederhole für alle X
                von Anfangswert 2Ø
                    bis Endwert 3ØØ
                        mit einer Schrittweite von 2Ø

    Ausgabe X
    Ausgabe Y

Ende der Wiederholung
    bei X = 3ØØ
```

Eingabedaten: entfallen

Lösungsweg:
Die Bundespost rechnet die Telefonkosten bei ihren Kunden folgendermaßen ab:

Grundgebühr	27,00 DM
für jede Gebühreneinheit	0,23 DM

Die ersten zwanzig Gebühreneinheiten bleiben unberechnet.
Für die Ermittlung der monatlichen Telefonkosten gilt:
Telefonkosten = Grundgebühr + (Gebühreneinheiten – 20) * 0.23

In der Mathematik wird ein solcher Zusammenhang als Funktion bezeichnet. Die veränderliche Variable 'Gebühreneinheiten' soll mit X und das hiervon abhängige Ergebnis 'Telefonkosten' mit Y bezeichnet werden. Mathematisch formuliert ergibt sich dann die Funktion

$$Y = 27 + (X - 2\emptyset) * \emptyset.23$$

Die Variable X (Gebühreneinheiten) soll also nacheinander die Werte 2Ø, 4Ø, 6Ø ... 28Ø, 3ØØ annehmen. Aufgrund dieser X-Werte soll der jeweilige Y-Wert (Telefongebühren) berechnet werden. Werden keine beziehungsweise weniger als zwanzig Gebühreneinheiten berechnet (beispielsweise in der Urlaubszeit), so ist trotzdem die Grundgebühr zu entrichten. Daher beginnt die Tabelle erst mit 20 Gebühreneinheiten.

Für die Berechnung der jeweiligen Telefonkosten gilt:

wiederhole für alle X
von 2Ø bis 3ØØ
mit einer Schrittweite von 2Ø[1)]

Y = 27 + (X – 2Ø) * Ø.23

Ende der Wiederholung
bei X = 3ØØ

In der Schleife für die Ausgabe sind in Abhängigkeit von der Laufvariablen X die Werte für X und Y auszugeben, in der Schleife für die Berechnung sind in Abhängigkeit von der gleichen Laufvariablen X die Werte für Y zu berechnen. Es ist sinnvoll, in diesem Fall Ausgabeteil und Lösungsweg zusammenzufassen. Es gilt dann:

wiederhole für alle X
von 2Ø bis 3ØØ
mit einer Schrittweite von 2Ø

Y = 27 + (X – 2Ø) * Ø.23

Ausgabe X

Ausgabe Y

Ende der Wiederholung
bei X = 3ØØ

1) Die Laufvariable x soll nach jedem Schleifendurchlauf um den Wert 2Ø erhöht werden. In einem solchen Fall ist eine Schrittweite von 2Ø anzugeben.

10.3 Programmablaufplan

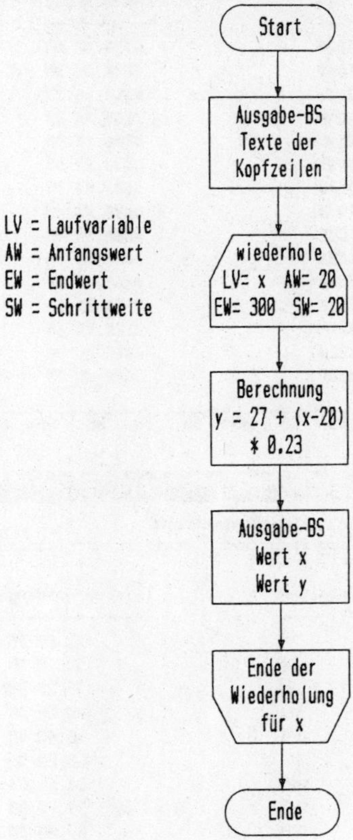

10.4 Codierung

Bei der Codierung ist folgendes Entwurfsblatt für die Gestaltung des Bildschirms zu berücksichtigen.

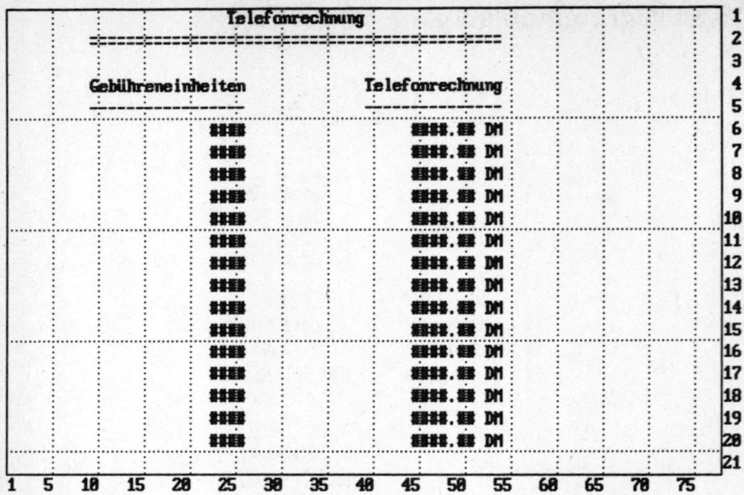

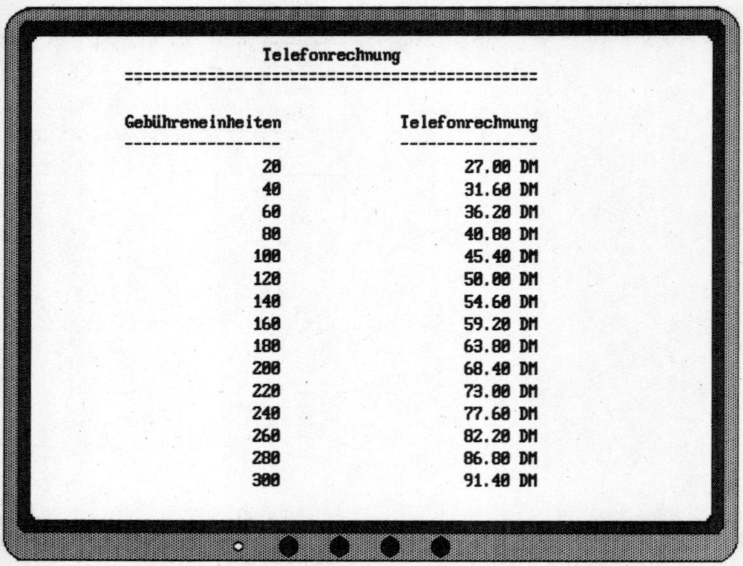


```
100 REM Gezählte Wiederholung am Beispiel der Telefonrechnung
110 REM x            = X-Wert, in diesem Fall die Telefoneinheiten
120 REM y            = Funktionswert, in diesem Fall die Telefonkosten
130 REM Bildschirmausgabe
140 CLS
```

```
150 PRINT TAB(10) "                    Telefonrechnung"
160 PRINT TAB(10) "================================================"
170 PRINT
180 PRINT TAB(10) "Gebühreneinheiten" TAB(40) "Telefonrechnung"
190 PRINT TAB(10) "------------------" TAB(40) "---------------"
200 REM X-Werte und Y-Werte ermitteln und ausgeben
210 FOR x = 20 TO 300 STEP 20
220     y = 27 + (x-20) * .23
230     PRINT TAB(23) USING "####"; x;
240     PRINT TAB(45) USING "####.##"; y;
250     PRINT " DM"
260 NEXT x
270 END
```

FOR . . . NEXT

Die Programmiersprache BASIC stellt für die vorgestellte Schleifenstruktur die Anweisung FOR . . . NEXT zur Verfügung. In diesem Programm enthalten die Programmzeilen 210 sowie 260 die neuen Anweisungen. Diese haben folgende Bedeutung:

21Ø FOR x = 2Ø TO 3ØØ STEP 2Ø

- FOR → Schlüsselwort für den Beginn der Schleife.
- x → Laufvariable; ihr Wert ändert sich bei jedem Schleifendurchlauf entsprechend den folgenden Angaben.
- = → Zuweisungsoperator für den aktuellen x-Wert.
- 2Ø → Anfangswert; die Laufvariable hat bei dem ersten Schleifendurchlauf diesen Wert.
- TO → Befehlswort zwischen Anfangs- und Endwert
- 3ØØ → Endwert; wenn die Laufvariable diesen Wert erreicht hat, werden die auf die NEXT-Anweisung folgenden Anweisungen bearbeitet.
- STEP 2Ø → Angabe der Schrittweite; um den Wert nach STEP wird die Laufvariable am Ende eines jeden Durchlaufs verändert.

```
22Ø ...
23Ø ...        Schleifenkörper
24Ø ...        Diese Anweisungen werden wiederholt abgearbeitet.
25Ø ...

26Ø NEXT x
    NEXT  → Schlüsselwort für das Ende der Schleife.
         x → Wiederholung der Laufvariablen.
```

Allgemein hat die zählergesteuerte Schleife folgenden Aufbau:

Zeilen-nummer	**FOR**	Lauf-variable =	Anfangs-wert	**TO**	End-wert	**STEP**	Schritt-weite
Zeilen-nummer	Anweisung 1						
......	....		(Schleifenkörper)				
Zeilen-nummer	Anweisung n						
Zeilen-nummer	**NEXT**	Lauf-variable					

Für die Laufvariable dürfen keine Zeichenketten (Strings) verwendet werden; es sind nur numerische Variable zulässig. Anfangswert, Endwert und Schrittweite können konstante Werte, Variable oder auch mathematische Ausdrücke (Terme) sein.

Beispiel:

```
2ØØ FOR jahr = anfang TO ende/2 STEP 1
```

Ist die Schrittweite wie in diesem Beispiel gleich eins, so kann die Anweisung STEP ... entfallen.

Sind Anfangswert, Endwert und Schrittweite Variable, kann der Benutzer durch die Eingabe dieser Werte die Schleife steuern.

Beispiel:

```
10 INPUT "Anfangswert";   aw
20 INPUT "Endwert     ";  es
30 INPUT "Schrittweite "; sw

40 FOR lv = aw TO ew STEP sw
50 .........
60 NEXT lv
```

Bei der Angabe einer negativen Schrittweite ist darauf zu achten, daß der Endwert kleiner als der Anfangswert ist. Ist dies nicht der Fall, so wird die Schleife nicht durchlaufen.
Es ist zulässig, mehrere FOR . . . NEXT-Schleifen ineinander zu schachteln.

Beispiel:

```
100 FOR zeile = 1 TO 10
110        .....
120        FOR spalte = 1 TO 10
130              ....
140              ....
150        NEXT spalte
160 NEXT zeile
170 ....
```

Bei geschachtelten Schleifen sind folgende Grundregeln zu beachten:

- Die innere Schleife muß von der äußeren Schleife abgeschlossen werden.
- Sprünge (mit der Anweisung GOTO . . .) aus einer Schleife heraus bzw. in eine Schleife hinein dürfen nicht erfolgen.
- Die Laufvariablen dürfen nicht für andere Zwecke im Programm verwendet werden.

Übung 18

1. Ergänzen Sie bitte:
   Die BASIC-Anweisung FOR . . . NEXT dient der Programmierung von Schleifen, bei denen ______________________________

   ____

2. FOR tag = 1 TO 6 STEP 1
   Welche Bedeutung haben die Bestandteile dieser BASIC-Anweisung?

   FOR ______________________________
   tag ______________________________
   1 ______________________________
   6 ______________________________
   ____
   ____
   STEP 1 ______________________________
   ____
   ____

3. Ist die Angabe STEP 1 in Aufgabe 2 notwendig?

   ____
   ____
   ____

4. Begründen Sie, ob die folgende Anweisung korrekt ist?
   FOR y = 1Ø TO 1 STEP –2

   ____
   ____

5. Wie oft wird eine Schleife aufgrund der Anweisung in Aufgabe 4 durchlaufen?

   Die Schleife wird ___mal durchlaufen.

6. Für das Eingangsbeispiel, Ermittlung des Gesamtumsatzes und Berechnung des durchschnittlichen Tagesumsatzes, liegt der folgende Programmablaufplan vor.
   Ergänzen Sie das entsprechende BASIC-Programm!

Programmablaufplan

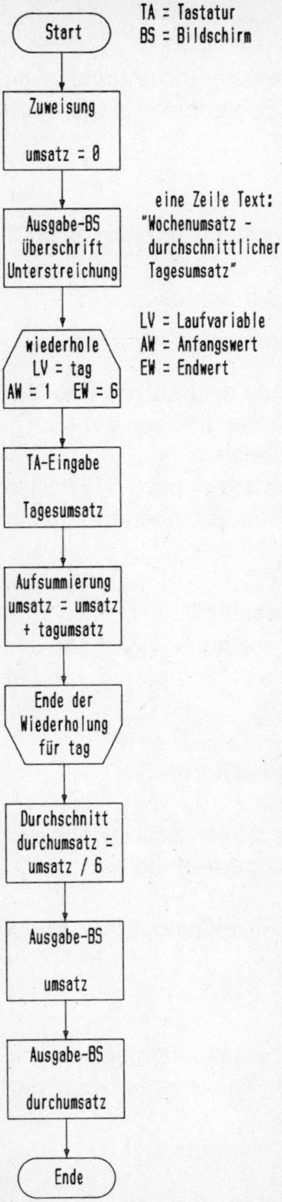

BASIC-Programm

```
1ØØ CLS
11Ø ______________________
12Ø ______________________
    ______________________
13Ø ______________________
    ______________________
14Ø PRINT

15Ø ______________________

16Ø PRINT
    "Eingabe des ";tag;
    ". Tagesumsatzes:";
17Ø ______________________
18Ø ______________________

19Ø ______________________

2ØØ ______________________
21Ø LET durchumsatz =
          INT(____________)/1ØØ
22Ø PRINT
23Ø ______________________
    ______________________

24Ø ______________________
    ______________________
    ______________________
25Ø ______________________
```

Lösungen zu Übung 18

1. Ergänzen Sie bitte:
   Die BASIC-Anweisung FOR . . . NEXT dient der Programmierung von Schleifen, bei denen die Anzahl der Schleifendurchläufe von vornherein bekannt ist.

2. FOR tag = 1 TO 6 STEP 1
   Welche Bedeutung haben die Bestandteile dieser BASIC-Anweisung?

FOR	Schlüsselwort für den Beginn der Schleife
tag	Laufvariable
1	Anfangswert der Laufvariablen
6	Endwert der Laufvariablen. Wenn die Laufvariable diesen Wert überschritten hat, werden die nach der NEXT-Anweisung folgenden Befehle bearbeitet.
STEP 1	Angabe der Schrittweite. Um den Wert nach STEP wird die Laufvariable am Ende jedes Schleifendurchlaufs verändert.

3. Ist die Angabe STEP 1 in Aufgabe 2 notwendig?
   Die Angabe STEP 1 ist nicht notwendig, weil bei Nichtangabe der Schrittweite die Laufvariable nach jedem Schleifendurchlauf standardmäßig um 1 erhöht wird.

4. Begründen Sie, ob die folgende Anweisung korrekt ist?
   FOR y = 1Ø TO 1 STEP –2
   Die Anweisung ist korrekt, da bei der negativen Schrittweite der Endwert der Laufvariablen kleiner ist als der Anfangswert.

5. Wie oft wird eine Schleife aufgrund der Anweisung in Aufgabe 4 durchlaufen?
   Die Schleife wird 5mal durchlaufen.

6. Für das Eingangsbeispiel, Ermittlung des Gesamtumsatzes und Berechnung des durchschnittlichen Tagesumsatzes, liegt der folgende Programmablaufplan vor.
   Ergänzen Sie das entsprechende BASIC-Programm!

Programmablaufplan

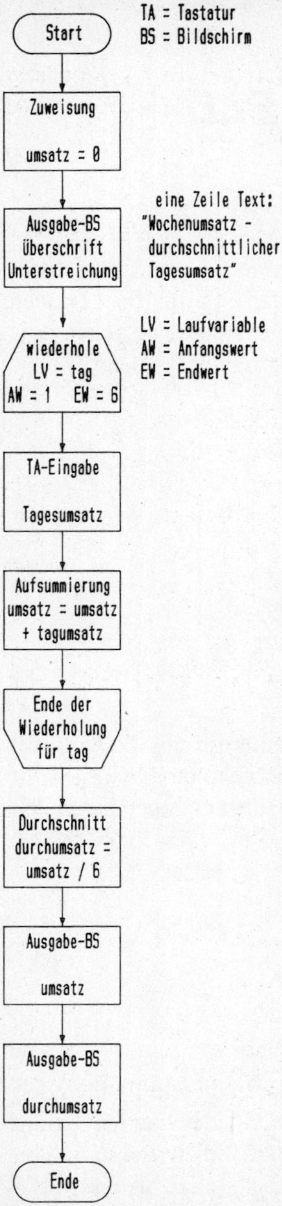

BASIC-Programm

```
100 CLS

110 LET umsatz = 0

120 PRINT "Wochenumsatz - Durchschnitt
          licher Tagesumsatz"

130 PRINT "---------------------------
          -------------------"

140 PRINT

150 FOR tag = 1 TO 6

160     PRINT "Eingabe des ";tag;
          ". Tagesumsatzes:";

170     INPUT tagumsatz

180     LET umsatz = umsatz + tagumsatz

190 NEXT tag

200 LET durchumsatz = umsatz/6

210 LET durchumsatz =
        INT(durchumsatz*100+.5)/100

220 PRINT

230 PRINT "Der Umsatz der Woche
          beträgt: "; umsatz;" DM"

240 PRINT "Der durchschnittliche Tagesum
          satz beträgt: "; durchumsatz;" DM"

250 END
```

11 VARIABLE ERHALTEN DIMENSIONEN: INDIZIERTE VARIABLE

In den bisher erstellten BASIC-Programmen sind nur einfache Variable verwendet worden. Bei einfachen Variablen ist unter dem Namen der Variablen entweder ein Wert oder eine Zeichenkette gespeichert, je nachdem ob eine numerische oder eine Stringvariable vorliegt.

Beispiel:

In dem nachfolgenden Beispiel soll der Computer für uns die Auswahl von 6 **Lottozahlen** aus den Zahlen 1 bis 49 übernehmen. Da insgesamt 49 Zahlen zur Auswahl zur Verfügung stehen, liegt es nahe, diesen den Variablennamen

zahl(1)
zahl(2)
zahl(3)
. . . .
zahl(49)

zu geben.

Man nennt solche Variable indizierte Variable. In diesem Fall handelt es sich um eine einfach indizierte Variable, weil jedes Element genau einen Index hat. Unsere 49 Elemente der einfach indizierten Variablen zahl(. .) bilden zusammen einen **Vektor** oder Feld (engl. array).

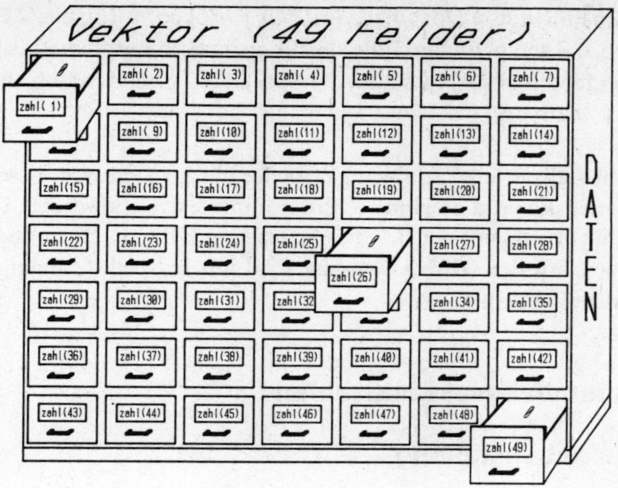

Zu Beginn des Programms haben alle Elemente des Vektors zahl(. .) den Wert Ø. Wird eine Lottozahl gezogen, so wird dem Element des Vektors zahl(. .) mit dem entsprechenden Index eine 1 zugewiesen. Auf diese Weise kann man in dem Vektor mit dem Namen zahl(. .) die sechs gezogenen Lottozahlen mit einer 1 kennzeichnen.
Neben den eindimensionalen Feldern zählen zu den indizierten Variablen die mehrdimensionalen Felder (Matrix). Zu dem Variablennamen gehören dann mehrere Indices.

Beispiel:
In einem Kaufhaus sollen die **Tagesumsätze** von vier Wochen erfaßt werden. Die entsprechende Variable für die Erfassung aller Werte könnte dann folgendermaßen aufgebaut sein:

	Woche 1	Woche 2	Woche 3	Woche 4
Tag1	tagumsatz(1,1)	tagumsatz(2,1)	tagumsatz(3,1)	tagumsatz(4,1)
Tag2	tagumsatz(1,2)	...	...	...
...	...	...	...	...
Tag6	tagumsatz(1,6)	tagumsatz(2,6)	tagumsatz(3,6)	tagumsatz(4,6)

In diesem Fall lauten die Indizes (1,1) für 1. Woche, 1. Tag bis (4,6) für 4. Woche, 6. Tag. In diesem Beispiel für ein mehrdimensionales Feld (Matrix) gibt die erste Indexzahl die Spalte, die zweite Indexzahl die Zeile der Matrix an.

Wenn mit indizierten Variablen gearbeitet wird, so müssen diese mit ihren Dimensionen zu Beginn des Programms festgelegt werden. Diese Festlegung erfolgt mit der BASIC-Anweisung DIM. Die Anwendung und Arbeit mit der **DIM-Anweisung** wird am Beispiel "Ziehung der Lottozahlen" gezeigt.

Programmbeispiel Lottozahlen

11.1 Aufgabenstellung

Der Computer soll mit Hilfe seines Zufallszahlengenerators 6 Lottozahlen aus dem Zahlenbereich von 1 bis 49 ermitteln und über den Bildschirm ausgeben.

11.2 Problemanalyse

Ausgabedaten:
6 Lottozahlen aus dem Zahlenbereich von 1 bis 49.

Eingabedaten:
Der Computer zieht mit Hilfe seines Zufallszahlengenerators immer die gleichen Zahlen, wenn er ohne einen von außen eingegebenen Startwert für den Laufbeginn des Generators die Zufallszahlen ermittelt. Damit bei jedem Lauf unterschiedliche Zahlen gezogen werden, muß ihm beim Start der Ermittlung der Zufallszahlen ein Startwert eingegeben werden.

Lösungsweg:
Für die Ermittlung der Lottozahlen ist in einem Vektor der Zahlenbereich von 1 bis 49 festzulegen. Die Werte des Vektors von zahl(1) bis zahl(49) sind bei Beginn des Programms gleich null (zahl(1) = Ø, zahl(2) = Ø usw.).

In einer Schleife werden anschließend mit Hilfe des Zufallszahlengenerators sechs Zahlen aus dem Zahlenbereich 1 bis 49 gezogen. In dem Vektor zahl(. .) erhält das Element mit dem Index, der der gezogenen Zahl entspricht, den Wert 1 zugewiesen.

Beispiel:

gezogene Zahl = 26
zahl(26) = 1

Wird eine Zahl erneut gezogen, so ist in dem Element des Vektors zahl(zufall) bereits der Wert 1 vorhanden. In diesem Fall wird die Ziehung der Zahl wiederholt.
Am Ende der Ziehung haben in dem Vektor zahl(1) bis zahl(49) sechs Felder den Wert 1 zugewiesen bekommen. Ihre Indizes sind als Lottozahl gezogen. In einer Schleife von 1 bis 49 werden dann die Indexzahlen derjenigen Variablen des Vektors zahl(. .) herausgesucht und ausgedruckt, die den Wert 1 haben. Sie können dann mit diesen Zahlen Ihr Glück versuchen.

Im einzelnen ergeben sich die folgenden Lösungsschritte:

- Für die Ermittlung der Lottozahlen ist der Zahlenbereich von 1 bis 49 festzulegen.

  Vektorgröße festlegen: zahl(49)

- Der Anfangswert für die Ermittlung der Zufallszahlen ist zu bestimmen.

  RANDOMIZE(timer)

Mit der BASIC-Anweisung RANDOMIZE übergibt man einen Startwert an den Zufallszahlengenerator. In diesem Fall wird der augenblickliche Wert der internen Variablen timer übergeben, die die aktuelle Uhrzeit (time$) in Sekunden enthält.

- In einer Schleife mit dem Schleifenzähler i = 1 bis 6 wiederhole

  Zahl ermitteln: zufall = INT(RND * 49 + 1)

Mit der Funktion RND(. . .) ermittelt der Rechner eine Zufallszahl zwischen Ø und 1. Damit aus dieser Zufallszahl eine Ganzzahl aus dem Zahlenbereich zwischen 1 und 49 wird, ist diese mit 49 malzunehmen. Da die Zahl 49 mit zum Wertebereich gehört und da selbst bei einer Zufallszahl von Ø.999999 nur 48 herauskommt, da INT(Ø.999999 * 49) lediglich 48 ergibt, ist anschließend noch eine 1 zu addieren.

Zahl prüfen:

WENN	Zahl bereits vorhanden, DANN neue Ziehung	WENN	zahl (zufall) < > Ø DANN Ziehung wiederholen
	SONST erhält die Lotto- zahl mit dem Index der Zahl den Wert 1		SONST zahl (zufall) = 1

Ist die Zahl zufall bereits einmal gezogen worden, dann hat das Element des Vektors zahl(. .) mit dem Index zufall den Wert 1. Nach Prüfung des Wertes von zahl(zufall) wird bei Wert 1 eine erneute Ziehung vorgenommen. Ergibt die Prüfung den Wert Ø, ist die Zahl bisher nicht gezogen worden. Zahl(zufall) erhält in diesem Fall den Wert 1.

■ In einer Schleife mit dem Schleifenzähler i = 1 bis 49 wiederhole

WENN zahl(i) = 1 DANN Ausgabe von i
nächster Wert von zahl(i)

Alle Elemente des Vektors zahl(. . .), deren Index einem der gezogenen Zahlen entspricht, haben den Wert 1 zugewiesen bekommen. In einer Schleife von 1 bis 49 werden jetzt die sechs Indexzahlen der zahl(i) ausgedruckt, die den Wert 1 haben.

11.3 Programmablaufplan

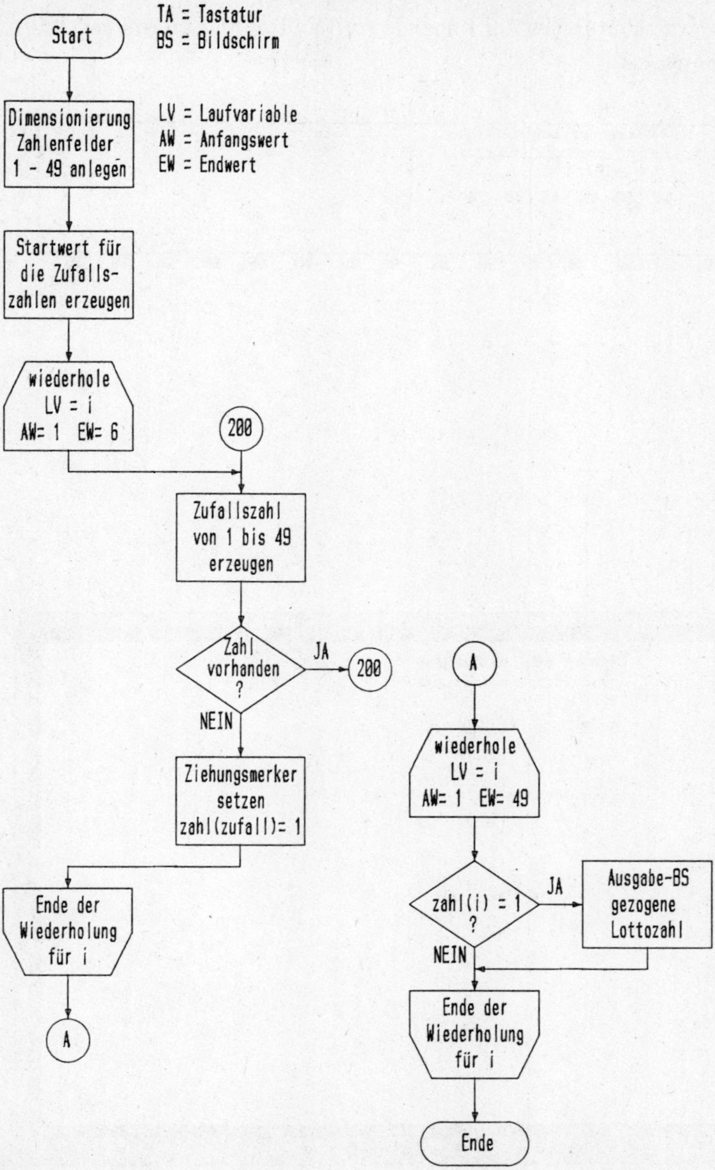

11.4 Codierung

Bei der Codierung ist der folgende Aufbau der Bildschirmausgabe zu beachten:

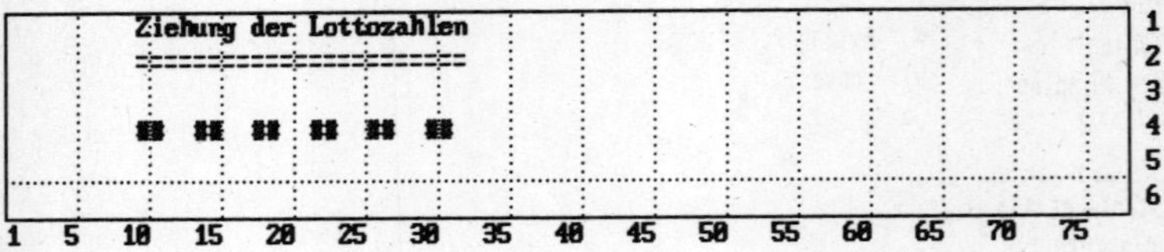

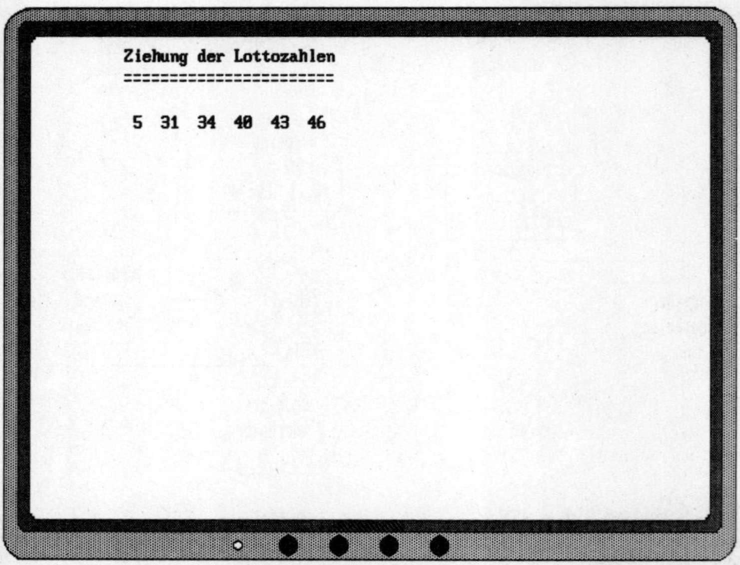

```
100 REM Lottozahlen
110 REM i          = Index, Laufvariable für Schleifen
120 REM zahl(..) = Zahlenfeld 1 .. 49
130 REM zufall     = gezogene Zahl
140 REM Ausgangswerte festlegen
150 DIM zahl(49)
160 REM Ausgangszahl für den Zufallsgenerator erzeugen
170 RANDOMIZE(timer)
180 REM Lottozahlen ermitteln
190 FOR i = 1 TO 6
200     LET zufall = INT(RND*49+1)
210     IF zahl(zufall) <> 0 THEN GOTO 200
220     LET zahl(zufall) = 1
230 NEXT i
240 REM Ausgabe
250 CLS
260 PRINT TAB(10) "Ziehung der Lottozahlen"
270 PRINT TAB(10) "======================="
280 PRINT
290 PRINT TAB(10);
300 FOR i = 1 TO 49
310     IF zahl(i) = 1 THEN PRINT USING "##";i; :PRINT "  ";
320 NEXT i
330 END
```

DIM-Anweisung

Das Programm "Ziehung der Lottozahlen" erforderte die Verwendung eines eindimensionalen Feldes (Vektor), im Beispiel zahl(49).
Mit der DIM-Anweisung definiert man die maximalen Werte einer indizierten Variablen, damit der entsprechende Speicherplatz bereitgestellt wird.

```
150 DIM zahl(49)
```

DIM ist eine Abkürzung des englischen Wortes "dimension", was übersetzt Ausdehnung heißt.

Durch die Anweisung in Zeile 15Ø wird die Zahl 49 als maximaler Wert für die Indizes von zahl(. . .) festgelegt. Der entsprechende Speicherplatz von zahl(Ø) bis zahl(49) steht zur Verfügung. Benötigt werden allerdings nur die Elemente von 1 bis 49.
Fehlt bei der Verwendung einer indizierten Variablen die vorhergehende DIM-Anweisung, werden standardmäßig für Vektoren 11 Elemente mit den Indexwerten von Ø bis 1Ø zur Verfügung gestellt.

Zweidimensionale Felder (Matrizen) werden folgendermaßen definiert (Beispiel):

```
1ØØØ DIM tagumsatz(4,6)
```

Bei dieser Dimensionierung für tagumsatz(. . .) wäre entsprechend dem Eingangsbeispiel die Eingabe von Tagesumsätzen für Woche 1, Tag 1 bis Woche 4, Tag 6 möglich. Standardmäßig werden für zweidimensionale Felder 11 * 11 = 121 Feldelemente zur Verfügung gestellt. Die DIM-Anweisung hat die allgemeine Form

Zeilennummer DIM variable(anzahl der elemente)

RANDOMIZE

Mit der RANDOMIZE-Anweisung wird ein neuer Anfangswert an den Zufallszahlengenerator übergeben.

Zeilennummer RANDOMIZE(Ganzzahl)

Beispiel:

```
17Ø RANDOMIZE(timer)
```

Erhält der Zufallszahlengenerator keinen neuen Anfangswert, so ermittelt der Computer aufgrund der Programmzeile 2ØØ mit der Funktion RND bei jedem Programmlauf die gleiche Folge von Zufallszahlen. Damit diese Folge bei jedem Programmlauf jeweils andere Werte enthält, muß die Anweisung RANDOMIZE (englisch Zufallsgröße) am Anfang des Programms stehen, und der Anfangswert für jeden Lauf ist in diesem Programm über eine Neueingabe festzulegen.

RND-Funktion

Wie die bisher schon oft verwendete INT-Funktion gehört auch die Funktion RND zu den Standardfunktionen, die in BASIC in einer Programm-Bibliothek vorhanden sind. Durch den Aufruf ihres Funktionsnamens werden diese kleinen Programme aus der Systembibliothek heraus aktiviert, um wie in unserem Beispiel entsprechende Zufallszahlen aus dem Zufallszahlengenerator zu ermitteln. Standardfunktionen werden immer nur als Bestandteil einer umfassenden BASIC-Anweisung mit LET oder PRINT verwendet.

Mit der RND-Funktion werden Zufallszahlen zwischen Ø und 1 ermittelt. Im vorliegenden Programm ist diese Funktion Bestandteil der Programmzeile 2ØØ.

```
2ØØ LET zufall = INT(RND*49+1)
```

Auf der Basis der ermittelten Zufallszahl zwischen Ø und 1 wird eine Zahl mit dem Variablennamen zufall ermittelt, die aus dem Zahlenbereich zwischen 1 und 49 dem Nutzer als glücksbringende Lottozahl vorgeschlagen wird.

Übung 19

1. Ergänzen Sie bitte:

   a) Zu den indizierten Variablen gehören
   (1) ____________________
   (2) ____________________

   b) Bei Feldern werden unter einem Variablennamen ________ Werte gespeichert.

   c) Diese Werte werden gespeichert und aufgerufen unter dem Variablennamen und der zugehörigen ____________

   d) Mit der DIM-Anweisung definiert man die ____________
   ____

2. a) Wie viele Speicherplätze werden durch die folgende DIM-Anweisung reserviert?

   DIM menge(2Ø) reserviert ______ Speicherplätze.

   b) Wie viele Speicherplätze werden standardmäßig für einen Vektor beziehungsweise eine Matrix reserviert?

   Vektor: ______ Speicherplätze   Matrix: ______ Speicherplätze

3. Welchen Zweck erfüllt die RANDOMIZE-Anweisung?

   Sie übergibt ____________________
   ____

4. Das folgende kurze Programm liegt vor:

```
10 RANDOMIZE( timer )
20 FOR i = 1 TO 3
30     PRINT RND
40 NEXT i
```

a) Was bewirkt die Funktion RND?
Sie bewirkt ______________________________

b) Werden bei jedem Programmlauf andere Zahlenfolgen ausgegeben?
Ja / Nein, weil ______________________________
____
____

5. Bei dem Beispiel "Wochenumsatz – durchschnittlicher Tagesumsatz" soll eine Problemlösung nach dem Prinzip Eingabe, Verarbeitung, Ausgabe erfolgen. Der Programmablaufplan ändert sich dann folgendermaßen:
Ergänzen Sie bitte das entsprechende BASIC-Programm.

Programmablaufplan

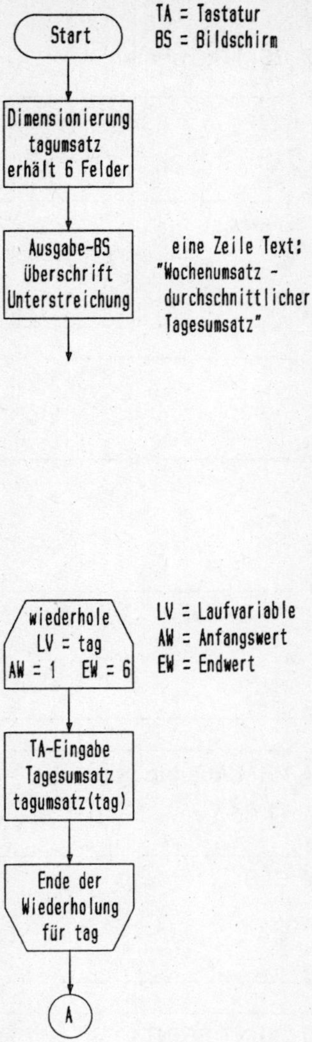

BASIC-Programm

```
1ØØ ______________________
11Ø REM Eingabeteil
12Ø CLS
13Ø ______________________
    ______________________
14Ø ______________________
    ______________________
15Ø PRINT:PRINT
16Ø PRINT "Eingabe der
           Tagesumsätze:"
17Ø ______________________
18Ø PRINT
    "Eingabe des ";tag;
    ". Tagesumsatzes: ";
19Ø ______________________
2ØØ ______________________
```

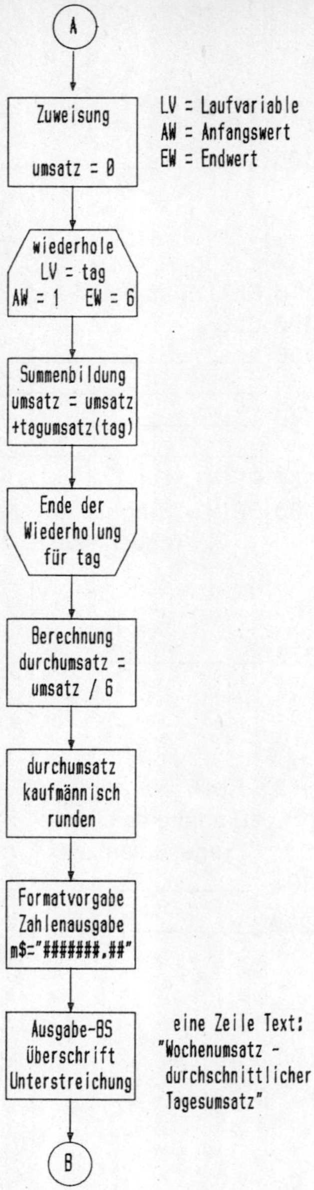


```
21Ø REM Rechenteil
22Ø ______________________________
23Ø ______________________________
24Ø ______________________________
    ______________________________
25Ø ______________________________
26Ø ______________________________
27Ø ______________________________
    ______________________________
28Ø REM Ausgabeteil
29Ø ______________________________
3ØØ CLS
31Ø ______________________________
    ______________________________
32Ø PRINT:PRINT
```

LV = Laufvariable
AW = Anfangswert
EW = Endwert

```
33Ø ______________________

34Ø PRINT tag;". Tagesumsatz
        DM",
35Ø ______________________
    ______________________
36Ø ______________________

37Ø PRINT:PRINT
38Ø PRINT "Gesamtumsatz
        DM",
39Ø ______________________
4ØØ PRINT "durchschnitt-
    licher"
41Ø PRINT "Tagesumsatz DM",
42Ø ______________________
43Ø END
```

Lösungen zu Übung 19

1. Ergänzen Sie bitte:

   a) Zu den indizierten Variablen gehören
   (1) Vektor
   (2) Matrix

   b) Bei Feldern werden unter einem Variablennamen mehrere Werte gespeichert.

   c) Diese Werte werden gespeichert und aufgerufen unter dem Variablennamen und der zugehörigen Indexnummer

   d) Mit der DIM-Anweisung definiert man die indizierten Variablen (Vektor und Matrix)

2. a) Wieviele Speicherplätze werden durch die folgende DIM-Anweisung reserviert?

   DIM menge(2Ø) reserviert 21 Speicherplätze.

   b) Wie viele Speicherplätze werden standardmäßig für einen Vektor beziehungsweise eine Matrix reserviert?

   Vektor: 11 Speicherplätze   Matrix: 121 Speicherplätze

3. Welchen Zweck erfüllt die RANDOMIZE-Anweisung?

   Sie übergibt einen neuen Anfangswert an den Zufallsgenerator.

4. Das folgende kurze Programm liegt vor:

```
10 RANDOMIZE( timer )
20 FOR i = 1 TO 3
30    PRINT RND
40 NEXT i
```

   a) Was bewirkt die Funktion RND?
   Sie bewirkt die Ermittlung einer Zufallszahl.

   b) Werden bei jedem Programmlauf andere Zahlenfolgen ausgegeben?

JA / ~~NEIN~~, weil in timer die aktuelle Zeit in Sekunden enthalten ist, wird jeweils ein neuer Anfangswert gesetzt.

5. Bei dem Beispiel "Wochenumsatz – durchschnittlicher Tagesumsatz" soll eine Problemlösung nach dem Prinzip Eingabe, Verarbeitung, Ausgabe erfolgen. Der Programmablaufplan ändert sich dann folgendermaßen:
Ergänzen Sie bitte das entsprechende BASIC-Programm.

Programmablaufplan

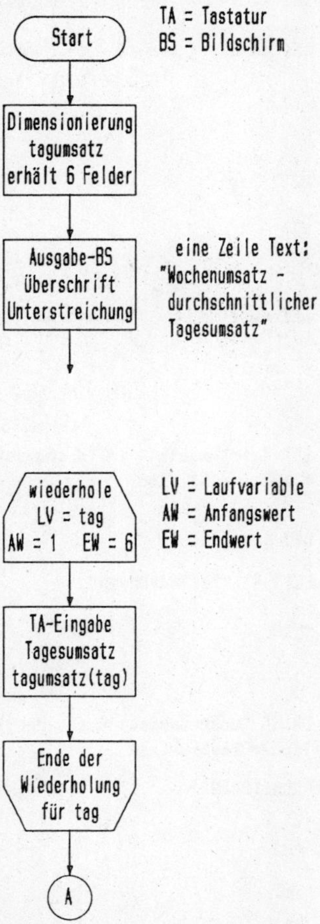

BASIC-Programm

```
100 DIM tagumsatz(6)

110 REM Eingabeteil
120 CLS
130 PRINT "Wochenumsatz durchschnitt
    licher Tagesumsatz"
140 PRINT "------------------------
    -------------------"
150 PRINT : PRINT
160 PRINT "Eingabe der Tagesumsätze:"

170 FOR tag = 1 TO 6

180 PRINT "Eingabe des ";tag;
     ". Tagesumsatzes: ";
190 INPUT tagumsatz(tag)

200 NEXT tag
```

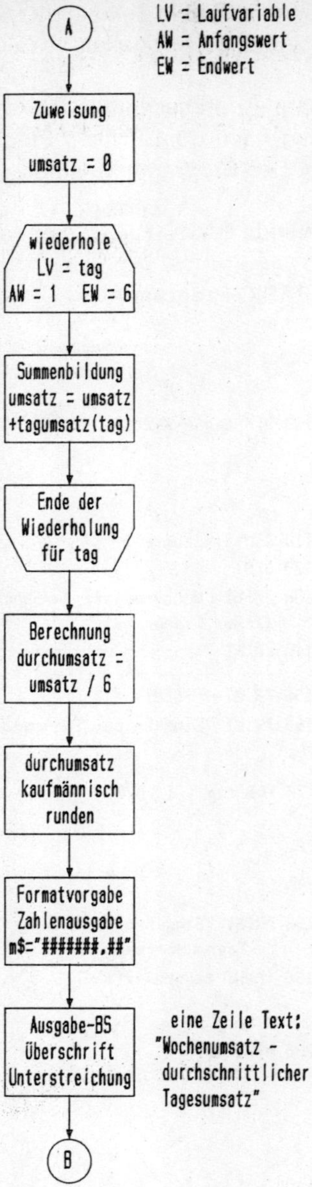


```
210 REM Rechenteil
220 LET umsatz = 0
230 FOR tag = 1 TO 6
240 LET umsatz = umsatz + tagumsatz(tag)
250 NEXT tag
260 LET durchumsatz = umsatz/6
270 LET durchumsatz = INT(durchumsatz
    * 100 + 0.5) /100
280 REM Ausgabeteil
290 LET m$ = "########.##"
300 CLS
310 PRINT "Wochenumsatz durchschnitt
    licher Tagesumsatz"
320 PRINT:PRINT
```

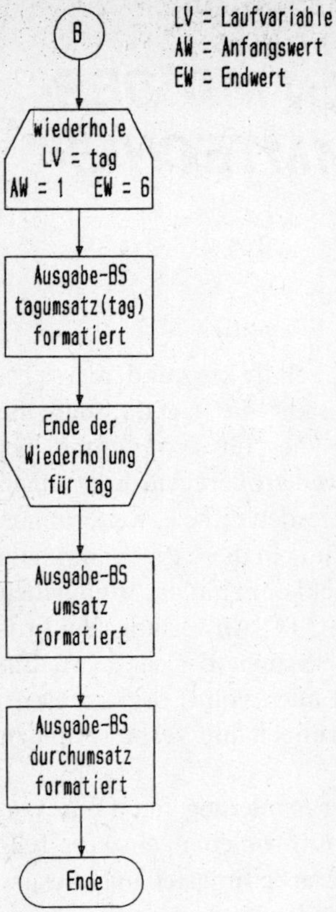


```
330 FOR tag = 1 TO 6

340 PRINT tag;". Tagesumsatz
                        DM",

350 PRINT USING m$;tagumsatz(tag)

360 NEXT tag

370 PRINT:PRINT
380 PRINT "Gesamtumsatz    DM",
390 PRINT USING m$;umsatz

400 PRINT "durchschnittlicher"

410 PRINT "Tagesumsatz     DM",

420 PRINT USING m$;durchumsatz

430 END
```

12 STRUKTURIERT PROGRAMMIEREN MIT DER UNTERPROGRAMMTECHNIK

Die bislang behandelten Programme waren relativ kurz und übersichtlich. **Bei umfangreichen Programmen besteht die Gefahr, daß die Übersicht verlorengeht.** Insbesondere gilt dies für Programme, bei denen Programmerweiterungen erfolgen, weil größere Anforderungen an das Programm gestellt werden. Häufig werden diese Erweiterungen an das Programmende angehängt. Ein Sprung in diese Programmteile erfolgt mit der GOTO-Anweisung. Die Rückkehr zum ursprünglichen Programmteil erfolgt ebenfalls mit einer GOTO-Anweisung. Bei Programmen dieser Art liegt der berüchtigte **"Spaghetti-Code"** vor. Ein solches Programm kann nach kurzer Zeit auch vom Programmierer selbst nicht mehr überblickt werden. Änderungen und Verbesserungen sind nur schwer möglich.

Abhilfe schafft hier die strukturierte Programmierung mit Hilfe von Unterprogrammen. Hierbei wird das Gesamtproblem in einzelne Teilprobleme wie beispielsweise Eingabeteil, Verarbeitungsteil und Ausgabeteil zerlegt. Die Teilbereiche werden jeweils als einzelne Unterprogramme (Module) programmiert und zu einem Gesamtprogramm verknüpft. Das Zusammenspiel dieser einzelnen Teilprogramme wird über ein Hauptprogramm geregelt.

Bei Erweiterungen des Programmes werden die zusätzlichen Anforderungen in einem Modul programmiert. Die eigentliche Änderung des Programms besteht dann in der Einbindung des Moduls in das Hauptprogramm. Dieses modulare Programmieren erhöht die Übersichtlichkeit und erleichtert notwendige Programmänderungen.

Ein weiterer wesentlicher Vorteil dieser Programmtechnik besteht darin, daß **mehrfach vorkommende Abläufe** wie zum Beispiel eine Abfrage nach der gewünschten Ausgabemöglichkeit (Bildschirm oder Drucker) nun **nur noch einmal programmiert** werden muß, weil jedes Unterprogramm mehrfach aufgerufen werden kann.

Die Programmierung mit Unterprogrammen soll anhand des bereits bekannten Problems "Ermittlung des Gesamtumsatzes und Berechnung des durchschnittlichen Tagesumsatzes" erfolgen.

Programmbeispiel Umsatzauswertung

12.1 Aufgabenstellung

Aus den Umsätzen der Tage Montag bis einschließlich Samstag sollen der Gesamtumsatz der Woche sowie der durchschnittliche Umsatz je Tag berechnet werden. Für jeden Tag soll der prozentuale Anteil am Wochenumsatz ausgegeben und graphisch dargestellt werden. Bei der graphischen Darstellung soll für jeweils 2% vom Wochenumsatz ein "*" ausgegeben werden.

Die der Aufgabenstellung entsprechende Bildschirmausgabe soll folgendermaßen aussehen:

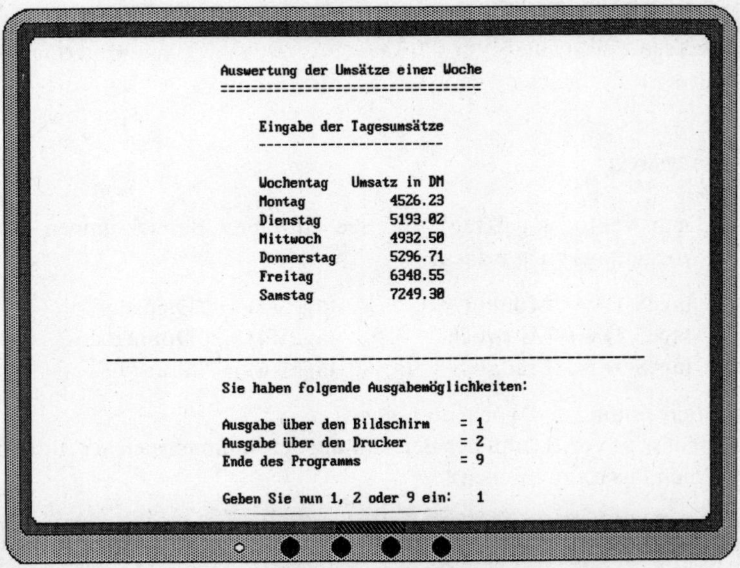

12.2 Problemanalyse

Ausgabedaten:

In einer Schleife für die Tage
von 1 bis 6 werden — Variablennamen:

die Wochentage	tage$(tag)
die Umsätze je Wochentag	tagumsatz(tag)
der prozentuale Umsatz je Wochentag	prozent(tag)
die graphische Darstellung des Prozentsatzes	sterne$(tag)

ausgegeben.

Anschließend erfolgt die Ausgabe

des Gesamtumsatzes	umsatz
des durchschnittlichen Umsatzes	durchumsatz

Die Ausgabe kann wahlweise über den Drucker oder den Bildschirm erfolgen.

Eingabedaten:

In einer Schleife für die Tage
von 1 bis 6 werden die

Tagesumsätze	tagumsatz(tag)

eingegeben.

Lösungsweg:

- Dem Vektor tage$(tag) sind die einzelnen Bezeichnungen der Wochentage zuzuordnen:

  tage$(1) = "Montag" tage$(2) = "Dienstag"
  tage$(3) = "Mittwoch" tage$(4) = "Donnerstag"
  tage$(5) = "Freitag" tage$(6) = "Samstag"

- Berechnung des Wochenumsatzes

Zunächst ist vor Beginn der Berechnung der Summenspeicher für den Wochenumsatz zu löschen:

umsatz = Ø

In einer Schleife für die Tage von 1 bis 6 erfolgt die Ermittlung des Wochenumsatzes durch

umsatz = umsatz + tagumsatz(tag)

Der durchschnittliche Umsatz ist anschließend folgendermaßen zu berechnen:

durchumsatz = umsatz/6

Die Berechnung des prozentualen Umsatzes je Wochentag und die Berechnung für die graphische Darstellung je Wochentag erfolgt in einer Schleife für die Tage von 1 bis 6 folgendermaßen:

prozent(tag) = tagumsatz(tag) * 1ØØ / umsatz
sterne$(tag) = STRING$(INT(prozent(tag)/2 + Ø.5),"*")

Für je zwei Prozent des Umsatzes erfolgt die Ausgabe eines Sterns.

12.3 Programmablaufpläne

Hauptprogramm

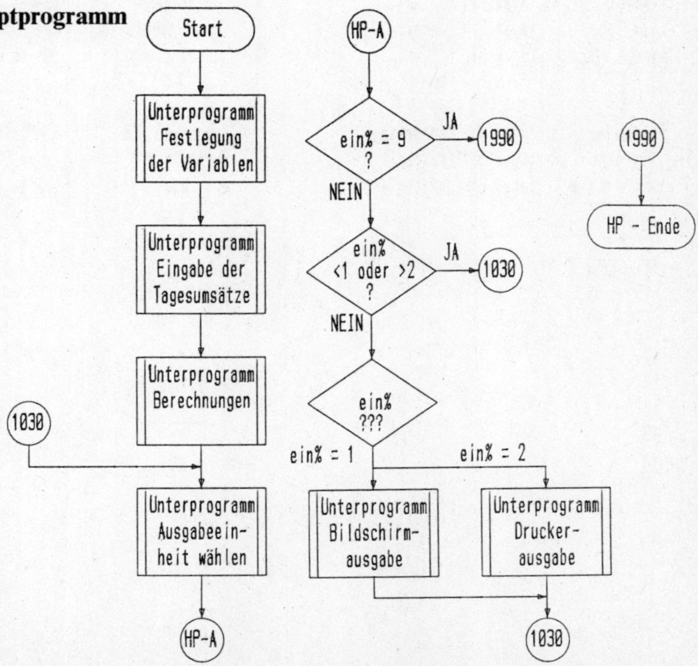

Unterprogramm
Festlegung der Variablen

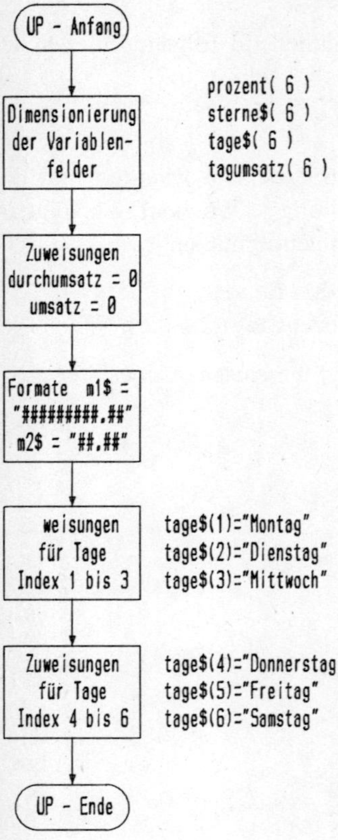

Unterprogramm
Eingabe der Tagesumsätze

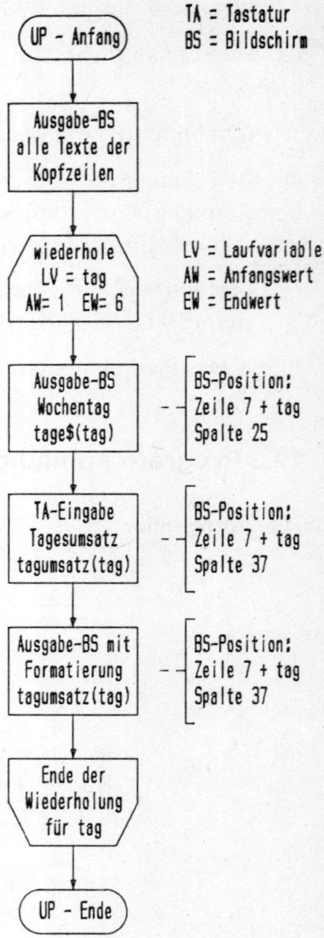

Unterprogramm Berechnungen

TA = Tastatur
BS = Bildschirm

LV = Laufvariable
AW = Anfangswert
EW = Endwert

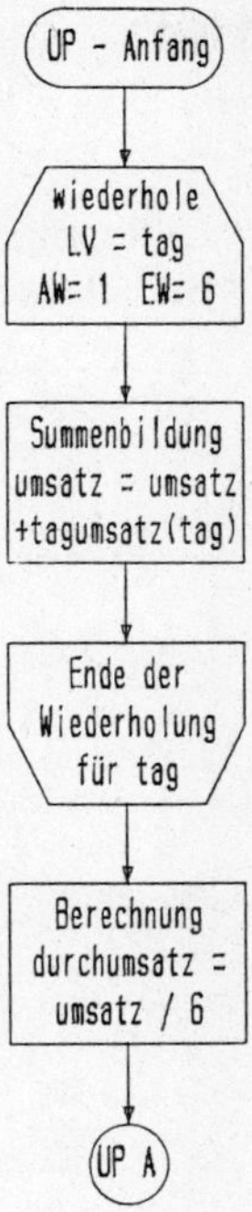

LV = Laufvariable
AW = Anfangswert
EW = Endwert

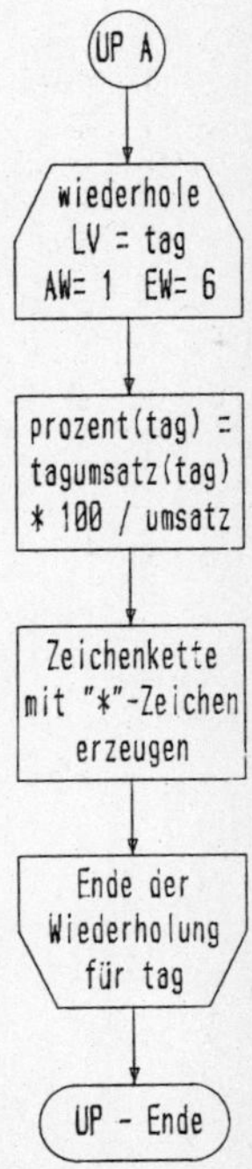

Unterprogramm
Festlegung der gewünschten Ausgabeeinheit

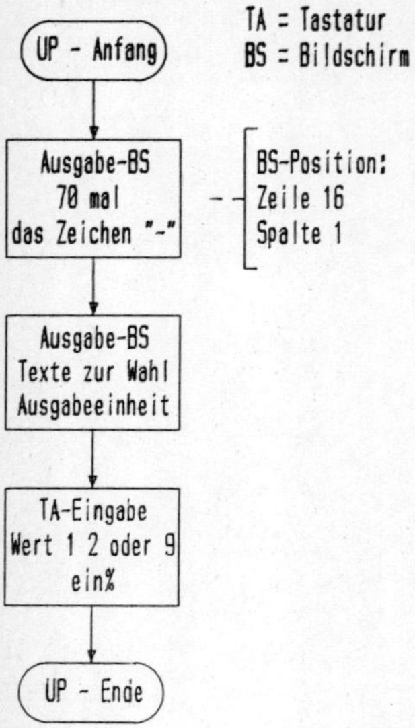

Unterprogramm
Bildschirmausgabe

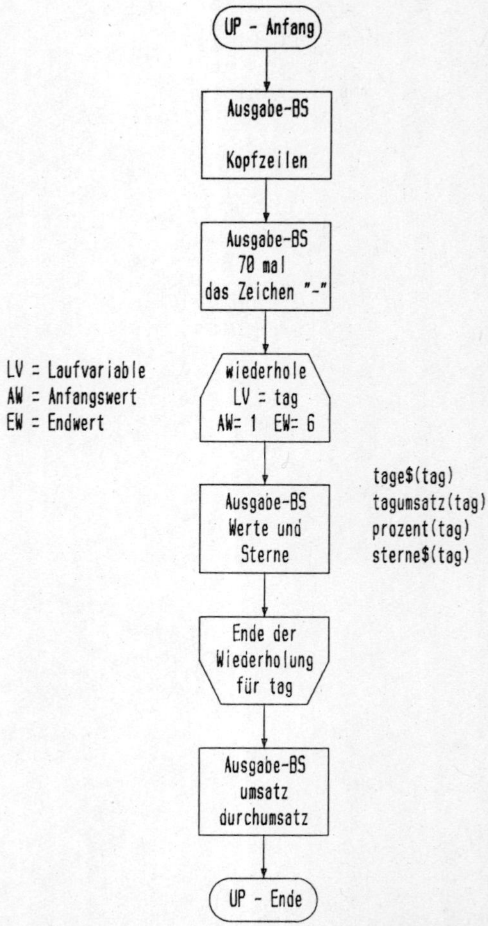

Unterprogramm Druckerausgabe

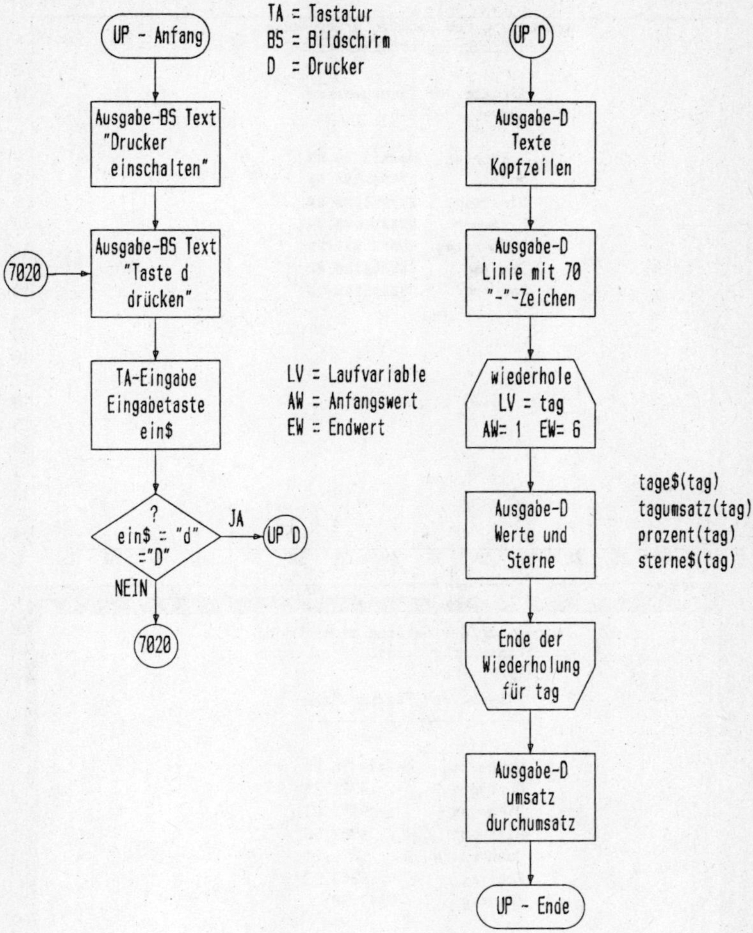

12.4 Codierung

Eingabe (Bildschirmentwurfsblatt)

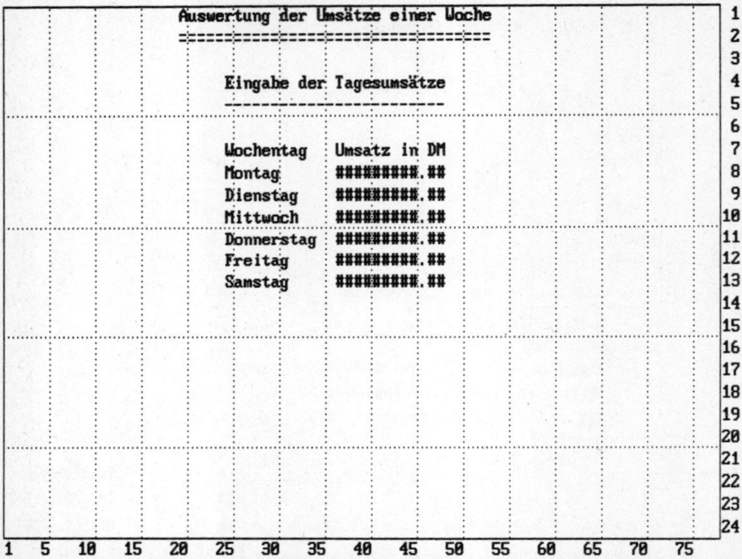

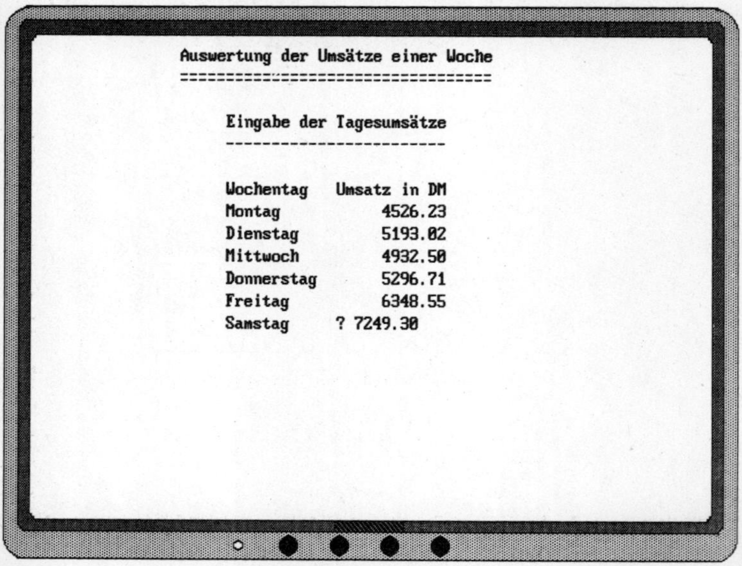

Wahl der Ausgabeeinheit (Bildschirmentwurfsblatt)

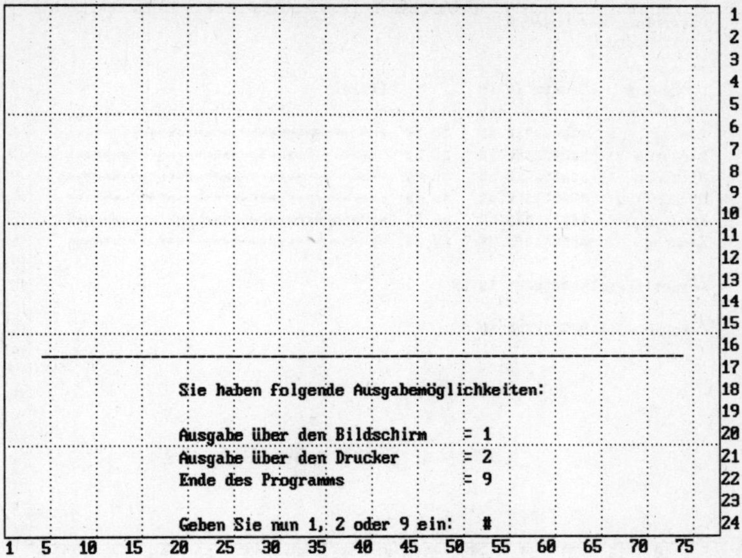

Wahl der Ausgabeeinheit (Beispiel)

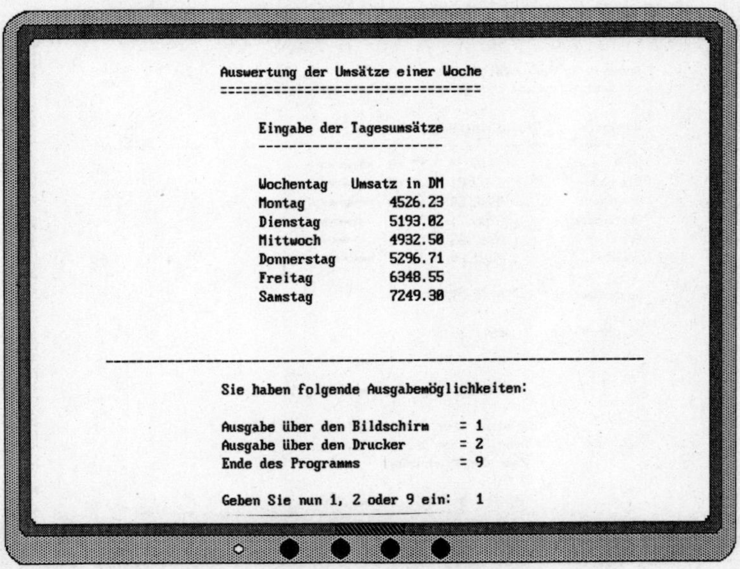

Umsatzauswertung (Bildschirmentwurfsblatt)

```
        Auswertung der Umsätze
        ======================

        Wochentag        Umsatz in DM       %      Grafik
        ------------------------------------------------------------------------
        Montag           #########.##      ##.##   ************************************
        Dienstag         #########.##      ##.##   ************************************
        Mittwoch         #########.##      ##.##   ************************************
        Donnerstag       #########.##      ##.##   ************************************
        Freitag          #########.##      ##.##   ************************************
        Samstag          #########.##      ##.##   ************************************

        Gesamtumsatz:#########.## DM

        Durchschnitt:#########.## DM

1   5    10   15   20   25   30   35   40   45   50   55   60   65   70   75
```

Umsatzauswertung (Beispiel)

```
Auswertung der Umsätze
======================

Wochentag     Umsatz in DM      %     Grafik
----------------------------------------------------------------------
Montag             4526.23    13.49   *******
Dienstag           5193.02    15.48   ********
Mittwoch           4932.50    14.70   *******
Donnerstag         5296.71    15.79   ********
Freitag            6348.55    18.92   *********
Samstag            7249.30    21.61   ***********

Gesamtumsatz:     33546.31 DM

Durchschnitt:      5591.05 DM

----------------------------------------------------------------------

               Sie haben folgende Ausgabemöglichkeiten:

               Ausgabe über den Bildschirm     = 1
               Ausgabe über den Drucker        = 2
               Ende des Programms              = 9

               Geben Sie nun 1, 2 oder 9 ein: ?
```

Dialog zur Druckerausgabe (Bildschirmentwurfsblatt)

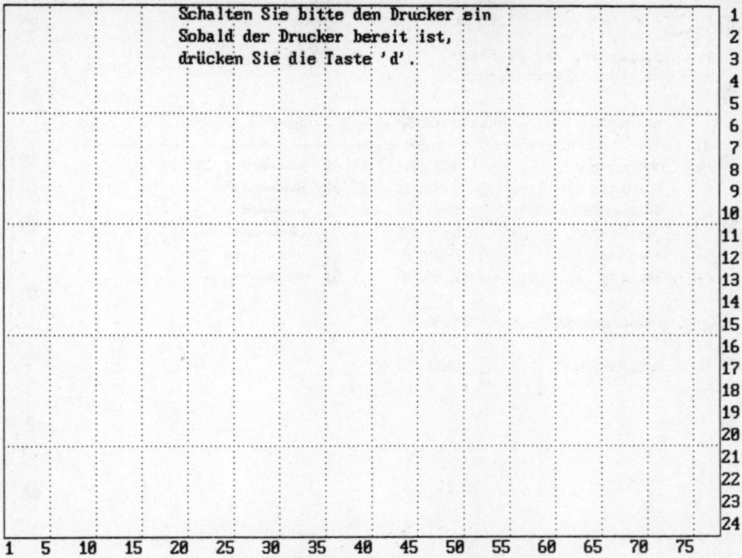

Dialog zur Druckerausgabe (Beispiel)

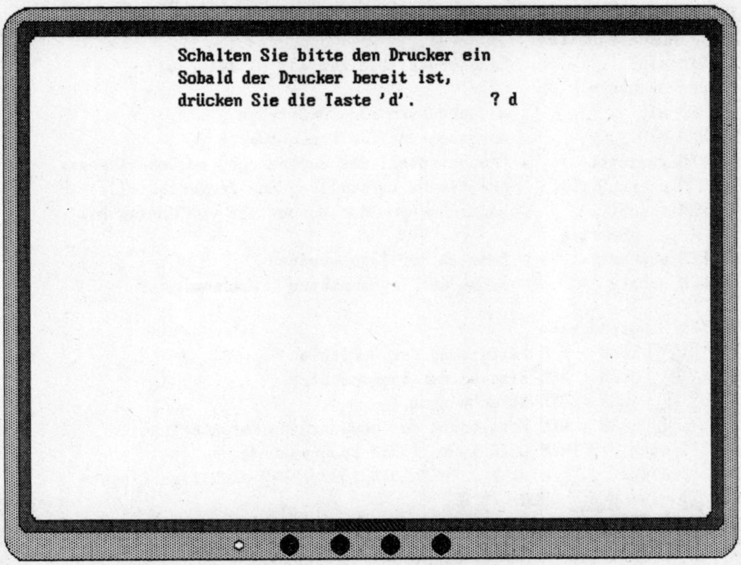

Gestaltung der Druckausgabe

```
Auswertung der Umsätze
======================

Wochentag          Umsatz in DM      %    Grafik
----------------------------------------------------------------
Montag                  4526.23   13.49   *******
Dienstag                5193.02   15.48   ********
Mittwoch                4932.50   14.70   *******
Donnerstag              5296.71   15.79   ********
Freitag                 6348.55   18.92   *********
Samstag                 7249.30   21.61   ***********

Gesamtumsatz:          33546.31 DM

Durchschnitt:           5591.05 DM
```

```
100 REM Auswertung der Umsätze einer Woche
110 REM durchumsatz   = Durchschnittswert für den Umsatz je Tag
120 REM ein%          = Eingabevariable für die Bestimmung des
     Ausgabegerätes
130 REM ein$          = Eingabevariable für die Aktivierung
    des Druckers
140 REM m1$           = Ausgabemaske für DM-Beträge
150 REM m2$           = Ausgabemaske für Prozentwerte
160 REM prozent(..)   = Prozentanteil des Wochentages am Gesamtumsatz
170 REM sterne$(..)   = graphische Darstellung der Prozentanteile
180 REM tage$(..)     = Bezeichnungen der Wochentage von Montag bis
          Samstag
190 REM tagumsatz(..) = Bereich der Tagesumsätze
200 REM umsatz        = Summe der Tagesumsätze = Wochenumsatz

999 REM Hauptprogramm
1000 GOSUB 2000 : REM Festlegung der Variablen
1010 GOSUB 3000 : REM Eingabe der Tagesumsätze
1020 GOSUB 4000 : REM Berechnungen
1030 GOSUB 5000 : REM Festlegung der gewünschten Ausgabeeinheit
1040 IF ein% = 9 THEN GOTO 1990  : REM Programmende
1050 IF ein% < 1 OR ein% > 2 THEN GOTO 1030 : REM ungültige Eingabe
1060 ON ein% GOSUB 6000, 7000
1070 GOTO 1030 : REM erneute Frage nach der Ausgabeeinheit
1990 END
```

```
1999 REM Festlegung der Variablen
2000 DIM prozent(6)
2010 DIM sterne$(6)
2020 DIM tage$(6)
2030 DIM tagumsatz(6)
2040 LET durchumsatz = 0
2050 LET m1$ = "#########.##"
2060 LET m2$ = "##.##"
2070 LET tage$(1) = "Montag"
2080 LET tage$(2) = "Dienstag"
2090 LET tage$(3) = "Mittwoch"
2100 LET tage$(4) = "Donnerstag"
2110 LET tage$(5) = "Freitag"
2120 LET tage$(6) = "Samstag"
2130 LET umsatz = 0
2990 RETURN


2999 REM Eingabe der Tagesumsätze
3000 CLS
3010 PRINT TAB(20) "Auswertung der Umsätze einer Woche"
3020 PRINT TAB(20) "=================================="
3030 PRINT
3040 PRINT TAB(25) "Eingabe der Tagesumsätze"
3050 PRINT TAB(25) "------------------------"
3060 PRINT
3070 PRINT TAB(25) "Wochentag"; TAB(37) "Umsatz in DM"
3080 FOR tag = 1 TO 6
3090     LOCATE 7+tag,25
3100     PRINT tage$(tag); TAB(37)
3110     INPUT tagumsatz(tag)
3120     LOCATE 7+tag,37
3130     PRINT USING m1$;tagumsatz(tag)
3140 NEXT tag
3150 PRINT
3990 RETURN


3999 REM Berechnungen
4000 FOR tag = 1 TO 6
4010     LET umsatz = umsatz + tagumsatz(tag)
4020 NEXT tag
4030 LET durchumsatz = umsatz / 6
4040 FOR tag = 1 TO 6
4050     LET prozent(tag) = tagumsatz(tag) * 100 / umsatz
4060     LET sterne$(tag) = STRING$(INT(prozent(tag)/2 + .5),"*")
4070 NEXT tag
4990 RETURN
```

```
4999 REM Festlegung der gewünschten Ausgabeeinheit
5000 LOCATE 16,1
5010 PRINT TAB(5) STRING$(70,"_")
5020 PRINT
5030 PRINT TAB(20)"Sie haben folgende Ausgabemöglichkeiten:"
5040 PRINT
5050 PRINT TAB(20)"Ausgabe über den Bildschirm    = 1"
5060 PRINT TAB(20)"Ausgabe über den Drucker       = 2"
5070 PRINT TAB(20)"Ende des Programms             = 9"
5080 PRINT
5090 PRINT TAB(20) "Geben Sie nun 1, 2 oder 9 ein: ";
5100 INPUT ein%
5990 RETURN

5999 REM Ausgabe über den Bildschirm
6000 CLS
6010 PRINT TAB(5) "Auswertung der Umsätze"
6020 PRINT TAB(5) "======================"
6030 PRINT
6040 PRINT TAB(5) "Wochentag" TAB(18) "Umsatz in DM" TAB(33) "  %"      TAB(40)
"Grafik"
6050 PRINT TAB(5) STRING$(70,"-")
6060 FOR tag = 1 TO 6
6070     PRINT TAB(5) tage$(tag);
6080     PRINT TAB(18) : PRINT USING m1$;tagumsatz(tag);
6090     PRINT TAB(33) : PRINT USING m2$; prozent(tag);
6100     PRINT TAB(40) sterne$(tag)
6110 NEXT tag
6120 PRINT : PRINT TAB(5) "Gesamtumsatz:" TAB(18)
6130 PRINT USING m1$;umsatz; : PRINT " DM"
6140 PRINT : PRINT TAB(5) "Durchschnitt:" TAB(18)
6150 PRINT USING m1$;durchumsatz; : PRINT " DM"
6990 RETURN

6999 REM Ausgabe über den Drucker
7000 CLS
7010 PRINT TAB(20) "Schalten Sie bitte den Drucker ein"
7020 PRINT TAB(20) "Sobald der Drucker bereit ist, "
7030 PRINT TAB(20) "drücken Sie die Taste 'd'.        ";
7040 INPUT ein$
7050 IF ein$ = "d" OR ein$ = "D" THEN GOTO 7100
7060 GOTO 7020
7100 LPRINT TAB(5) "Auswertung der Umsätze"
7110 LPRINT TAB(5) "======================"
7120 LPRINT
7130 LPRINT TAB(5) "Wochentag     Umsatz in DM     %    Grafik"
7140 LPRINT TAB(5) STRING$(70,"-")
7150 FOR tag = 1 TO 6
7160     LPRINT TAB(5) tage$(tag);
7170     LPRINT TAB(18) : LPRINT USING m1$;tagumsatz(tag);
```

```
7180      LPRINT TAB(33) : LPRINT USING m2$; prozent(tag);
7190      LPRINT TAB(40) sterne$(tag)
7200 NEXT tag
7220 LPRINT : LPRINT TAB(5) "Gesamtumsatz:" TAB(18)
7230 LPRINT USING m1$;umsatz; : LPRINT " DM"
7250 LPRINT : LPRINT TAB(5) "Durchschnitt:" TAB(18)
7260 LPRINT USING m1$;durchumsatz; : LPRINT " DM"
7990 RETURN
```

GOSUB . . . RETURN

Das vorliegende Programm ist modular programmiert. Die einzelnen Bereiche (Module) sind Unterprogramme, die über das Hauptprogramm verknüpft werden. Ein Unterprogramm wird durch folgende Anweisung angesteuert:

Zeilen-nummer	GOSUB	Zeilennummer der ersten Anweisung des Unterprogramms

Beispiel:

```
1ØØØ GOSUB 2ØØØ
```

Die Anweisungen ab der angegebenen Zeile (im Beispiel 2000) werden nun ausgeführt. Es empfiehlt sich nicht, als Sprungadresse eine Kommentarzeile zu nehmen, da Kommentarzeilen mitunter bei einem umfangreichen Programm nachträglich entfernt werden, um Speicherplatz zu sparen. Fehlt die in der GOSUB. . .-Anweisung aufgeführte Zeilennummer, reagiert der Computer mit der Fehlermeldung “Undefined line number”.
Am Ende des Unterprogramms erfolgt der Rücksprung mit der Anweisung

Zeilen-nummer	RETURN

Beispiel:

```
299Ø RETURN.
```

Das Programm wird nun mit der Anweisung fortgesetzt, die der GOSUB. . .-Anweisung unmittelbar folgt.

Der Computer verwaltet diese Rücksprungadresse selbständig. Es ist möglich, daß ein Unterprogramm von verschiedenen Stellen im Programm angesprungen wird. Durch die RETURN-Anweisung wird das Programm mit der Anweisung fortgesetzt, die der aufrufenden GOSUB. . .-Anweisung unmittelbar folgt.

GOSUB. . .-RETURN

```
100 ....                    (Hauptprogramm)
110 GOSUB 200
120 ....
130 ....
140 GOSUB 200
150 ....
160 END

200 .....                   (Anfang Unterprogramm)
210 .....
290 RETURN
```

Bei der Verwendung der Anweisung GOSUB . . . sind folgende Regeln zu beachten:

- Der Aufruf eines Unterprogrammes aus einem anderen Unterprogramm heraus ist zulässig. Die Anzahl der möglichen Schachtelungen wird durch den verfügbaren Speicherplatz begrenzt. Wegen der Übersichtlichkeit ist von dieser Möglichkeit nur sparsam Gebrauch zu machen.
- Um die Übersichtlichkeit zu wahren, sollte ein Unterprogramm nur eine Einsprungadresse (Anfangszeile) und eine RETURN-Anweisung (letzte Zeile) haben.
- Alle Variablen gelten sowohl für das Hauptprogramm als auch für alle Unterprogramme.
- Unterprogramme sollten vom Hauptprogramm getrennt werden. Ein Überlauf vom Hauptprogramm in das erste Unterprogramm muß durch eine END-Anweisung verhindert werden.

ON . . . GOSUB . . .

Mit dieser Anweisung werden mehrere unmittelbar aufeinanderfolgende Anweisungen der Art

IF ... THEN GOSUB ...

zu einer Anweisung zusammengefaßt.

Beispiel:
Die beiden Anweisungen

```
1070 IF ein% = 1 THEN GOSUB 6000
1075 IF ein% = 2 THEN GOSUB 7000
```

können ersetzt werden durch die Anweisung

```
1070 ON ein% GOSUB 6000, 7000
```

Grundsätzlich hat die Anweisung ON ... GOSUB ... folgenden Aufbau:

Zeilen-nummer	ON	numerischer Ausdruck	GOSUB Zeilennummer, Zeilennummer, ...

Der numerische Ausdruck kann eine Variable oder ein Term sein. Ein Term wird berechnet und nötigenfalls auf eine ganze Zahl gerundet. Entsprechend dem Wert des numerischen Ausdrucks wird für den Wert 1 die erste Sprungadresse, für den Wert 2 die zweite Sprungadresse ausgewählt usw. Ein Term muß daher so gestaltet sein, daß die Berechnung zu der gewünschten Sprungadresse führt. Ist der Wert 0 oder kann er in der Liste keiner Zeilennummer zugeordnet werden, wird das Programm ohne Berücksichtigung der Sprunganweisung weiter ausgeführt.
Die Rückkehr aus dem Unterprogramm erfolgt auch hier mit der RETURN-Anweisung. Nach der Rückkehr aus dem Unterprogramm wird die Anweisung ausgeführt, die der ON ... GOSUB-Anweisung unmittelbar folgt.

Logische Operationen

Im Unterprogramm "Druckerausgabe" erfolgt eine Plausibilitätsprüfung mit Hilfe einer logischen Operation.

Beispiel:

```
7050 IF ein$ = "d" OR ein$ = "D" THEN GOTO 7100
```

Wenn die Variable ein$ nach der Eingabe durch den Benutzer entweder den Inhalt "d" oder aber den Inhalt "D" hat, wird die GOTO-Anweisung ausgeführt. In allen anderen Fällen wird die Bedingung nicht wahr und der Computer bearbeitet die in Zeile 7Ø6Ø notierte Anweisung.
Diese logische Verknüpfung mit dem Operator OR ersetzt zwei Abfragen:

```
7Ø5Ø IF ein$ = "d" THEN GOTO 71ØØ
7Ø65 IF ein$ = "D" THEN GOTO 71ØØ
```

Neben dem Operator **OR** läßt sich der Operator **AND** in Plausibilitätsprüfungen verwenden. Er läßt sich übersetzen mit "sowohl . . . als auch . . . müssen zutreffen".

Ein Beispiel für die Überprüfung der Zulässigkeit der Monatsangabe:

```
1ØØØØ IF monat% >= 1 AND monat% <= 12 THEN GOTO
      15ØØØ
```

Nur wenn der Wert der Variable monat im Bereich von mindestens 1 **und** höchstens 12 liegt, ist die Aussage korrekt. In allen anderen Fällen liegt ein unzulässiger Wert vor.

▒ Zeichenkettenfunktion STRING$(Anzahl,Zeichen)

Neben den bereits besprochenen mathematischen Funktionen bietet BASIC viele Funktionen für die Arbeit mit Zeichenketten. Man erkennt sie durch die Kennzeichnung mit dem $-Zeichen am Ende des Funktionsnamens. In runden Klammern eingeschlossen folgen die Parameter.
Mit der Funktion STRING$(. .) können Zeichenketten aus 1 bis 255 gleichen Zeichen erzeugt werden. In der Klammer sind die Länge der gewünschten Zeichenkette und das Zeichen, aus dem sie bestehen soll, anzugeben.

Beispiel:

```
5Ø1Ø print TAB(5) STRING$(7Ø,"_")
```

Aufgrund dieser Anweisung gibt der Computer ab der fünften Bildschirmspalte eine Zeichenkette aus, die 70mal das Zeichen "_" enthält.

Der erste Parameter in dieser Funktion kann sowohl ein konstanter Wert (hier 70) als auch eine Variable oder ein Term sein.

Beispiel:

```
4Ø6Ø LET sterne$(tag) = STRING$(INT(prozent(tag)/
     2+Ø.5),"*")
```

Diese Anweisung bewirkt die Bildung einer Kette von "*"-Zeichen, die dem Vektor sterne$ mit dem Index tag zugewiesen wird. Die Länge errechnet sich aus dem Wert des Vektors prozent(tag).

Nachträgliche Formatierung der Eingabe

Bei einer INPUT-Anweisung ist eine formatierte Eingabe nicht möglich. Alle Eingaben werden bei der INPUT-Anweisung linksbündig übernommen.
Eine rechtsbündige Darstellung der Eingabewerte auf dem Bildschirm erreicht man durch die nachträgliche Formatierung der eingegebenen Werte und ihre rechtsbündige Ausgabe im Eingabefeld.

Einfaches Beispiel:

```
1ØØØØ LOCATE 1Ø, 25 : INPUT umsatz
1ØØ2Ø LOCATE 1Ø, 25 : PRINT USING "######.##";
      umsatz
```

Beispiel aus dem Programmbeispiel Umsatzauswertung:

```
3Ø9Ø LOCATE 7+tag, 25
31ØØ PRINT tage$(tag); TAB(37)
311Ø INPUT tagumsatz(tag)
312Ø LOCATE 7+tag, 37
313Ø PRINT USING m1$; tagumsatz(tag)
```

Zuerst steuert man mit dem Cursor die Zeile entsprechend dem Bildschirmentwurfsblatt an (Anweisung 3Ø9Ø). Anschließend wird ab der Spalte 25 der Inhalt des Vektors tage$(tag) (Tagesbezeichnung) ausgegeben und der Cursor in die Spalte 37 positioniert (Anweisung 31ØØ). Nun erfolgt die Eingabe des Umsatzes (Anweisung 311Ø). Nach der INPUT-Anweisung springt der Cursor automatisch in die nächste Zeile.
Der Cursor muß nun wieder in die ursprüngliche Ausgangsstellung

gebracht werden (Anweisung 312∅). In der Spalte 37 erfolgt mit der Maske m1$ die Ausgabe des Wertes vom Vektor tagumsatz(tag). Der linksbündige Eingabewert wird durch die formatierte Ausgabe des gleichen Wertes überschrieben.

Bei der Anwendung einer solchen Programmsequenz ist darauf zu achten, daß die 24. Bildschirmzeile vom Cursor nicht überschritten wird, da sonst automatisch der Bildschirminhalt um eine Zeile nach oben verschoben wird. Die folgenden LOCATE . . .-Anweisungen können danach nicht mehr korrekt ausgeführt werden.

Übung 20

1. Die strukturierte Programmierung mit Hilfe von Unterprogrammen hat zwei wesentliche Vorteile:

   1: ______________________________

   2: ______________________________

   ____

2. Die Anweisung GOSUB 1∅∅∅ bewirkt ______________________________

   ____

   Durch die Anweisung RETURN ______________________________

   ____

   ____

3. Sollte als Zieladresse einer GOSUB . . .-Anweisung eine Kommentarzeile benutzt werden?

   Ja / Nein, weil ______________________________

   ____

   ____

   ____

4. In einem Programm stehen unter anderem folgende Anweisungen:

```
1000 GOSUB 2000 : REM Variablen festlegen
1010 GOSUB 3000 : REM Werte einlesen
1020 GOSUB 4000 : REM Berechnungen
1030 GOSUB 5000 : REM Ausgabe
1999 REM Unterprogramm Variablen festlegen
2000 DIM zahlen(20)
.....
```

Was geschieht nach der Ausführung der Zeile 1Ø3Ø?

Als nächstes wird ______________________________

____

____

____

5. In Abhängigkeit des Wertes der Variablen ein% sollen die folgenden Unterprogramme ausgeführt werden:

   Unterprogramm ab Zeile 2ØØØ bei ein% = 1
   Unterprogramm ab Zeile 3ØØØ bei ein% = 2
   Unterprogramm ab Zeile 4ØØØ bei ein% = 3

   Es wurden hierfür folgende Verzweigungen programmiert:

```
 900 INPUT ein%
1000 IF ein% = 1 THEN GOSUB 2000 : GOTO 900
1010 IF ein% = 2 THEN GOSUB 3000 : GOTO 900
1020 IF ein% = 3 THEN GOSUB 4000 : GOTO 900
```

   Die drei Verzweigungen sollen in einer ON ... GOSUB ...-Anweisung zusammengefaßt werden. Wie lautet die entsprechende BASIC-Anweisung?

   BASIC-Anweisung:
   1ØØØ ON ______________________________
   1Ø1Ø GOTO 9ØØ

6. Bei einer Eingabe für die Variable ein% sind die Werte 1 bis 4 zulässig.

   1ØØØ INPUT "Geben Sie den Wert ein";ein%

Nach der Eingabe der Werte soll eine Plausibilitätsprüfung der Werte erfolgen. Ist der eingegebene Wert unzulässig, erfolgt eine Wiederholung der Eingabe.
Kreuzen Sie die korrekte Lösung an.

```
1Ø1Ø IF ein%  < 1 OR  ein% >  4 THEN GOTO 1ØØØ   ___
1Ø1Ø IF ein% >= 1 AND ein% <= 4 THEN GOTO 1ØØØ   ___
1Ø1Ø IF ein%  < 1 AND ein% >  4 THEN GOTO 1ØØØ   ___
1Ø1Ø IF ein%  > 1 OR  ein% <  4 THEN GOTO 1ØØØ   ___
```

7. Ab der Zeile 2Ø, Spalte 1Ø soll eine 6Ø Zeichen lange Kette von "*"-Zeichen ausgegeben werden.
   Notieren Sie die hierfür notwendigen BASIC-Anweisungen.

   BASIC-Anweisungen:
   2ØØ ______________________________
   21Ø ______________________________

8. In einem Rechnungsprogramm sollen Menge und Preis eines Artikels eingegeben werden, um daraus den Warenwert zu ermitteln. Es werden hierbei Plausibilitätsprüfungen durchgeführt. Die folgenden Zeilen zeigen einen Ausschnitt aus dem Programm.

```
100 LET m1$ = "########.##"
...
400 LOCATE 5,10
410 PRINT "Menge des Artikels"; TAB(40)
420 INPUT "";menge
430 IF menge < 1 THEN GOTO 400 : REM Eingabewiederholung
500 LOCATE 6,10
510 PRINT "Preis des Artikels"; TAB(40)
520 INPUT "";preis
530 IF preis < 0.01 THEN GOTO 500 : REM Eingabewiederholung
```

   Die korrekte Eingabe soll jeweils nachformatiert werden.
   Notieren Sie die hierzu notwendigen Anweisungen!

   44Ø ______________________________
   45Ø ______________________________
   54Ø ______________________________
   55Ø ______________________________

Lösungen zu Übung 20

1. Die strukturierte Programmierung mit Hilfe von Unterprogrammen hat zwei wesentliche Vorteile:

   1: Auch große Programme werden übersichtlich.
   2: Mehrfach benötigte gleiche Abläufe brauchen nur einmal programmiert zu werden.

2. Die Anweisung GOSUB 1000 bewirkt einen Sprung in ein Unterprogramm, das mit der Zeile 1000 beginnt.

   Durch die Anweisung RETURN erfolgt der Rücksprung. Das Programm wird nun mit der Anweisung fortgesetzt, die der GOSUB . . .-Anweisung unmittelbar folgt.

3. Sollte als Zieladresse einer GOSUB . . .-Anweisung eine Kommentarzeile benutzt werden?

   ~~Ja~~ / Nein, weil eventuell bei einem umfangreichen Programm nachträglich Kommentarzeilen entfernt werden, um Speicherplatz zu sparen. Fehlt dann die Zeilennummer, kommt es zu einem Programmabbruch mit einer Fehlermeldung.

4. In einem Programm stehen unter anderem folgende Anweisungen:

```
1000 GOSUB 2000 : REM Variablen festlegen
1010 GOSUB 3000 : REM Werte einlesen
1020 GOSUB 4000 : REM Berechnungen
1030 GOSUB 5000 : REM Ausgabe
1999 REM Unterprogramm Variablen festlegen
2000 DIM zahlen(20)
.....
```

   Was geschieht nach der Ausführung der Zeile 1030?
   Als nächstes wird die Zeile 2000 ausgeführt. Diese Zeile ist die erste Zeile des Unterprogramms und wurde bereits zu Beginn durch den Aufruf des Unterprogramms ausgeführt. Es kommt zu einer Fehlermeldung, weil die Variable zahlen(. . .) zweimal dimensioniert wird.

5. In Abhängigkeit des Wertes der Variablen ein% sollen die folgenden Unterprogramme ausgeführt werden:

   Unterprogramm ab Zeile 2ØØØ bei ein% = 1
   Unterprogramm ab Zeile 3ØØØ bei ein% = 2
   Unterprogramm ab Zeile 4ØØØ bei ein% = 3

   Es wurden hierfür folgende Verzweigungen programmiert:

```
 900 INPUT ein%
1000 IF ein% = 1 THEN GOSUB 2000 : GOTO 900
1010 IF ein% = 2 THEN GOSUB 3000 : GOTO 900
1020 IF ein% = 3 THEN GOSUB 4000 : GOTO 900
```

   Die drei Verzweigungen sollen in einer ON . . . GOSUB . . .-Anweisung zusammengefaßt werden.

   BASIC-Anweisung:

```
1000 ON ein% GOSUB 2000, 3000, 4000
1010 GOTO 900
```

6. Bei einer Eingabe für die Variable ein% sind die Werte 1 bis 4 zulässig.

   1ØØØ INPUT "Geben Sie den Wert ein";ein%

   Nach der Eingabe der Werte soll eine Plausibilitätsprüfung der Werte erfolgen. Ist der eingegebene Wert unzulässig, erfolgt eine Wiederholung der Eingabe.
   Kreuzen Sie die korrekte Lösung an.

1Ø1Ø IF ein% < 1 OR ein% > 4 THEN GOTO 1ØØØ	X
1Ø1Ø IF ein% >= 1 AND ein% <= 4 THEN GOTO 1ØØØ	___
1Ø1Ø IF ein% < 1 AND ein% > 4 THEN GOTO 1ØØØ	___
1Ø1Ø IF ein% > 1 OR ein% < 4 THEN GOTO 1ØØØ	___

7. Ab der Zeile 2Ø, Spalte 1Ø soll eine 6Ø Zeichen lange Kette von "*"-Zeichen ausgegeben werden.
   Notieren Sie die beiden hierfür notwendigen BASIC-Anweisungen.

BASIC-Anweisungen:

```
200 LOCATE 20,10
210 PRINT STRING$(60,"*")
```

8. In einem Rechnungsprogramm sollen Menge und Preis eines Artikels eingegeben werden, um daraus den Warenwert zu ermitteln. Es werden hierbei Plausibilitätsprüfungen durchgeführt. Die folgenden Zeilen zeigen einen Ausschnitt aus dem Programm.

```
1ØØ LET m1$ = "########.##"
...
4ØØ LOCATE 5,1Ø
41Ø PRINT "Menge des Artikels", TAB(4Ø)
42Ø INPUT "";menge
43Ø IF menge < 1 THEN GOTO 41Ø : REM Eingabewiederholung
5ØØ LOCATE 6,1Ø
51Ø PRINT "Preis des Artikels", TAB(4Ø)
52Ø INPUT "";preis
53Ø IF preis < Ø.Ø1 THEN GOTO 5ØØ : REM Eingabe-
                                          wiederholung
```

Die korrekte Eingabe soll jeweils nachformatiert werden. Notieren Sie die hierzu notwendigen Anweisungen.

```
440 LOCATE 5,40
450 PRINT USING m1$; menge
540 LOCATE 6,40
550 PRINT USING m1$; preis
```

13 GRUNDLAGEN DER COMPUTERGRAPHIK

In den bisherigen Kapiteln gab es meistens etwas zu berechnen. Diese Arbeit wurde dem Computer per BASIC-Programm übertragen. In den folgenden Kapiteln zur Graphik darf ab und an der Mensch wieder etwas rechnen, um dem Computer mitzuteilen, wie die Graphik aussehen soll, zum Beispiel die Position und Größe eines Kreises auf dem Bildschirm.
In der Berufswelt übernehmen derartige Rechenarbeiten spezielle CAD-Programme. Unter **CAD** (englisch **C**omputer **A**ided **D**esign) versteht man das durch einen Computer unterstützte Entwerfen von Maschinen, Autos usw. Die Entwicklungszeit für ein neues Produkt wird dadurch stark verkürzt.
Bevor wir uns mit einer Problemstellung zur Graphik beschäftigen, müssen Sie jedoch einige grundlegende Parameter kennenlernen. Keine Angst, Pythagoras oder sonstige geometrische Lehrsätze werden **nicht** benötigt!
Zunächst müssen Sie überprüfen, ob die von Ihnen verwendete Hardware überhaupt graphikfähig ist, das heißt, ob sie beliebig Punkte, Linien und Kreise auf dem Bildschirm zeichnen kann.
Der ASCII-Zeichensatz enthält **graphische Zeichen** wie zum Beispiel ═, ╝, ╤, ░ oder █. Verwechseln Sie bitte diese Fähigkeiten der Darstellung von **Textgraphik** nicht mit den Möglichkeiten, frei auf dem Bildschirm Graphiken in Form von Zeichnungen darzustellen.

Der Computer muß mit einer Graphikkarte ausgerüstet sein, und Sie müssen einen graphikfähigen Bildschirm angeschlossen haben. Dabei kann es sich sowohl um einen Monochrombildschirm mit den Farben Grün, Bernstein oder Weiß als auch um einen Farbbildschirm handeln.

Eine Auswahl der am weitesten verbreiteten Graphikkarten/-standards:

Bezeichnung	**Graphikauflösung**		**läuft unter BASIC-A/ GW-BASIC**
MGA Monochrome Graphics Adapter (Industriestandard)	320 x 200	4 Graustufen	ja
	640 x 200	hell/dunkel	ja
CGA Color Graphics Adapter (Industriestandard)	320 x 200	4 Farben	ja
	640 x 200	2 Farben	ja
EGA Enhanced Graphics Adapter	320 x 200	4 Farben	ja
	640 x 200	2 Farben	ja
AGA Advanced Graphics Adapter	320 x 200	4 Farben	ja
	640 x 200	2 Farben	ja
Hercules Graphics (Anpassung ist nur über zusätzliche Spezialsoftware möglich)	720 x 348		nein

Sollten Sie nicht wissen, ob und wie Ihr Computer über Graphik verfügt, so geben Sie bitte das folgende Testprogramm Abschnitt für Abschnitt ein und starten Sie es.

```
100 REM Bildschirm auf Graphikfähigkeit prüfen
110 CLS
120 SCREEN 0
130 LOCATE 3,10 : PRINT "     SCREEN 0      "
140 LOCATE 5,10 : PRINT "Bildschirmauflösung"
150 LOCATE 6,10 : PRINT "Text 80 * 25 Zeichen"
160 LOCATE 8,10 : PRINT "keine Graphik möglich!"
```

Nach dem Start des Programms ergibt sich als erster Bildschirm:

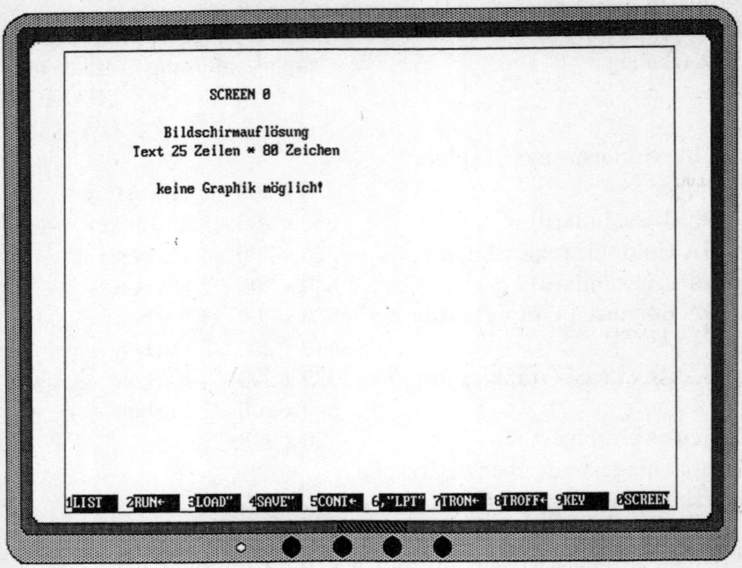

SCREEN

Der Bildschirm läßt sich auf verschiedene Text- oder Graphikmodi einstellen. Die SCREEN-Anweisung schaltet auf den gewünschten Text- oder Graphikmodus um.

Beispiel:

```
120 SCREEN Ø
```

Diese Anweisung schaltet den Textmodus ein. In diesem Modus ist eine frei gestaltbare Graphik nicht möglich. Nach dem Einschalten des Computers befindet sich der Bildschirm im Textmodus SCREEN Ø. Dieser Teil des Programmes läuft auf allen Computern. Deshalb wird der Bildschirminhalt im Prinzip mit der obigen Darstellung übereinstimmen.

Die Anweisung hat die allgemeine Form:

Zeilennummer SCREEN Modus

Mit dieser Anweisung kann der gewünschte Text- oder Graphikmodus gewählt werden. Die von den gängigen BASIC-Versionen unterstützten Graphikmodi werden Schritt für Schritt vorgestellt und erläutert. Der vorangehende Programmteil (Zeilen 1ØØ–16Ø) ist durch folgende Zeilen zu erweitern:

```
170 KEY OFF
180 SCREEN 1
190 LOCATE 2,10 : PRINT "       SCREEN 1"
200 LOCATE 4,10 : PRINT "  Bildschirmauflösung"
210 LOCATE 5,10 : PRINT "Graphik 320 * 200 Punkte"
220 LOCATE 6,10 : PRINT "  (Industriestandard)"
230 LINE (  0,  0) - (319,199), 1
```

Dieser Programmteil bewirkt folgende Bildschirmausgabe:

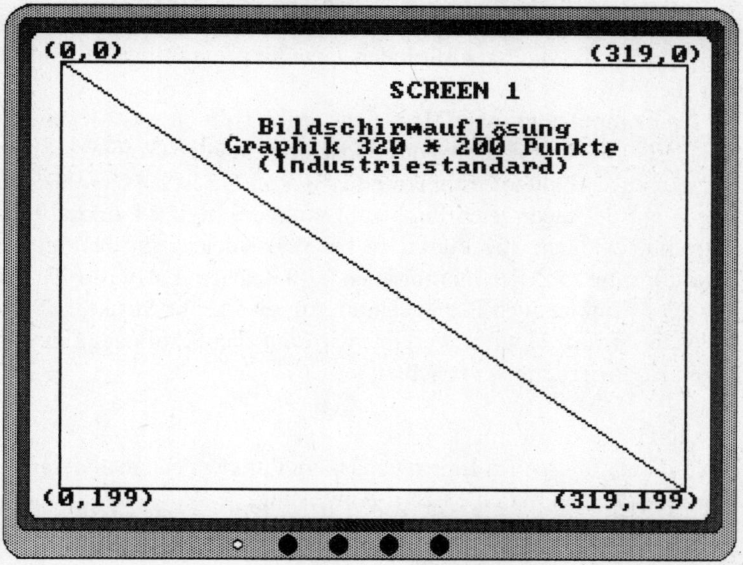

■ KEY OFF

Die Anweisung KEY OFF schaltet die Anzeige der Funktionstasten auf der letzten Bildschirmzeile ab (vergleiche dazu die Abbildungen zu SCREEN Ø und SCREEN 1). Die Belegung der Funktionstasten bleibt aber erhalten und kann weiter genutzt werden. Mit der Anweisung KEY ON kann die Anzeige jederzeit wieder angeschaltet werden. Die allgemeine Form ist:

Zeilennummer KEY OFF
Zeilennummer KEY ON

Beispiel:

```
170 KEY OFF
```

Die Anzeige der Belegung der Funktionstasten auf dem Bildschirm stört bei der Graphik nur und behindert auch manche Graphikbefehle bei der Ausführung.
Bei der Ausführung dieses erweiterten Programmes schlägt "die Stunde der Wahrheit". Meldet der Computer nach der Abarbeitung dieses Programmteils "Illegal function call" (= ungültiger Aufruf einer Funktion), so ist der verwendete Computer mit keiner von BASIC aus direkt ansprechbaren Graphikkarte bestückt. In diesem Fall können Sie die nachfolgenden Graphikprogramme auch nicht erproben.
Ist der Computer graphikfähig, dann erfolgt durch die Anweisung SCREEN 1 die Umschaltung des Bildschirms auf den Graphikmodus. Der jetzt zugeschaltete Graphikmodus SCREEN 1 ist die Graphikauflösung mit der niedrigsten Punktzahl, waagerecht 320 Punkte (0 bis 319) und senkrecht 200 Punkte (0 bis 199). Gleichzeitig beträgt die Textauflösung 25 Zeilen mit nur noch je 40 Zeichen. Da die Größe der einzelnen Punkte, auch Pixel genannt, nur eine grobe Struktur (Bildauflösung in Einzelpunkte) ergibt, wird auf diese Auflösung in den folgenden Programmen verzichtet.

LINE

Um auf dem Bildschirm Linien von einem Punkt zu einem anderen zu ziehen, verwendet man die LINE-Anweisung.

Beispiel:

```
230 LINE (  0,   0) – (319,199), 1
```

In den Klammern sind die beiden Endpunkte der Linie definiert; sie bestimmen die Länge und Lage der Linie. Sie sind durch die auf die X-Achse und die Y-Achse bezogenen Koordinaten anzugeben. Eine Koordinate enthält immer einen X-Wert (waagerecht) und einen Y-Wert (senkrecht), also ein Wertepaar.

Die allgemeine Form der Anweisung lautet:

Zeilennummer LINE (x1, y1) - (x2, y2), Farbe

In unserem Beispiel hat der erste Punkt der Linie die Koordinaten x1 = Ø, y1 = Ø, der zweite Punkt x2 = 319, y2 = 199. Dadurch wird eine Diagonale von der linken oberen Ecke zur rechten unteren Ecke, quer über den ganzen Bildschirm gezogen.
Zusätzlich kann noch ein Farbwert angegeben werden. Bei SCREEN 1 sind die Werte von Ø bis 3 und bei SCREEN 2 nur Ø (dunkel) und 1 (hell) erlaubt.
In folgenden Beispielen wird die LINE-Anweisung mit genau den gleichen Werten auch bei den anderen Bildschirmausgaben verwendet, um die unterschiedlichen Ergebnisse zu verdeutlichen.

Für den Test des in allen nachfolgenden Programmen verwendeten Graphikmodus SCREEN 2 mit der Auflösung von 64Ø zu 2ØØ Punkten erweitern Sie das Programm um den folgenden Teil:

```
240 SCREEN 2
250 LOCATE 2,10 : PRINT "       SCREEN 2"
260 LOCATE 4,10 : PRINT "  Bildschirmauflösung"
270 LOCATE 5,10 : PRINT "Graphik 640 * 200 Punkte"
280 LOCATE 6,10 : PRINT "  (Industriestandard)"
290 LINE (  0,  0) - (319,199), 1
```

Dieser Programmteil bewirkt folgende Darstellung auf dem Bildschirm:

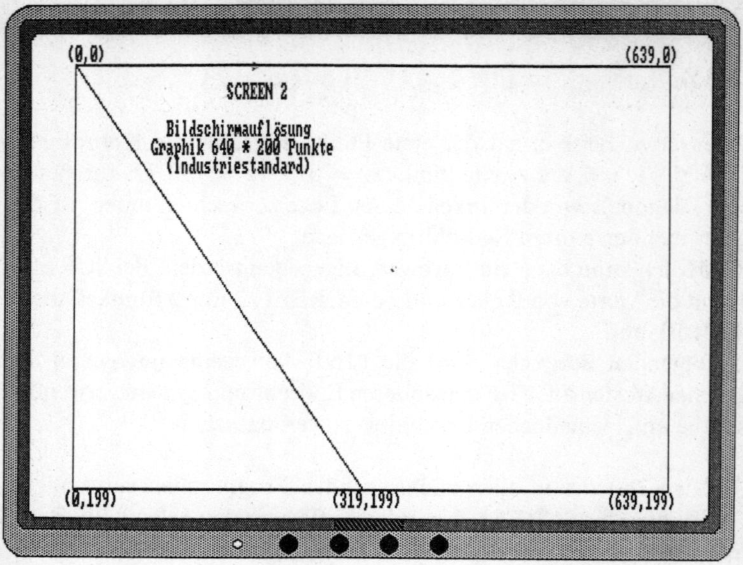

Wenn SCREEN 1 funktionierte, so müßte auch diese Auflösung von BASIC aus nutzbar sein. Die Diagonale endet jetzt mitten im Bild, weil die Anzahl der waagerechten Punkte sich auf 64∅ (∅ bis 639) verdoppelt hat. Die Zahl der senkrechten Punkte hat sich aber nicht verändert.

Einige Computerhersteller bieten eine Bildschirmauflösung an, die über den üblichen Industriestandard hinausgeht. Dieser Graphikmodus wird im vorliegenden Beispiel mit der Anweisung SCREEN 3 eingeschaltet.

Prüfen Sie in Ihrem BASIC-Handbuch, welche Graphikmodi von Ihrer BASIC-Version unterstützt werden!

Ergänzen Sie das bisherige Programm um die folgenden Anweisungen:

```
300 SCREEN 3
310 LOCATE 2,30 : PRINT "          SCREEN 3"
320 LOCATE 4,30 : PRINT "   Bildschirmauflösung"
330 LOCATE 5,30 : PRINT "  Graphik 640 * 400 Punkte"
340 LOCATE 6,30 : PRINT "(z. B. Olivetti M19 und M24)"
350 LINE (  0,  0) - (319,199), 1
999 END
```

Speichern Sie das Programm zum Testen der Graphikfähigkeit mit SAVE auf der Arbeitsdiskette ab.

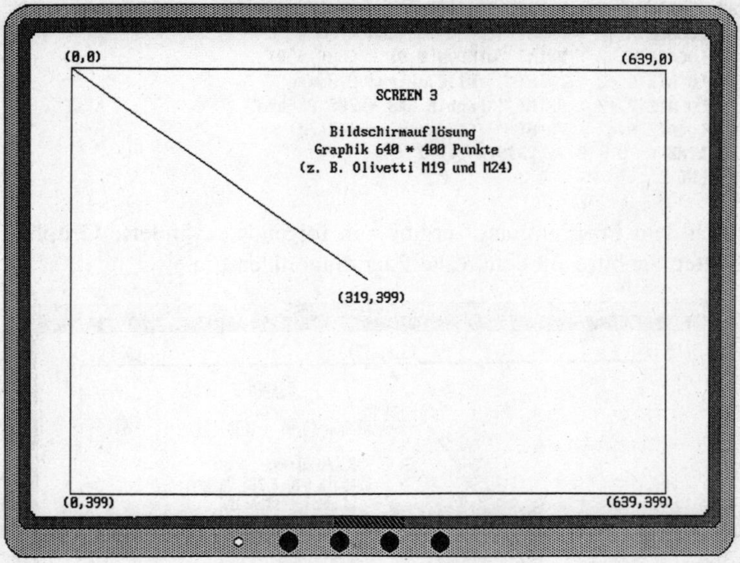

Bei den meisten Geräten wird hier die Meldung "Illegal funktion call" auftreten. Manche Computer reagieren überhaupt nicht auf eine unzulässige Modusangabe und verharren im derzeitigen Graphikmodus. Die linke obere Ecke ist in der Graphik normalerweise der Koordinatengrundpunkt (Ø,Ø). Die X-Achse (waagerecht) verläuft dann am oberen Bildschirmrand und die Y-Achse (senkrecht) am linken Bildschirmrand. Diese Anordnung hängt mit der Bildschirmaufteilung zusammen, denn die erste Textzeile beginnt auch oben links in der Ecke.
Im gebräuchlichen (kartesischen) Koordinatensystem hat der typische Bereich für positive Werte, der erste Quadrant, jedoch die X-Achse unten und nicht oben. Das ist auch logischer, denn die X-Achse bildet damit die Arbeitsgrundlinie. Die X-Werte erhöhen sich dann nach rechts und die Y-Werte nach oben.

Geben Sie bitte das nächste Demonstrationsprogramm ein, in dem die X-Achse vom oberen Rand zum unteren Rand des Bildschirmes verlegt wird.

```
100 REM Bildschirmgrundkoordinaten ändern, (0,0) = linke untere Ecke
110 CLS : KEY OFF
120 SCREEN 2
130 WINDOW (  0,  0) - (639,199)
140 LOCATE 2,42 : PRINT "       SCREEN 2"
150 LOCATE 4,42 : PRINT "WINDOW(0,0) - (639,199)"
160 LOCATE 6,42 : PRINT "  Bildschirmauflösung"
170 LOCATE 7,42 : PRINT "Graphik 640 * 200 Punkte"
180 LOCATE 8,42 : PRINT "  (Industriestandard)"
190 LINE (  0,  0) - (319,199), 1
999 END
```

Nach dem Programmlauf ergibt sich folgende veränderte Graphik. Achten Sie bitte auf den Verlauf der diagonalen Linie!

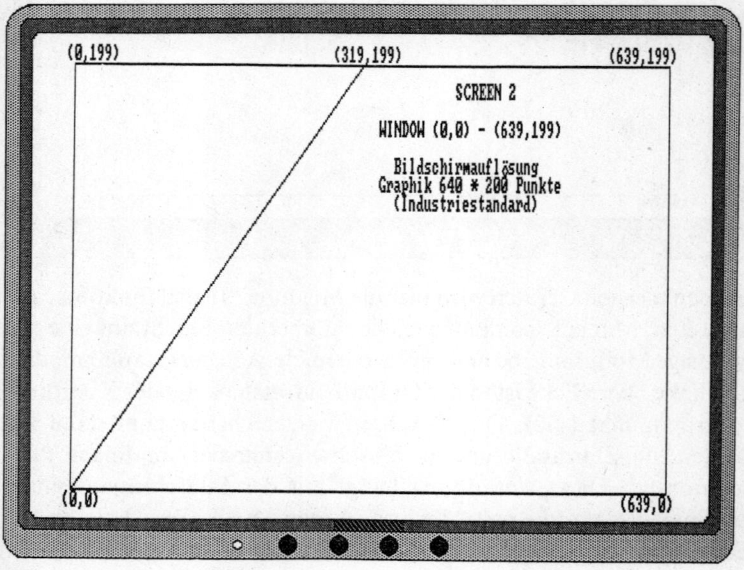

WINDOW

Durch die WINDOW-Anweisung werden die sogenannten Weltkoordinaten gesetzt. Man versteht darunter, daß man mit einem anderen Maßstab, beispielsweise bei der Landkarte mit dem Maßstab 1:100 000, etwas abbildet. Dabei kann der Ausschnitt, den der Bildschirm darstellt, vom Nutzer frei gewählt werden. Die WINDOW-Anweisung setzt den linken unteren und den rechten oberen Eckpunkt entsprechend der Vorgabe fest. Der Computer rechnet aufgrund dieser

Anweisung dann alle Werte maßstabgerecht in die physischen Bildpunkte um.
Wie bei der LINE-Anweisung sind zwei Koordinatenpunkte anzugeben. Dabei ist darauf zu achten, daß die linken Werte immer dem links unten liegenden Koordinatenpunkt zugeordnet sind.

Beispiel:

```
120 WINDOW (0,0) - (639,199)
```

Durch diese Anweisung wird die linke untere Ecke des Bildschirms mit den Werten x1 = 0 und y1 = 0 und die rechte obere Ecke mit den Werten x = 639 und y = 199 festgelegt. Der gewählte Maßstab (1:1) entspricht den physischen Bildpunkten, so daß eine zusätzliche Umrechnung der Koordinaten nicht erforderlich ist.

Die allgemeine Form der WINDOW-Anweisung lautet:

Zeilennummer WINDOW (x1, y1) - (x2, y2)

Für die Arbeit in den folgenden Programmen benutzen wir den Bildschirm immer mit der (0,0)-Koordinate in der linken unteren Ecke, und die rechte obere Ecke bekommt den Koordinatenwert (639,199).

Übung 21

1. Welche Hardware-Voraussetzungen müssen erfüllt sein, damit man mit einem Personalcomputer frei gestaltbare Graphiken auf dem Bildschirm erzeugen kann?

   1: ____________________

   2: ____________________

2. Welche Graphikauflösungen werden gemäß Industriestandard von BASIC unterstützt? (Angaben in Punkten, waagerecht x senkrecht)

16Ø x 1ØØ, 16 Farben	___	32Ø x 2ØØ, 4 Farben	___
32Ø x 4ØØ, 4 Farben	___	64Ø x 2ØØ, 2 Farben	___
64Ø x 4ØØ, 2 Farben	___	64Ø x 48Ø, 16 Farben	___
72Ø x 348, 2 Farben	___	72Ø x 4ØØ, 16 Farben	___

3. Die Anweisung SCREEN 2 bewirkt, ____________________

   ____

   Die linke untere Ecke und die rechte obere Ecke haben dann die Koordinatenwerte:

links unten		rechts oben	
(Ø, Ø)	___	(Ø, Ø)	___
(Ø,199)	___	(Ø,199)	___
(639,199)	___	(639,199)	___
(639, Ø)	___	(639, Ø)	___

4. Durch die Anweisung WINDOW (Ø,Ø) – (639,199) erreicht man,

   ____

   ____

   ____

   Die Koordinaten der linken unteren Ecke und der rechten oberen Ecke lauten dann (_____ , _____) für links unten und

   (_____ , _____) für den Koordinatenpunkt rechts oben.

5. Mit welchen Anweisungen löscht man zu Beginn eines Programmes den Bildschirm und die Anzeige der Funktionstastenbelegung?

   __________ löscht den Bildschirminhalt
   __________ löscht die Anzeige der Funktionstastenbelegung

   Welche Anweisung schaltet die Funktionstastenbelegung wieder ein?

   ____

6. Erstellen Sie bitte ein Graphik-Programm, welches ein Dreieck mit den drei Eckpunkten (12Ø, 8Ø), (519, 8Ø) und (32Ø, 2Ø) zeichnet.

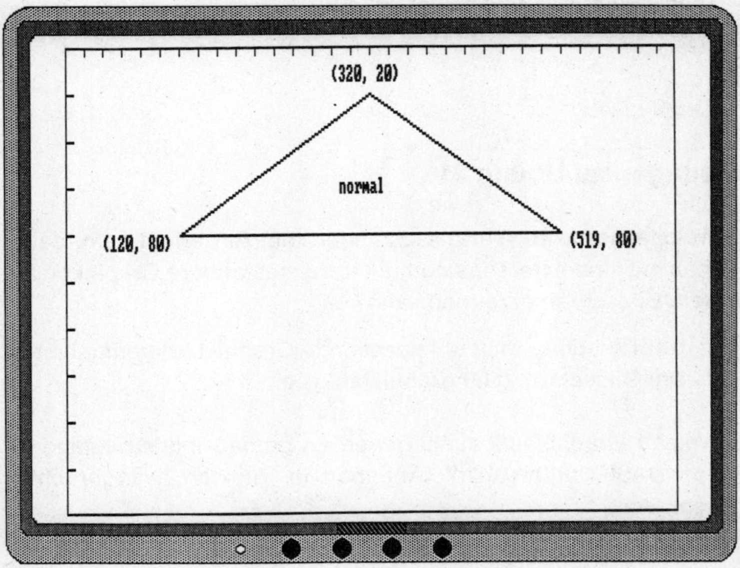


```
1ØØ REM Graphikprogramm: Dreieck
11Ø ______________________
12Ø ______________________
13Ø ______________________
2ØØ LINE (___,___)-(___,___)
```

```
21Ø LINE (___,___)-(___,___)
22Ø LINE (___,___)-(___,___)
999 ________________________
```

7. Erweitern Sie das Programm aus Aufgabe 6 um die Anweisung WINDOW (Ø,Ø) – (639,199) und lassen Sie das Dreieck mit den gleichen Koordinaten noch einmal zeichnen.

```
3ØØ WINDOW (Ø,Ø) – (639,199)
4ØØ LINE (___,___)-(___,___)
41Ø LINE (___,___)-(___,___)
42Ø LINE (___,___)-(___,___)
```

Das an der waagerechten Mittelachse gespiegelte und auf dem Kopf stehende Dreieck entsteht, weil ______________________________

____

Lösungen zu Übung 21

1. Welche Hardware-Voraussetzungen müssen erfüllt sein, damit man mit einem Personalcomputer frei gestaltbare Graphiken auf dem Bildschirm erzeugen kann?

   1: Der Computer muß eine passende Graphikkarte enthalten.
   2: Der Bildschirm muß graphikfähig sein.

2. Welche Graphikauflösungen werden gemäß Industriestandard von BASIC unterstützt? (Angaben in Punkten, waagerecht x senkrecht)

16Ø x 1ØØ, 16 Farben	___	32Ø x 2ØØ, 4 Farben	X
32Ø x 4ØØ, 4 Farben	___	64Ø x 2ØØ, 2 Farben	X
64Ø x 4ØØ, 2 Farben	___	64Ø x 48Ø, 16 Farben	___
72Ø x 348, 2 Farben	___	72Ø x 4ØØ, 16 Farben	___

3. Die Anweisung SCREEN 2 bewirkt, daß der Bildschirm auf die Graphikauflösung von 64Ø x 2ØØ Punkten mit 2 Farben umgeschaltet wird.

Die linke untere Ecke und die rechte obere Ecke haben dann die Koordinatenwerte:

links unten		rechts oben	
(Ø, Ø)	___	(Ø, Ø)	___
(Ø,199)	X	(Ø,199)	___
(639,199)	___	(639,199)	___
(639, Ø)	___	(639, Ø)	X

4. Durch die Anweisung WINDOW (Ø,Ø) – (639,199) erreicht man, daß der Basiskoordinatenpunkt (Ø,Ø) von der oberen linken Ecke zur unteren linken und die Bildschirmmaximalwerte von der unteren rechten zur oberen rechten Ecke verlegt werden.
   Die Koordinaten der linken unteren Ecke und der rechten oberen Ecke lauten dann (Ø , Ø) für links unten und (639 , 199) für den Koordinatenpunkt rechts oben.

5. Mit welchen Anweisungen löscht man zu Beginn eines Programmes den Bildschirm und die Anzeige der Funktionstastenbelegung?
   CLS löscht den Bildschirminhalt
   KEY OFF löscht die Anzeige der Funktionstastenbelegung

   Welche Anweisung schaltet die Funktionstastenbelegung wieder ein?
   KEY ON

6. Erstellen Sie bitte ein Graphik-Programm, welches ein Dreieck mit den drei Eckpunkten (12Ø, 8Ø), (519, 8Ø) und (32Ø, 2Ø) zeichnet.

```
100 REM Graphikprogramm: Dreieck
110 SCREEN 2
120 CLS
130 KEY OFF
200 LINE ( 120 ,  80 ) - ( 519 ,  80 )
210 LINE ( 120 ,  80 ) - ( 320 ,  20 )
220 LINE ( 519 ,  80 ) - ( 320 ,  20 )
999 END
```

7. Erweitern Sie das Programm aus Aufgabe 6 um die Anweisung WINDOW (∅,∅) – (639,199) und lassen Sie das Dreieck mit den gleichen Koordinaten noch einmal zeichnen.

```
300 WINDOW (0,0) - (639,199)
400 LINE ( 120 ,  80 ) - ( 519 ,  80 )
410 LINE ( 120 ,  80 ) - ( 320 ,  20 )
420 LINE ( 519 ,  80 ) - ( 320 ,  20 )
```

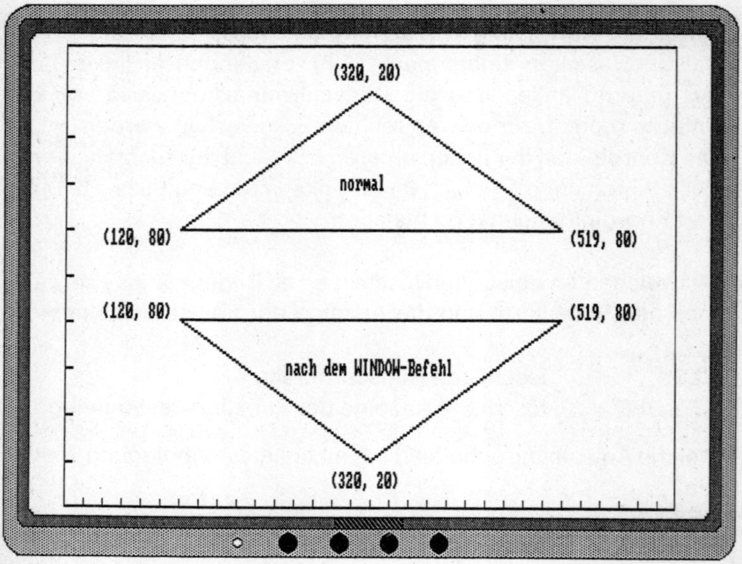

Das an der waagerechten Mittelachse gespiegelte und auf dem Kopf stehende Dreieck entsteht, weil durch die Anweisung WINDOW die Koordinaten vertauscht werden.

14 COMPUTERGRAPHIK: WIE ZEICHNET MAN EIN HAUS?

Wie schon im vorangegangenen Kapitel 13 werden Sie auch in diesem Kapitel ein Programm Zeile für Zeile erarbeiten. Aufgrund der Besonderheiten der Graphikprogrammierung ist es sinnvoller, das Programm Schritt für Schritt auszutesten. Bestimmte Graphikbefehle bringen bei falscher Anwendung den gesamten Bildschirminhalt oft derart durcheinander, daß die Fehlerursache später nicht mehr so einfach ermittelt werden kann.

Programmbeispiel Hausbau

Aufgabenstellung:
Die abgebildete Graphik soll auf dem Bildschirm gezeichnet werden. Dabei ist zuerst als Grundlinie der Boden, auf dem das Haus stehen soll, zu zeichnen. Vom unteren Bildschirmrand führt ein etwas schräg verlaufender Weg zur Tür des Hauses. Damit der Hausbau zügig vorankommt, lassen wir während der gesamten Zeit die Sonne scheinen. Das Haus erhält ein Satteldach, und das Erdgeschoß wird von außen verklinkert. Links neben der Tür befindet sich in der Giebelwand des Erdgeschosses ein Fenster. Das Dach steht aus Gründen des Regenschutzes über und wird noch weiter heruntergezogen.
Sie werden auf Ihrem Bildschirm geringe Abweichungen gegenüber den Buchgraphiken in der Strichstärke feststellen. Diese Abweichungen sind technischer Natur, weil die abgebildeten Darstellungen wegen der besseren Auflösung 640 x 400 Punkte verwenden, während Sie mit der gröberen Auflösung (640 x 200 Punkte) arbeiten.
Die ersten Zeilen des Programmes dienen der ordnungsgemäßen Vorbereitung des Graphikprogrammes. Geben Sie bitte den jeweiligen Programmteil ein und testen Sie ihn aus. An der jeweils nachfolgenden graphischen Darstellung können Sie erkennen, ob das eingegebene Programm richtig arbeitet.

```
100 REM Graphikprogramm: Hausbau (1)
110 CLS : KEY OFF
120 SCREEN 2
130 WINDOW (  0,  0) - (639,199)
```

1. Schritt: Grenzlinie zwischen "Himmel und Erde" ziehen
Um dem Haus eine Grundlinie zu verschaffen und gleichzeitig die obere Begrenzung der Bodenfläche festzulegen, ziehen wir parallel zur unteren waagerechten Grundlinie (X-Achse) im Abstand von 50 Punkten eine Linie. Diese Linie führt über die gesamte Breite des Bildschirmes von Punkt 0 bis 639. Die Werte für die Koordinatenpaare betragen dann links (0,50) und rechts (639,50).

```
140 LINE (  0, 50) - (639, 50), 1
```

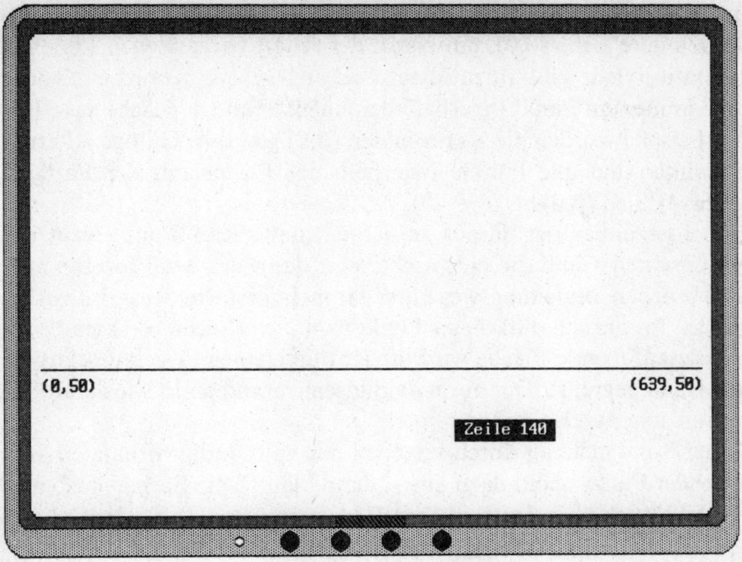

2. Schritt: Bauplatz "mit Erde füllen"

Jetzt können wir darangehen, den unteren Teil "mit Erde zu füllen". Damit dieser Zustand erreicht wird, soll der ganze Bereich unterhalb der Linie mit Farbe 1 ausgefüllt werden.

```
150 PAINT (  0,  0), 1
```

PAINT

Mit der Anweisung PAINT können im Graphikmodus beliebig umrandete Bildschirmteile mit einer Farbe (0 = dunkel oder 1 = hell) ausgefüllt werden.

Zeilennummer PAINT (x , y) , Farbe

Im Programm nimmt die Füllfarbe 1 (hell) als Ausgangspunkt die linke untere Ecke (Ø,Ø), um bis zu der schon vorhandenen Linie die gesamte Fläche hell aufzufüllen. Das angegebene Koordinatenpaar muß immer ein Punkt innerhalb der einzufärbenden Fläche sein. Für das Beispiel wurden die Koordinaten (Ø,Ø) gewählt. Gültige Alternativpunkte sind alle Punkte innerhalb der Fläche mit der Farbe Ø (dunkel), also (Ø,Ø) bis (639,49).

Dabei ist unbedingt darauf zu achten, daß dieser Punkt **nicht** der gewünschten Füllfarbe entspricht, weil dann der Malprozeß sofort abgebrochen, beziehungsweise erst gar nicht gestartet wird. Im vorliegenden Programm darf dieser Punkt nicht hell (Farbe = 1) sein!

Die auszufüllende Fläche wird immer durch einen in sich geschlossenen Rand begrenzt. Der normale Bildschirmrand wirkt wie die Randbegrenzung durch eine Linie.

Ist der Rand nicht als durchgehende Linie vollständig vorhanden – **ein fehlender Punkt** reicht dazu aus –, dann "läuft" die Farbe "aus" und "ergießt" sich über den restlichen Bildschirm.

3. Schritt: Wegbegrenzung anlegen

Anschließend legen wir einen Weg zur zukünftigen Haustür an. Spätestens an dieser Stelle müssen die Daten für den gesamten Entwurf feststehen, damit später alle Positionen zueinander passen (siehe auch Schritt 8). Die untere Kante der Haustür befindet sich später von (282,5Ø) bis (33Ø,5Ø) auf der Hausgrundlinie. Die Wegränder münden bei (285,5Ø) und (325,5Ø) in die Grundlinie ein. Damit die Graphik trotz der Zweidimensionalität der Darstellung optisch etwas Tiefe erhält, wird der Weg schräg angelegt. Die Koordinaten lauten am unteren Bildschirmrand (34Ø,Ø) und (38Ø,Ø). Weil die Fläche mit der Farbe 1 (hell) eingefärbt ist, werden die Linien mit der Farbe Ø (dunkel) gezogen.

```
160 LINE (340,  0) - (285, 50), 0
170 LINE (380,  0) - (325, 50), 0
```

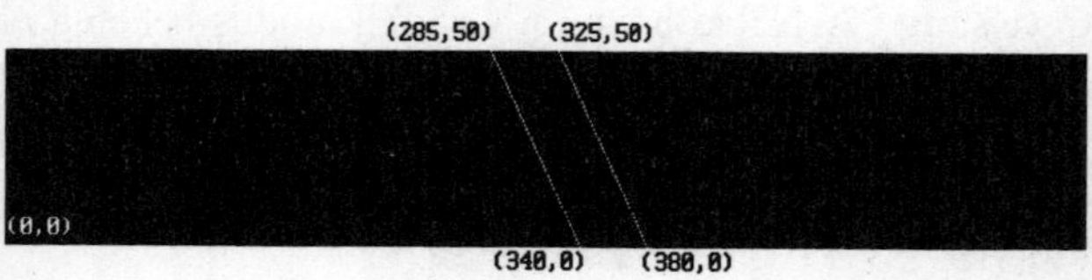

Zeilen 160 und 170

4. Schritt: Weg anlegen

Durch die Wegränder (Linien) sind rechts und links Begrenzungen in der Farbe Ø vorhanden. Das Ausfüllen der Fläche zwischen den Linien mit der Farbe Ø entfernt die helle Farbe aus diesem Bereich.

```
180 PAINT (360, 0), 0
```

Zeile 180

Damit sind diese Vorbereitungen zum Hausbau abgeschlossen. Jetzt benötigen wir noch gutes "Bauwetter".

5. Schritt: Sonnenrand zeichnen

Die Grundlage für das Zeichnen der Sonne bildet ein Kreis mit dem Mittelpunkt (5ØØ,175) und einem Radius von 2Ø Punkten.

Zur Verdeutlichung der unterschiedlichen Möglichkeiten der Programmierung werden im folgenden Programmabschnitt für die Werte 5ØØ und 175 die Variablen xkreis und ykreis verwendet. Dies hat den Vorteil, daß man durch eine Änderung der Variablenwerte die Sonne an eine andere Position setzen kann. Sonst müßte man in jeder einzelnen Zeile die Werte abändern.

```
185 LET xkreis = 500 : LET ykreis = 175

190 CIRCLE (xkreis,ykreis), 20, 1
```

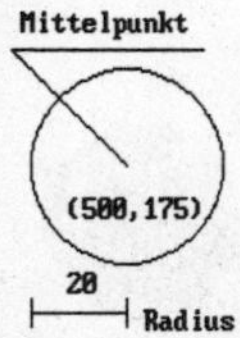

Zeile 190

CIRCLE

Die CIRCLE-Anweisung zeichnet einen Kreis oder eine Ellipse in der angegebenen Farbe auf den Bildschirm. Die allgemeine Form der Anweisung lautet:

Zeilennummer CIRCLE (x , y) , Radius , Farbe

Beispiele:

```
19Ø CIRCLE (   500,    175), 2Ø, 1
19Ø CIRCLE (xkreis,ykreis), 2Ø, 1
```

Hier wird um den Mittelpunkt mit den Koordinaten (5ØØ,175) ein kompletter Kreis mit dem Radius 2Ø gezogen. Die 2Ø Einheiten beziehen sich dabei auf die X-Achse, sind also waagerecht zu messen. Die etwas "sprunghafte" Kreislinie entsteht einerseits durch die grobe Punktauflösung und andererseits durch die dadurch bedingten Auf- und Abrundungsfehler der berechneten Punktpositionen des Bildschirmes. Erst bei höheren Auflösungen wird der Kreis "richtig rund". Die Koordinatenangaben und der Radius eines Kreises dürfen auch so gewählt sein, daß die Koordinaten selbst oder Teile des zu zeichnenden Kreises sich außerhalb des Darstellungsbereiches des Bildschirmes befinden. Alle Punkte werden dann berechnet, jedoch nur die innerhalb des Bildschirmes liegenden Punkte sind darstellbar. In der Fachsprache nennt man dieses "unsichtbare Zeichnen" Clipping. Das Clipping ist auch bei der LINE-Anweisung möglich.

6. Schritt: Sonnenfläche hell "anstreichen"

Die gesamte Kreisfläche ist hell (Farbe = 1) einzufärben, damit die Sonne die entsprechende "Leuchtkraft" erhält.

```
200 PAINT  (xkreis,ykreis), 1
```

Zeile 200

7. Schritt: Sonnenstrahlen in 8 Richtungen ziehen

Zur Darstellung der Sonnenstrahlen werden acht Linien vom Mittelpunkt des Kreises aus in die verschiedenen Richtungen gezogen.
Die erklärende Graphik zur Entstehung der Sonne enthält in dieser Darstellung keine Einfärbung der Kreisinnenfläche, um zu zeigen, daß die Linien wirklich vom Mittelpunkt ausgehen. Auf dem Bildschirm kann man die Linienteile innerhalb der Kreisfläche nicht sehen.

```
210 LINE   (xkreis,ykreis) - STEP (  0, 20), 1
220 LINE   (xkreis,ykreis) - STEP ( 36, 15), 1
230 LINE   (xkreis,ykreis) - STEP ( 48,  0), 1
240 LINE   (xkreis,ykreis) - STEP ( 36,-15), 1
250 LINE   (xkreis,ykreis) - STEP (  0,-20), 1
260 LINE   (xkreis,ykreis) - STEP (-36,-15), 1
270 LINE   (xkreis,ykreis) - STEP (-48,  0), 1
280 LINE   (xkreis,ykreis) - STEP (-36, 15), 1
```

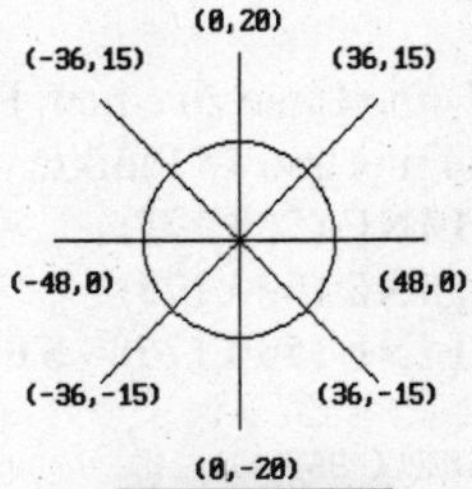

Zeilen 210 - 280

▩ STEP (Graphik)

Achtung: Bitte verwechseln Sie STEP nicht mit der STEP-Anweisung in der FOR . . . NEXT-Schleife!

STEP wird in diesem Kapitel nur in Verbindung mit Graphikbefehlen verwendet.
Mit der Anweisung STEP erleichtert man sich die Programmierarbeit. Bisher haben wir bei der LINE-Anweisung immer die Koordinaten des Anfangs- und des Endpunktes angegeben, zwischen denen dann die Linie gezogen wurde. Das erste Koordinatenpaar (x1,y1) bestimmt wie bisher die absoluten Anfangskoordinaten. Das Koordinatenpaar hinter der STEP-Anweisung enthält relative Koordinatenangaben, die sich auf das absolute erste Koordinatenpaar beziehen. Die relativen

Koordinaten hinter der STEP-Anweisung geben an, um wie viele Punkte die Linie nach rechts (+x2) oder nach links (–x2), nach oben (+y2) oder nach unten (–y2) gezogen werden soll.

Zeilennummer LINE (x1 , y1) – STEP (x2 , y2) , Farbe

Beispiel 1:
Vom Punkt (5ØØ,175) soll eine Linie um 2Ø Punkte senkrecht nach oben gezogen werden.

absolute Koordinaten:	LINE (5ØØ,175) –	(5ØØ + Ø,175 + 2Ø)
oder zusammenaddiert	LINE (5ØØ,175) –	(5ØØ ,195)
relative Koordinaten:	LINE (5ØØ,175) – STEP	(+ Ø, + 2Ø)

```
210 LINE   (500,175) - STEP (  0,+20), 1
```

Beispiel 2:
Vom Punkt (5ØØ,175) soll eine Linie zu einem Punkt gezogen werden, der 36 Punkte weiter nach links und 15 Punkte weiter nach unten liegt.

absolute Koordinaten:	LINE (5ØØ,175) –	(5ØØ –36,175 –15)
oder zusammenaddiert	LINE (5ØØ,175) –	(464 ,160)
relative Koordinaten:	LINE (5ØØ,175) – STEP	(–36, –15)

```
260 LINE   (500,175) - STEP (-36,-15), 1
```

Bei der Festlegung der relativen Werte ist zu berücksichtigen, daß entsprechend dem Bildschirmaufbau in dem Bildschirmmodus SCREEN 2 ein Punkteverhältnis von 12 zu 5 besteht. Berücksichtigen Sie deshalb bitte bei allen Berechnungen von Linien, daß 12 Punkte waagerecht auf dem Bildschirm die gleiche Länge haben wie 5 Punkte senkrecht.

Darstellung von Linien gleicher Länge:

waagerecht:	12	Bildschirmpunkte entsprechen
senkrecht:	5	Bildschirmpunkten

8. Schritt: Errichten des Rohbaues (Erdgeschoß)
Nun wird endlich das Haus gebaut.
Wie bei jedem guten Hausbau muß zuerst ein Plan erstellt werden. Alle Koordinaten, Kantenlängen und Punkte sind vorher festzulegen, damit später die Proportionen stimmen und das Haus wegen "Baufälligkeit" nicht gleich wieder "abgerissen" werden muß.

	absolute Koordinaten	von der Grundlinie (5Ø) ausgerechnet	
Grundlinie des Hauses:	(16Ø, 5Ø) – (36Ø, 5Ø)	Breite	2ØØ
Höhe des Erdgeschosses:	(16Ø,11Ø)	Höhe	6Ø
Dach Scheitelpunkt:	(26Ø,15Ø)	Höhe	1ØØ
Dachrinne links:	(136,1ØØ)	Unterkante	5Ø
Dachrinne rechts:	(384,1ØØ)	Unterkante	5Ø
Fenster:	(2ØØ, 75) – (248, 95)	unten/oben	25/45
Tür:	(282, 5Ø) – (33Ø, 95)	unten/oben	Ø/45

Die Grundfigur für das Haus ist ein Rechteck. Die Eckpunkte dieses Rechtecks sind links unten (16Ø, 5Ø) und rechts oben (36Ø,11Ø). Das Haus ist also im Erdgeschoß 2ØØ Punkte (36Ø – 16Ø) breit und 6Ø Punkte (11Ø – 5Ø) hoch.
Geben Sie die LINE-Anweisung zuerst in der schon verwendeten Form ein und starten Sie das Programm. Sie erhalten dann eine diagonale Linie, deren Endpunkte die linke untere Ecke und die rechte obere Ecke des zukünftigen Erdgeschosses darstellen.

```
290 LINE   (160, 50) - (360,110), 1
```

LINE (Rechteck)
Die LINE-Anweisung wird nun um den Parameter **B**lock erweitert, indem man hinter der Farbe, durch Komma getrennt, noch ein "B" (B = Block) schreibt. In diesem Falle sind die angegebenen Koordinatenpaare nicht die Endpunkte einer Linie, sondern die Eckpunkte (links unten und rechts oben), aus denen das Rechteck abgeleitet wird.
Allgemeine Form der erweiterten LINE-Anweisung:

Zeilennummer LINE (x1 , y1) – (x2 , y2) , Farbe, B

```
290 LINE   (160, 50) - (360,110), 1, B
```

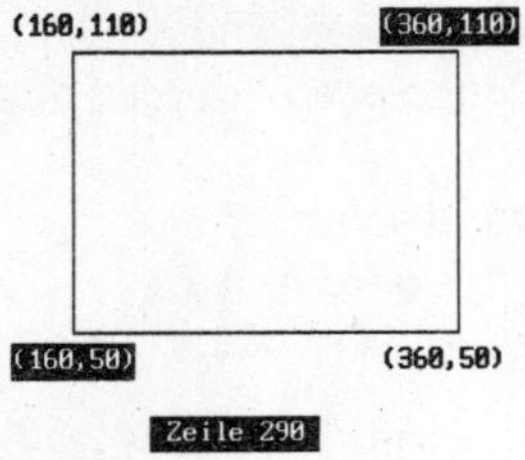

9. Schritt: Satteldach errichten

Das Dach und die überhängenden Dachkanten sollen getrennt gezeichnet werden. Die Ausgangspunkte sind die beiden oberen Ecken des Erdgeschosses links (16Ø,11Ø) und rechts (36Ø,11Ø). Der linke Dachüberhang geht nach links und nach unten, deshalb sind beide Werte (–24,–1Ø) negativ. Durch das Verhältnis 24 zu 1Ø Punkten wird eine Linie in einem Winkel von 45 Grad gezeichnet. Auf der anderen Seite ist nur der y-Wert negativ, weil der Überhang nach unten gerichtet ist, aber sonst weiter nach rechts herausragt.

```
300 LINE   (160,110) - STEP (-24,-10), 1
310 LINE   (360,110) - STEP ( 24,-10), 1
```

Das Dach soll in der Mitte des Hauses seinen höchsten Punkt erreichen. Da das Haus 2ØØ Punkte breit ist, ergeben sich für jede Seite 1ØØ Punkte Abstand bis zur Mitte. Der für die Überhänge benutzte Winkel von 45 Grad ist auch beim Zeichnen des Daches zu berücksichtigen. Dieser Winkel entsteht nur, wenn das schon erwähnte Punktverhältnis von 12 zu 5 möglichst eingehalten wird. 1ØØ geteilt durch 12 mal 5 ergibt einen Wert von 41,66666. Damit wir mit ganzzahligen Werten arbeiten können, nehmen wir eine kleine Winkelabweichung in Kauf und setzen als Wert für die Firsthöhe 42 ein.

```
320 LINE   (160,110) - STEP ( 100, 42), 1
330 LINE   (360,110) - STEP (-100, 42), 1
```

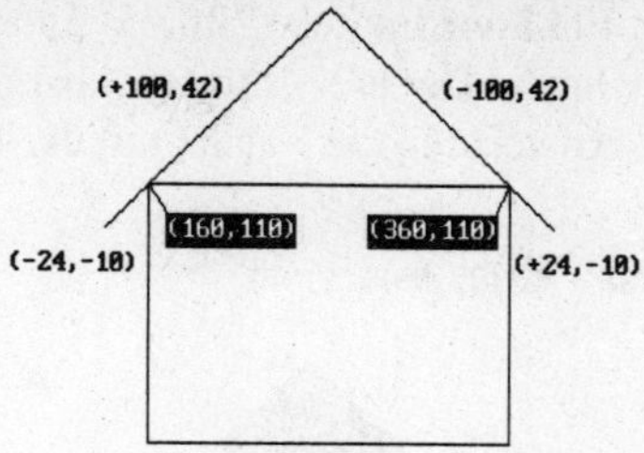

Zeilen 300 - 330

10. Schritt: Dachgiebel anstreichen

Das Giebeldreieck des Dachgeschosses ist mit der Farbe 1 "anzustreichen".

```
340 PAINT  (260,125), 1
```

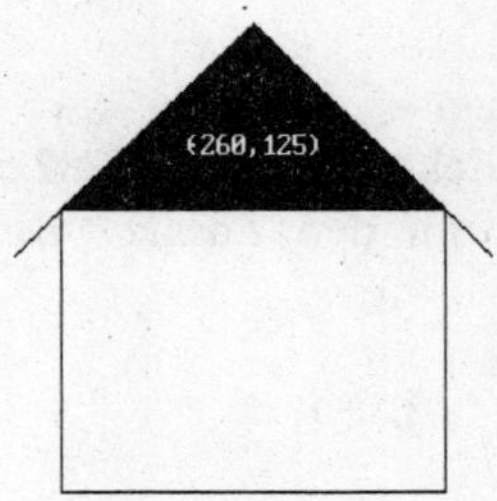

Zeile 340

11. Schritt: Fensteröffnung einzeichnen

LINE (gefülltes Rechteck)

Der Parameter "**BF**" erstellt nicht nur ein Rechteck (B = Block), sondern er füllt (F = Füllung) auch die Fläche mit der angegebenen Farbe aus.

Allgemeine Form der erweiterten LINE-Anweisung:

Zeilennummer LINE (x1, y1) – (x2, y2), Farbe, BF

Das Fenster mit den Eckkoordinaten (2ØØ,75) und (24Ø,95) ist in die Giebelwand “zu brechen”. Dabei soll unter Ausnutzung aller Möglichkeiten der LINE-Anweisung die Fläche mit der Farbe 1 ausgefüllt werden.

```
350 LINE   (200, 75) - (240, 95), 1, BF
```

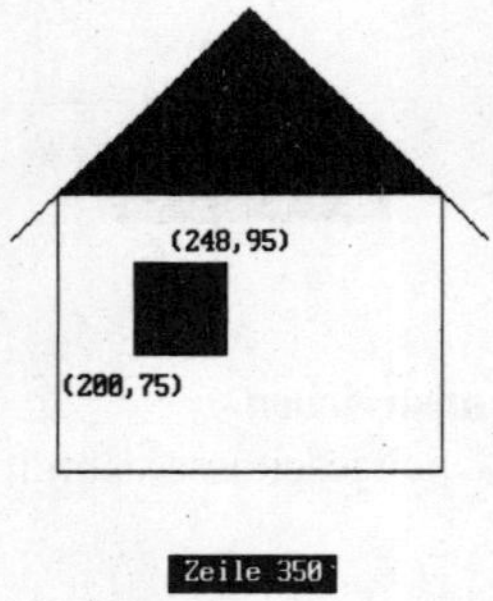

12. Schritt: Tür einzeichnen

Auch die Tür mit den Eckkoordinaten (282,5Ø) und (33Ø,95) wird unter Verwendung der um den Zusatz “BF” erweiterten LINE-Anweisung gezeichnet.

```
360 LINE   (282, 50) - (330, 95), 1, BF
```

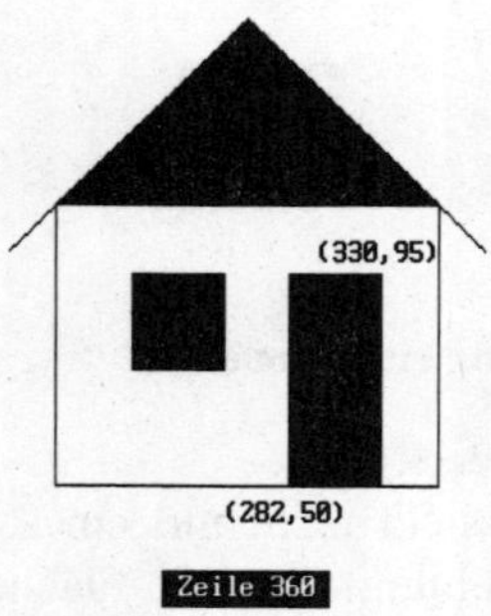

13. Schritt: Erdgeschoß verklinkern

Zum Abschluß soll zur Verschönerung des Hauses die Wand des Erdgeschosses verklinkert werden. Jeden Klinker einzeln zu zeichnen, würde einen enormen Programmieraufwand ergeben. Dies haben auch die Entwickler der Programmiersprache BASIC erkannt. Die schon bekannte Anweisung PAINT läßt sich insofern abändern, als man die Angabe der Farbe durch ein Punktemuster ersetzen kann. Dieses Punktemuster ist in Form einer Zeichenkette einzugeben.

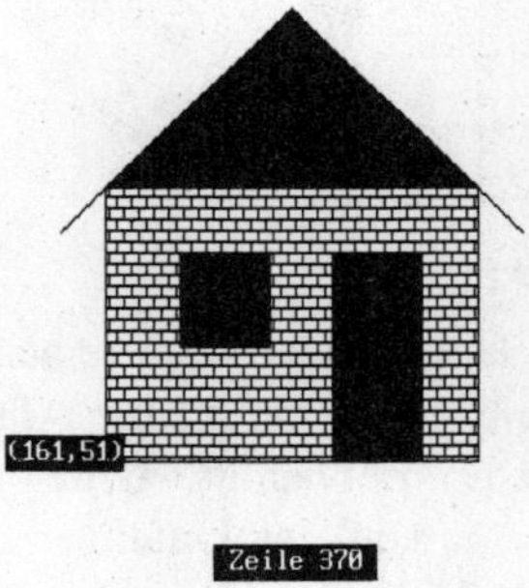

Das Punktemuster ist ein Rechteck aus Bildpunkten. Die Breite beträgt immer 8 Punkte. Minimum ist eine waagerechte Punktreihe und maximal sind 64 Punktreihen untereinander zugelassen. Ein Muster enthält also minimal 8 und maximal 8 * 64 = 512 Punkte. Jeder dieser Punkte kann wahlweise hell oder dunkel sein. Ein heller Punkt wird auch als belegter Punkt bezeichnet.
Jeder der acht Punkte hat innerhalb einer Punktreihe entsprechend seiner Position einen der Werte 1, 2, 4, 8, 16, 32, 64 oder 128. Treten mehrere belegte Punkte (Farbe = 1, hell) in einer Reihe auf, so sind die Einzelwerte dieser belegten Punkte zu addieren. Sind alle acht Punkte belegt, ergibt sich der Wert 255. Wird keiner der acht Punkte belegt, hat die Reihe den Wert Ø.
Mit diesem Muster wird dann die betreffende Fläche ausgefüllt.
Die nachfolgende Darstellung zeigt links den genauen Aufbau eines Grundelementes des Backsteinmusters und rechts die sich daraus ergebende Musterfläche.

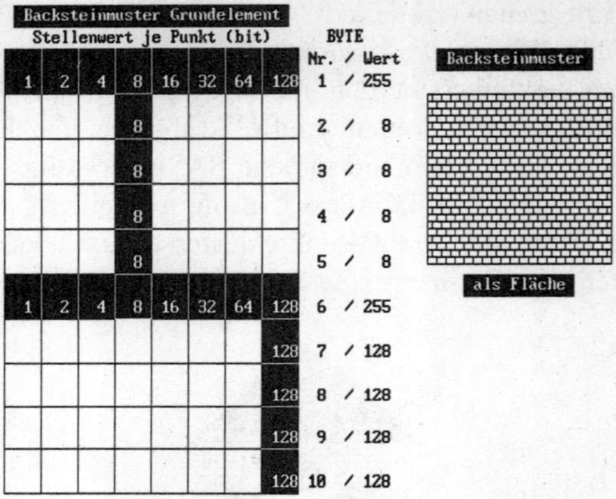

Um die Eingabe der Zahlenwerte der Punktreihen eines Grundelementes verständlicher zu machen, ist ein kleiner Abstecher in die interne Zahlenwelt des Computers notwendig. Unter einem **BIT** (englisch BInary digiT) versteht man in der Datenverarbeitung die kleinste Informationseinheit. Ein BIT kann nur zwei Zustände annehmen, die man mit 1 oder ∅ bezeichnet. Kombiniert man **acht BIT** zu einer Einheit, so spricht man von einem **BYTE**.

Maximalwert = 255
Minimalwert = ∅

1 BYTE

Dezimalstellenwert je BIT	1	2	4	8	16	32	64	128
Beispiel: Dezimalwert = 8	∅	∅	∅	1	∅	∅	∅	∅
Beispiel: Dezimalwert = 119	1	1	1	∅	1	1	1	∅

gesetztes BIT = 1,
nicht gesetztes BIT = ∅

Die Bitkombination 1 1 1 ∅ 1 1 1 ∅ entspricht dem Dezimalwert 119. Dieser Wert ist gleichzeitig die interne Codierung für den kleinen Buchstaben "w". Ein BYTE entspricht immer einem Zeichen. Hierbei kann es sich um einen Buchstaben, eine Ziffer oder ein Sonderzeichen handeln. Ein derartiges BYTE ist die kleinste vom Computer direkt adressierbare Speichereinheit.

CHR$( )

Mit der Funktion CHR$( ) ist es möglich, einem BYTE als Zeichenkette (String) einen Dezimalwert zuzuweisen. Dieser Dezimalwert wird dann vom Prozessor in das entsprechende Bitmuster umgewandelt. Der Maximalwert ist 255 und der Minimalwert ist Ø.

Zeilennummer LET Stringvariable = CHR$(Dezimalwert)

Beispiel:

```
10ØØØ LET a$ = CHR$( 119 )
```

Die Variable a$ enthält in diesem Falle den Wert 119. Die Anweisung PRINT a$ erzeugt auf dem Bildschirm das Zeichen "w".

Die CHR$( )-Funktion ist aber auch an vielen anderen Stellen in Anweisungen zugelassen, um Zeichenwerte in dezimaler Form eingeben zu können. Eine solche Möglichkeit besteht hinter der PAINT-Anweisung. An die Stelle der Farbe Ø oder 1 kann auch eine Zeichenkette treten. Diese Zeichenkette besteht aus mindestens einem und höchstens 64 Zeichen.

```
370 PAINT  (161, 51), CHR$(255) +CHR$(8) +CHR$(8) +CHR$(8) +CHR$(8)
           +CHR$(255) +CHR$(128) +CHR$(128) +CHR$(128) +CHR$(128)
```

Die einzelnen Werte der Zeichenkette werden durch die CHR$( )-Funktion der Anweisung als BYTE einer Zeichenkette zugewiesen. Es ist darauf zu achten, daß alle CHR$( )-Funktionen durch ein "+"-Zeichen miteinander zu einer einzigen Zeichenkette verbunden werden. Im vorliegenden Fall umfaßt diese Zeichenkette 1Ø Zeichenwerte (BYTE), die in der Darstellung des Grundelementes des Backsteinmusters schon bezüglich ihrer jeweiligen Dezimalwerte definiert wurden.

Der Hausbau ist damit erfolgreich abgeschlossen. Das Programm beschließt die END-Anweisung.

```
999 END
```

Übung 22

1. a) Mit welcher Anweisung kann man Flächen mit einer Farbe ausfüllen?

   ____

   b) Welche Farben sind bei einer Auflösung von 64Ø x 2ØØ Punkten zugelassen?

   ____

   c) Was erreicht man, wenn man statt der Farbe Zeichenkettenwerte mit der Funktion CHR$( ) hinter der PAINT-Anweisung angibt?

   ____

2. Welches Punkteverhältnis waagerecht zu senkrecht muß man beachten, wenn man ein Quadrat mit (waagerecht gesehen) 144 Punkten zeichnen möchte?

   Verhältnis: senkrecht: ____ Punkte waagerecht: ____ Punkte
   Beispiel: senkrecht: ____ Punkte waagerecht: 144 Punkte

   Wie lautet die entsprechende Anweisung, wenn die linke untere Ecke mit den Koordinaten (96,4Ø) angegeben ist?

   1ØØØØ ____

3. Welche Parameter müssen bei der CIRCLE-Anweisung angegeben werden?

   ____

4. Die Anweisung STEP ermöglicht zusammen mit Graphikanweisungen eine Vereinfachung der Befehlserstellung. Worin liegt dieser Vorteil?

   ____

   ____

5. Die LINE-Anweisung erzeugt entsprechend den vorgegebenen Koordinaten ein Rechteck. Wie lautet die Anweisung für ein Rechteck mit den Koordinaten (2ØØ,15Ø) und (4ØØ,1ØØ)?

   11ØØØ ____________________

6. Die Fläche mit den Eckkoordinaten (2ØØ,1ØØ) – (4ØØ,15Ø) soll mit der Farbe Ø (dunkel) eingefärbt werden. Schreiben Sie bitte die entsprechende Anweisung dazu auf!

   12ØØØ ____________________

7. Das in Kapitel 14 erstellte Haus soll in einigen Feinheiten entsprechend der nachfolgenden Graphik verbessert werden.

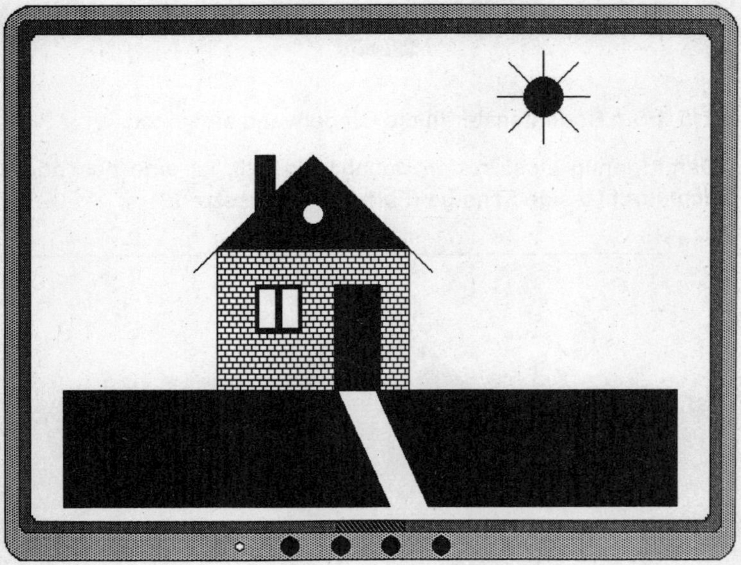

1. Schritt: Bodenfenster in der Giebelwand markieren

In das Dreieck der Giebelwand ist ein kreisrundes Fenster mit einem Radius von 1∅ Punkten einzusetzen. Das Zentrum des Fensters liegt auf der Koordinate (26∅,115).

5∅∅ ______________________________

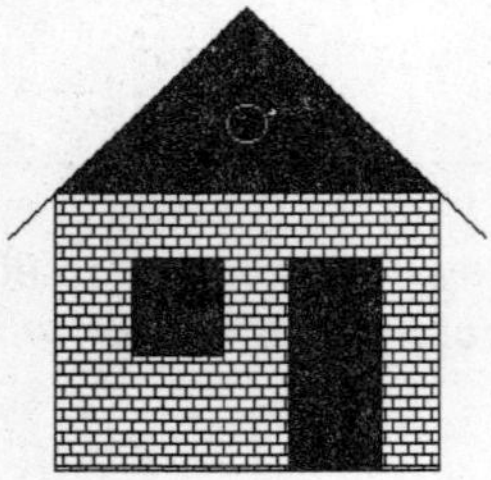

Zeile 500

2. Schritt: Bodenfenster in die Giebelwand einsetzen

Damit genug Licht in den Dachboden fällt, ist eine besonders lichtdurchlässige Scheibe (Farbe ∅) einzusetzen.

51∅ ______________________________

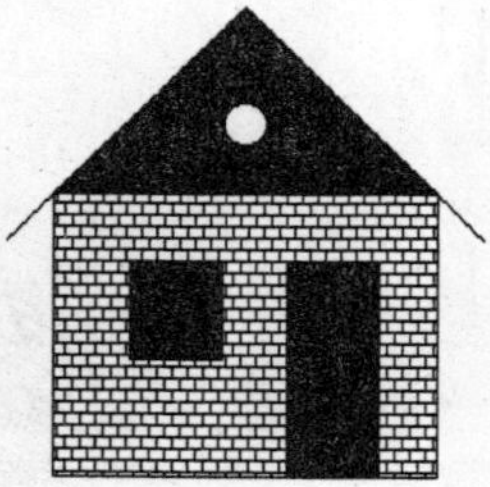

Zeile 510

3. Schritt: Fensterrahmen einsetzen

Das Fenster neben der Tür soll zwei Flügel erhalten. Die Rahmenstärke beträgt 4 Punkte links und rechts und je zwei Punkte oben und unten. Der Mittelholm hat eine Stärke von 6 Punkten.

Die beiden Scheiben sind aus dem gleichen Glas wie das Dachbodenfenster. Zeichnen Sie zuerst ein einfaches Fenster und fügen Sie im 4. Schritt bitte den Mittelholm ein.

6ØØ ______________________________

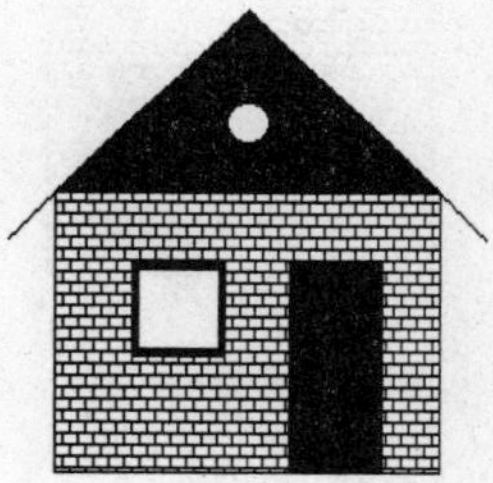

Zeile 600

4. Schritt: Mittelholm im Fensterrahmen einsetzen

61Ø ______________________________

Zeile 610

5. Schritt: Schornstein aufmauern

Damit die Hausbewohner im Winter auch heizen können, benötigen sie noch einen Schornstein für den Rauchabzug. Dieser Schornstein wird von der Erdgeschoßdecke aus weiter aufgemauert und hat die Koordinatenpunkte (2ØØ,11Ø) – (22Ø,15Ø). In der Darstellung zu Schritt 5. ist die Giebelwand durchsichtig, damit man die Schornsteinumrisse auch sieht.

7ØØ

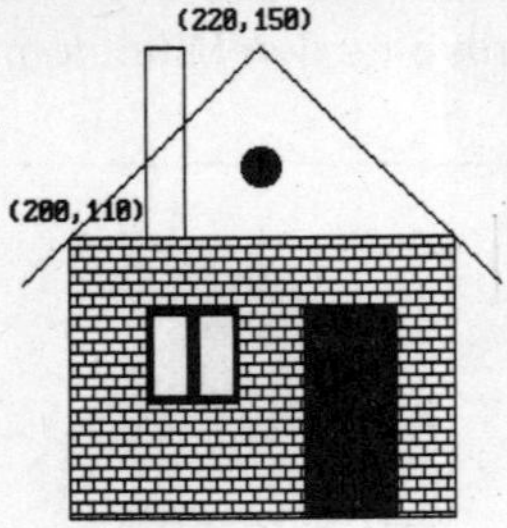

Zeile 700

6. Schritt: Schornstein verkleiden

Damit der Regen später am Schornstein besser abläuft, erhält dieser eine Ummantelung, die wie eine Holzlattenverkleidung aussieht, jedoch nicht brennbar ist. Das gewünschte Holzlattenmuster soll entsprechend der nachfolgenden Graphik gestaltet sein.

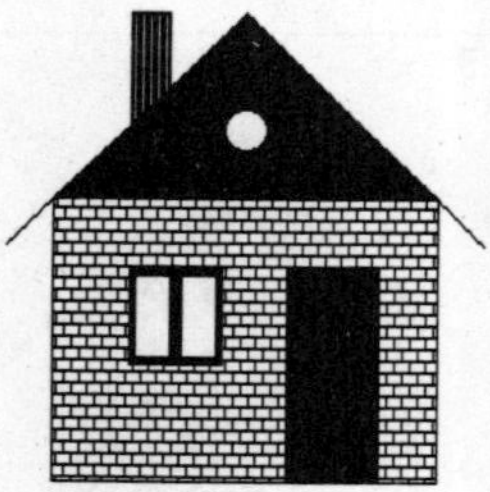

Zeile 710

71Ø

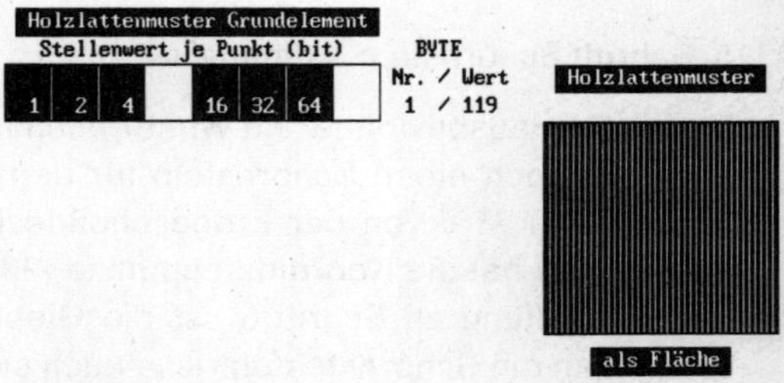

Lösungen zu Übung 22

1. a) Mit welcher Anweisung kann man Flächen mit einer Farbe ausfüllen?

   PAINT-Anweisung

   b) Welche Farben sind bei einer Auflösung von 64Ø x 2ØØ Punkten zugelassen?

   Die Farben Ø (dunkel) und 1 (hell) sind zugelassen.

   c) Was erreicht man, wenn man statt der Farbe Zeichenkettenwerte mit der Funktion CHR$( ) hinter der PAINT-Anweisung angibt?

   Die auszufüllende Fläche erhält statt einer Farbe ein Muster.

2. Welches Punkteverhältnis waagerecht zu senkrecht muß man beachten, wenn man ein Quadrat mit (waagerecht gesehen) 144 Punkten zeichnen möchte?

Verhältnis:	senkrecht: 5 Punkte	waagerecht: 12 Punkte
Beispiel:	senkrecht: 6Ø Punkte	waagerecht: 144 Punkte

   Wie lautet die entsprechende Anweisung, wenn die linke untere Ecke mit den Koordinaten (96,4Ø) angegeben ist?

```
10000  LINE ( 96, 40) - STEP (144, 60), 1, B
```

3. Welche Parameter müssen bei der CIRCLE-Anweisung angegeben werden?

   Die Mittelpunktkoordinaten, der Radius und der Farbwert sind anzugeben.

4. Die Anweisung STEP ermöglicht zusammen mit Graphikanweisungen eine Vereinfachung der Befehlserstellung. Worin liegt dieser Vorteil?

   Durch die STEP-Anweisung kann von einem Ausgangspunkt aus ein relativer Bezugspunkt angegeben werden, an dem die Linie endet.

5. Die LINE-Anweisung erzeugt entsprechend den vorgegebenen Koordinaten ein Rechteck. Wie lautet die Anweisung für ein Rechteck mit den Koordinaten (200,150) und (400,100)?

```
11000  LINE (200,150) - (400,100), 1, B
```

6. Die Fläche mit den Eckkoordinaten (200,100) – (400,150) soll mit der Farbe 0 (dunkel) eingefärbt werden. Schreiben Sie bitte die entsprechende Anweisung dazu auf!

```
12000  LINE (200,100) - (400,150), 0, BF
```

7. Das in Kapitel 14 erstellte Haus soll in einigen Feinheiten entsprechend der nachfolgenden Graphik verbessert werden.

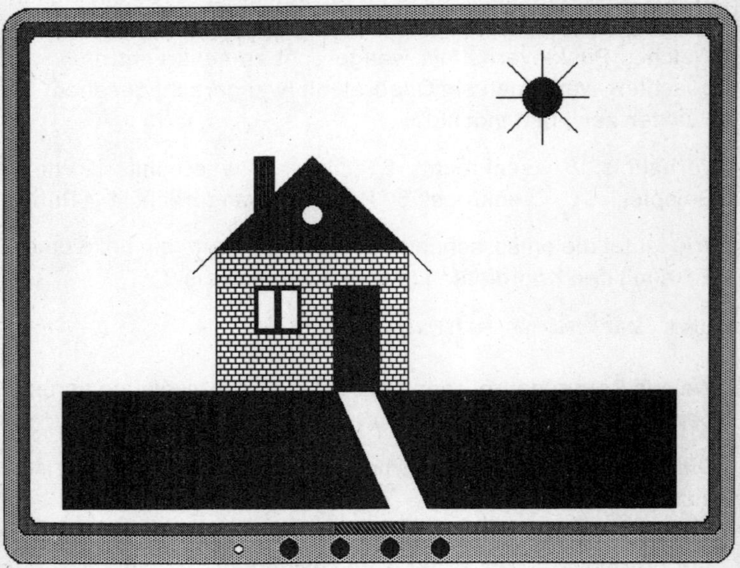

1. Schritt: Bodenfenster in der Giebelwand markieren

In das Dreieck der Giebelwand ist ein kreisrundes Fenster mit einem Radius von 1Ø Punkten einzusetzen. Das Zentrum des Fensters liegt auf der Koordinate (26Ø,115).

```
500 CIRCLE (260,125), 10, 0
```

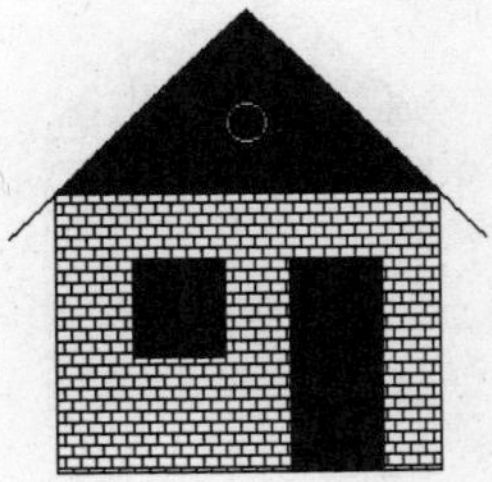

Zeile 500

2. Schritt: Bodenfenster in die Giebelwand einsetzen

Damit genug Licht in den Dachboden fällt, ist eine besonders lichtdurchlässige Scheibe (Farbe Ø) einzusetzen.

```
510 PAINT (260,125), 0
```

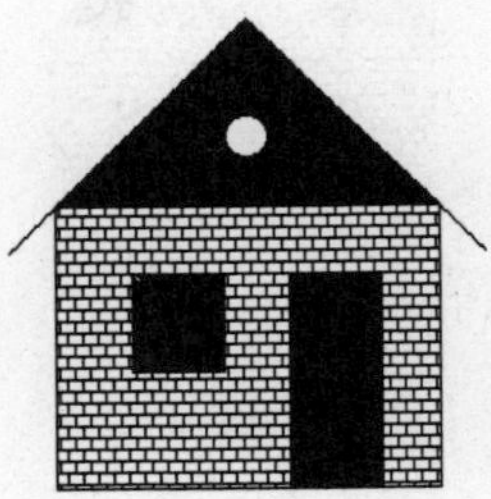

Zeile 510

3. Schritt: Fensterrahmen einsetzen

Das Fenster neben der Tür soll zwei Flügel erhalten. Die Rahmenstärke beträgt 4 Punkte links und rechts und je zwei Punkte oben und unten. Der Mittelholm hat eine Stärke von 6 Punkten.

Die beiden Scheiben sind aus dem gleichen Glas wie das Dachbodenfenster. Zeichnen Sie zuerst ein einfaches Fenster und fügen Sie im 4. Schritt bitte den Mittelholm ein.

```
600 LINE (204,77) - (244, 93), 0, BF
```

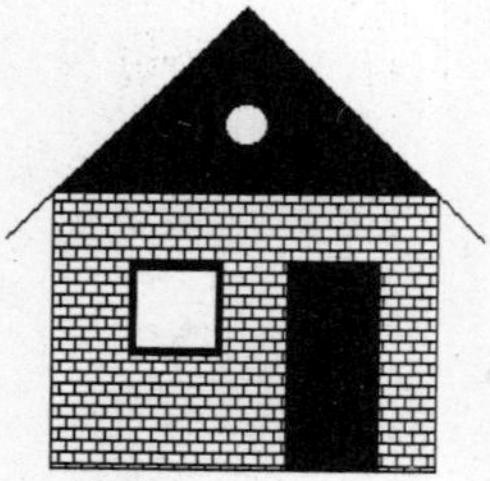

Zeile 600

4. Schritt: Mittelholm im Fensterrahmen einsetzen

```
610 LINE (221, 77) - STEP (  6, 16), 1, BF
```

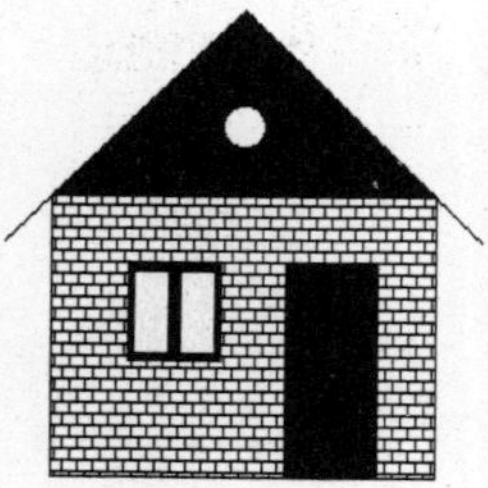

Zeile 610

5. Schritt: Schornstein aufmauern

Damit die Hausbewohner im Winter auch heizen können, benötigen sie noch einen Schornstein für den Rauchabzug. Dieser Schornstein wird von der Erdgeschoßdecke aus weiter aufgemauert und hat die Koordinatenpunkte (2ØØ,11Ø) – (22Ø,15Ø). In der Darstellung zu Schritt 5. ist die Giebelwand durchsichtig, damit man die Schornsteinumrisse auch sieht.

```
700 LINE (200,110) - (220,150), 1, B
```

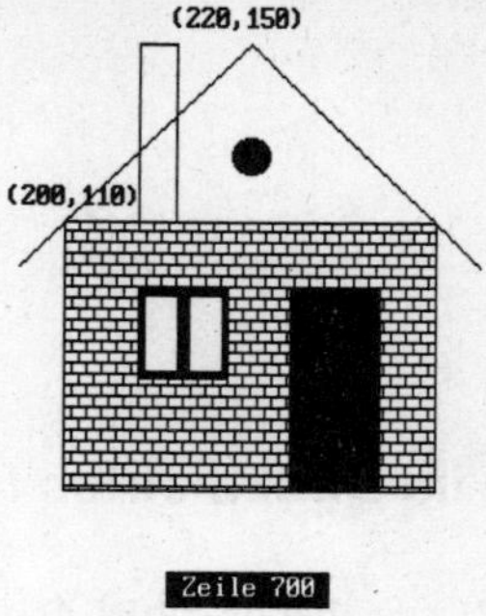

6. Schritt: Schornstein verkleiden

Damit der Regen später am Schornstein besser abläuft, erhält dieser eine Ummantelung, die wie eine Holzlattenverkleidung aussieht, jedoch nicht brennbar ist. Das gewünschte Holzlattenmuster soll entsprechend der nachfolgenden Graphik gestaltet sein.

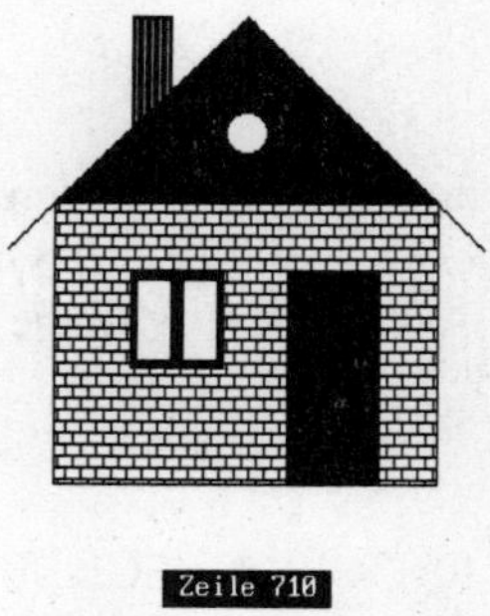


```
710 PAINT (201,149), CHR$(119)
```

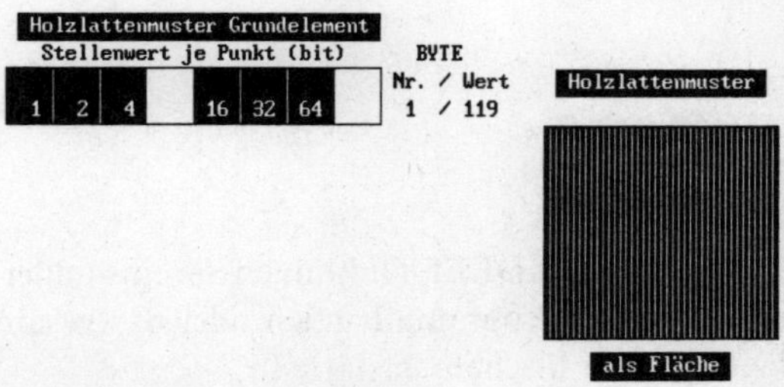

15 ANHANG

15.1 Anweisungen im Direktbetrieb (Kurzübersicht)

Im Direktbetrieb werden die Befehle ohne Zeilennummer eingegeben. Der Computer führt sie sofort aus.

AUTO Zeilennummer, Schrittweite
Dieser Befehl bewirkt eine automatische Erzeugung der BASIC-Zeilennummern.

Beispiel:

```
AUTO 1ØØ,1Ø
```

Beginnend mit der Zeilennummer 1ØØ werden die folgenden Zeilen in Zehnerschritten erzeugt (1ØØ, 11Ø, 12Ø . . .). Durch die Betätigung der Tasten <CTRL> und <BREAK> wird die Erzeugung von Zeilennummern abgeschlossen.

CLS
CLS ist die Abkürzung für "CLEAR SCREEN". Mit dieser Anweisung wird der Bildschirm gelöscht, der Speicherinhalt bleibt aber erhalten. CLS kann auch als Anweisung in einem Programm verwendet werden.

Beispiel:

```
1ØØ CLS
```

DELETE
Mit dem Befehl DELETE können Sie eine fehlerhafte Programmzeile, einen ganzen Programmbereich oder das gesamte Programm im Arbeitsspeicher löschen:

Beispiele:

DELETE
Das gesamte Programm wird gelöscht.

DELETE 1ØØ
Die Zeile 1ØØ wird gelöscht.

DELETE 1ØØ – 2ØØ
Die Zeilen 1ØØ bis einschließlich 2ØØ werden gelöscht.

DELETE – 1ØØ
Alle Zeilen vom Beginn des Programms bis einschließlich Zeile 1ØØ werden gelöscht.

DELETE 1ØØ –
Alle Zeilen ab einschließlich Zeile 1ØØ bis zum Ende des Programms werden gelöscht.

FILES

Eine Anzeige der auf der Diskette gespeicherten Dateien ist über den Befehl FILES möglich. Es werden die Namen der Dateien von der Diskette im aktuellen Laufwerk über den Bildschirm ausgegeben. Um das Inhaltsverzeichnis von der Diskette in einem anderen Laufwerk wie beispielsweise dem Laufwerk B: auszugeben, muß der Befehl in

FILES "b:"

abgeändert werden. Auch ist es möglich, sich nur bestimmte Dateien anzeigen zu lassen.

Beispiel:

FILES "b:*.bas"

Auf diesen Befehl hin werden nur die BASIC-Programme (mit der Endung ".BAS") angezeigt.

KEY OFF/ON

Die Anweisung KEY OFF schaltet die Anzeige der Funktionstasten auf der letzten Bildschirmzeile ab. Die Belegung der Funktionstasten bleibt aber erhalten und kann weiter genutzt werden. Mit der Anweisung KEY ON kann die Anzeige jederzeit wieder angeschaltet werden. KEY ON/OFF kann auch als Anweisung in einem Programm verwendet werden. Die allgemeine Form ist:

Zeilennummer KEY OFF
Zeilennummer KEY ON

Beispiel:

```
170 KEY OFF
```

KILL "Dateiname"
Mit diesem Befehl kann eine Datei gelöscht werden.

Beispiel:

```
KILL "testprog.bas"
```

Das Programm testprog.bas auf der Diskette im aktuellen Laufwerk wird gelöscht. Soll eine Datei auf einem anderen Laufwerk gelöscht werden, ist auch das Laufwerk anzugeben.

Beispiel:

```
KILL "c:adress.dat"
```

Mit diesem Befehl wird die Datei adress.dat auf dem Laufwerk c: gelöscht.

LIST (Funktionstaste F1)
Dieser Befehl bewirkt auf dem Bildschirm die Gesamtauflistung des im Arbeitsspeicher befindlichen Programms. Er bietet eine Vielzahl von Möglichkeiten, Teile des Programms aufzulisten:

LIST 100
Die Zeile 100 wird auf dem Bildschirm ausgegeben.

LIST – 100
Von der ersten Zeile bis einschließlich Zeile 100 erfolgt die Auflistung des Programms.

LIST 100 –
Das Programm wird von der Zeile 100 bis zum Programmende aufgelistet.

LIST 100 – 200

Das Programm wird von der Zeile 100 bis einschließlich Zeile 200 aufgelistet.

LLIST

Die Ausgabe des Programms erfolgt bei diesem Befehl über den Drucker. Der Befehl bietet die gleichen Möglichkeiten wie der Befehl LIST.

LOAD "Dateiname" (Funktionstaste F3)

Dieser Befehl ermöglicht das Laden eines Programms von einem externen magnetischen Datenspeicher in den Hauptspeicher.

Beispiel:

```
LOAD "testprog"
```

Das Programm testprog.bas wird vom aktuellen Laufwerk in den Hauptspeicher geladen.
Um das Programm von einem anderen Laufwerk zu laden, ist die Laufwerksbezeichnung dem Programmnamen voranzustellen.

Beispiel:

```
LOAD "b:testprog"
```

Das Programm wird von der Diskette im Laufwerk b: geladen.

NEW

Mit diesem Befehl wird das Programm im Hauptspeicher gelöscht. Der Befehl ist mit äußerster Vorsicht anzuwenden, damit nicht aus Versehen ein noch benötigtes Programm im Hauptspeicher gelöscht wird.

RENUM neue Zeilennummer, alte Zeilennummer, Schrittweite

Der RENUM-Befehl dient zur neuen Numerierung des Programms.

Beispiel:

```
RENUM 100,5,10
```

Die erste Programmzeile beginnt nun mit der Zeilennummer 1ØØ. Die Numerierung erfolgt ab der alten Zeilennummer 5. Die Durchnumerierung der Zeilen erfolgt mit der Schrittweite 1Ø.

RUN (Funktionstaste F2)
Nach Fertigstellung des Programms startet man den Computerlauf mit dem Befehl RUN. Er kann über die Tastatur oder durch Drücken der Funktionstaste F2 ausgelöst werden.
Um ein Programm besser testen zu können, kann der Computerlauf auf bestimmte Programmteile begrenzt werden.

Beispiel:

```
RUN 1ØØ
```

Das Programm wird von der Zeile 1ØØ an bis zum Programmende abgearbeitet.

SAVE "Dateiname" (Funktionstaste F4)
Mit dem Befehl SAVE "Dateiname" wird ein Programm auf dem aktuellen Laufwerk gespeichert und dadurch gesichert.

Beispiel:

```
SAVE "umsatz"
```

Durch diesen Befehl wird das Programm im Hauptspeicher auf der Diskette im aktuellen Laufwerk unter dem Namen umsatz.bas gespeichert. Soll das Programm auf einem anderen Laufwerk gespeichert werden, ist die Laufwerksbezeichnung mit anzugeben.

Beispiel:

```
SAVE "c:lotto"
```

Das Programm lotto.bas wird auf dem Laufwerk c: gespeichert.
Bestimmte Operationen, wie beispielsweise der Betriebssystembefehl TYPE oder aber die weitere Bearbeitung des BASIC-Programms mit einem Textverarbeitungsprogramm erfordern eine Speicherung im ASCII-Format.
Der Befehl lautet dann

```
SAVE "c:lotto",A
```

15.2 Programm-Anweisungen

DEF FNname
Mit dieser Anweisung können beliebige Funktionen definiert werden. Grundsätzlich geschieht dies wie folgt:

Zeilennummer DEF FNname(parameter) = arithmetischer Ausdruck

Beispiel:

```
315   DEF FNrunden(x) = INT(x * 1ØØ + .5) / 1ØØ
```

Beispiel für den Aufruf der Funktion:

```
33Ø   LET r = FNrunden(r)
```

DIM
Mit dieser Anweisung definiert man die maximalen Werte für die Indizes von Bereichsvariablen. Der entsprechende Speicherplatz wird zugeordnet. Die DIM-Anweisung hat die allgemeine Form

Zeilennummer DIM Variable(Anzahl der Elemente)

Beispiel für einen eindimensionalen Bereich (Vektor):

```
1ØØ   DIM umsatz(31)
```

Durch diese Anweisung werden Speicherplätze für die Variablen umsatz(Ø) bis umsatz(31) zur Verfügung gestellt. Standardmäßig werden für Vektoren nur 11 Feldeinheiten mit den Indexwerten von Ø bis 1Ø bereitgestellt. Zur besseren Übersicht empfiehlt es sich aber, auch Vektoren mit kleineren Indexwerten mit der DIM-Anweisung festzulegen.

Beispiel für einen zweidimensionalen Bereich (Matrix):

```
1ØØ   DIM umsatz(12,31)
```

Hiermit wurde Speicherplatz für 13 (Ø bis 12) * 32 (Ø bis 31) Feldelemente zur Verfügung gestellt.
Der maximale Wert für die Indizes ist 255.

END

Die Anweisung END signalisiert dem Rechner, den Programmlauf zu beenden und wieder in den Programmiermodus zu gehen.
Er hat die allgemeine Form

Zeilennummer END

Beispiel:

```
500   END
```

FOR . . . NEXT

Mit FOR . . . NEXT-Anweisungen können Programmschleifen codiert werden. Der Beginn der Schleife wird durch die FOR-Anweisung gebildet und hat folgenden allgemeinen Aufbau:

Zeilen-nummer	FOR	Lauf-variable	=	Anfangs-wert	TO	End-wert	STEP	Schritt-weite

Beispiel:

```
210 FOR x = 20 TO 300 STEP 20
```

Es folgen die Anweisungen, die entsprechend den Angaben der FOR-Anweisung wiederholt ausgeführt werden. Abgeschlossen wird die Schleife durch die NEXT-Anweisung. Sie hat folgende allgemeine Form

Zeilennummer NEXT
Laufvariable

Beispiel:

```
260   NEXT x
```

Für die Laufvariable können keine Zeichenketten (Strings) verwendet werden; es sind nur numerische Variable gültig. Anfangswert, Endwert und Schrittweite können konstante Werte, Variable oder auch mathematische Ausdrücke (Terme) sein.

Beispiel:

```
10000 FOR zahl = anfang TO ende + 1 STEP 1
```

Ist die Schrittweite wie in diesem Beispiel gleich eins, so kann die Anweisung STEP . . . entfallen.
Bei der Angabe einer negativen Schrittweite ist darauf zu achten, daß der Endwert kleiner ist als der Anfangswert.

GOSUB . . . RETURN
Ein Unterprogramm wird in BASIC folgendermaßen aufgerufen:

Zeilen-nummer	GOSUB	Zeilennummer der ersten Anweisung des Unterprogramms

Beispiel:

```
1ØØØ     GOSUB   2ØØØ
```

Trifft der Computer bei einem Programmlauf auf eine GOSUB-Anweisung, wird das Programm mit der Anweisung in der angegebenen Zeilennummer fortgesetzt. Das Ende des Unterprogramms wird kenntlich gemacht durch die Anweisung

Zeilennummer RETURN

Beispiel:

```
219Ø   RETURN
```

Das Programm wird nun mit der Anweisung fortgesetzt, die der GOSUB . . .-Anweisung unmittelbar folgt.
Der Computer verwaltet diese Rücksprungadresse selbständig. Es ist möglich, daß ein Unterprogramm von verschiedenen Stellen im Programm angesprungen wird. Durch die RETURN-Anweisung wird das Programm jeweils hinter der aufrufenden Anweisung fortgesetzt.

GOTO Zeilennummer
Die GOTO . . .-Anweisung bewirkt einen Sprung in die Zeile, deren Zeilennummer angeführt ist.

Beispiel für einen unbedingten Sprung:

```
2ØØ GOTO 1ØØ
```

Ein Sprung kann auch von der Erfüllung einer Bedingung abhängig sein.

Beispiel für einen bedingten Sprung:

```
4ØØ IF diskont > mindestdiskont THEN GOTO 42Ø
```

Wird in einer GOTO . . .-Anweisung eine Zeilennummer angeführt, die im Programm nicht existiert, gibt der Computer eine Fehlermeldung aus und bricht die Programmausführung ab.
Die GOTO . . .-Anweisung sollte sehr sparsam verwendet werden, da sonst das Programm unübersichtlich werden kann.

IF . . . THEN . . .

Diese Anweisung ermöglicht Befehle, die von der Erfüllung einer Bedingung abhängig sind. Ihr liegt folgende Ablauflogik zugrunde:

WENN die Bedingung erfüllt ist,
DANN führe diese Anweisung aus.

Die IF. . .THEN . . .-Anweisung hat folgende allgemeine Form:

Zeilen-nummer	IF	Konstante oder Variable oder Rechen-ausdruck	Vergleichs-operator	Konstante oder Variable oder Rechen-ausdruck	THEN

Beispiel:

```
3ØØ   IF diskont < mindestdiskont THEN diskont=5
```

Die Bedingung (hier: diskont < mindestdiskont) muß so formuliert sein, daß hierauf eindeutig mit Ja oder Nein geantwortet werden kann. In BASIC können folgende Vergleichsoperatoren verwendet werden:

= gleich
< kleiner als
> größer als

< > ungleich
< = kleiner oder gleich
> = größer oder gleich

Auch für Textvariable (Strings) gelten diese Operatoren.

IF . . . THEN . . . ELSE . . .

Gegenüber der IF. . .THEN . . .-Anweisung ist die Ablauflogik folgendermaßen erweitert:

WENN die folgende Anweisung erfüllt ist,
DANN führe die Anweisung 1 aus,
SONST führe die Anweisung 2 aus.

Die IF. . .THEN . . . ELSE . . .-Anweisung hat folgende allgemeine Form:

Zeilen-nummer	IF	Konstante oder Variable oder Rechen-ausdruck	Vergleichs-operator	Konstante oder Variable oder Rechen-ausdruck	THEN
					ELSE

Beispiel:

```
4ØØ IF alter > 18
    THEN PRINT "volljährig"
    ELSE PRINT "minderjährig"
```

INPUT

Diese Anweisung dient dazu, numerische oder alphabetische Daten über die Tastatur in den Rechner einzugeben. Sie hat folgenden allgemeinen Aufbau:

Zeilennummer INPUT Variable

Beispiel für eine numerische Variable:

```
20 INPUT alter
```

Beispiel für eine alphabetische Variable:

```
30 INPUT land$
```

Bei einem Programmlauf erwartet der Computer nach einer INPUT-Anweisung die Eingabe eines Wertes. Er zeigt dies durch das Fragezeichen auf dem Bildschirm an und reserviert einen Speicherplatz im Hauptspeicher. Nachdem der Benutzer den Wert eingegeben und die RETURN-Taste betätigt hat, wird der Wert in den Hauptspeicher übernommen.
Mit einer INPUT-Anweisung kann auch ein "Meldetext" ausgegeben werden.

Zeilennummer INPUT "Meldetext"; Variable

Beispiel:

```
20 INPUT "Geben Sie Ihren Namen ein: "; name$
```

Auf dem Bildschirm erscheint:

```
Geben Sie Ihren Namen ein: ?
```

Die Ausgabe des Fragezeichens kann durch die Verwendung eines Kommas anstelle des Semikolons verhindert werden:

Zeilennummer INPUT "Meldetext", Variable

Beispiel:

```
20 INPUT "Geben Sie Ihren Namen ein: ", name$
```

Auf dem Bildschirm erscheint:

```
Geben Sie Ihren Namen ein:
```

LET
Durch diese Anweisung wird der Variablen links vom Gleichheitszeichen ein neuer Wert zugewiesen. Dieser Wert kann eine Konstante, eine Variable oder ein mathematischer Ausdruck (Term) sein.

Zeilennummer LET Variable = Konstante oder Variable oder Term

Beispiele:

```
20  LET  jahr    = 1987
30  LET  anfang  = jahr
40  LET  ende    = jahr + 20
```

Arithmetische Ausdrücke sind alle sinnvollen Verbindungen von numerischen Variablen und Konstanten mit den Operatoren

+	−	*	/	^
Addition	Subtraktion	Multiplikation	Division	Potenz

Die LET-Anweisung ermöglicht auch die Verknüpfung von String-Konstanten beziehungsweise -Variablen zu einer String-Variablen.

Beispiel:

```
100  LET  a$ = "Bild"
110  LET  b$ = "schirm"
120  LET  c$ = a$ + b$
```

Die Variable c$ hat nun den Inhalt «Bildschirm».

LOCATE Zeile, Spalte

Diese Anweisung dient zur Ansteuerung einer bestimmten Stelle auf dem Bildschirm. Der Bildschirm ist in 25 Zeilen (1 bis 25) mit jeweils 80 Zeichen (1 bis 80) unterteilt. Die Anweisung hat folgende Form:

Zeilennummer LOCATE Zeile, Spalte

Beispiel:

```
100  LOCATE 5, 10
```

Diese Anweisung bewirkt, daß der Cursor in die Zeile 5, Spalte 10 bewegt wird. Dort erfolgt dann die nächste Bildschirmausgabe.

LPRINT

Die Ausgabe erfolgt nicht über den Bildschirm, sondern über den Drucker. Alle Varianten der LPRINT-Anweisung entsprechen denen der PRINT-Anweisung.

ON . . . GOSUB

Diese Anweisung faßt mehrere IF. . .THEN GOSUB . . .-Anweisungen zusammen. Sie hat die allgemeine Form:

Zeilen-		numerischer	GOSUB	Zeilennummer,
nummer	ON	Ausdruck		Zeilennummer, . . .

Beispiel:

```
1ØØØ  ON  eingabe GOSUB 1ØØØ, 2ØØØ, 3ØØØ
```

Entsprechend dem Wert des numerischen Ausdrucks werden die jeweiligen Unterprogramme angesprungen. Für das obige Beispiel sind dies

Wert von eingabe	Sprungadresse
1	1ØØØ
2	2ØØØ
3	3ØØØ

PRINT

Mit der Anweisung PRINT werden Textdaten (Strings) und numerische Daten (Zahlen) über den Bildschirm ausgegeben. Eine Anweisung mit dem Befehlswort PRINT hat folgenden allgemeinen Aufbau:

Zeilennummer   PRINT   Konstante und/oder Variable

Beispiel mit einer Stringkonstanten:

```
100  PRINT  "Geben Sie Ihren Namen ein: "
```

Beispiel mit einer numerischen Variablen:

```
12Ø  PRINT  ergebnis
```

Durch die Verwendung von **Komma** oder **Semikolon** als Trennzeichen zwischen mehreren Ausgabedaten kann eine Formatierung der Ausgabe erzielt werden.
Wird ein **Komma** verwendet, wird die Bildschirmzeile in Druckbereiche von 14 Zeichen eingeteilt.

Beispiel:

```
100 PRINT "Grundwert", "Prozentsatz", "Prozentwert"
110 PRINT grundwert, prozentsatz, prozentwert
```

Es ergibt sich folgende Ausgabe:

```
Spalte 1             Spalte 15             Spalte 29
|                    |                     |
Grundwert            Prozentsatz           Prozentwert
2000                 6                     120
```

Ein **Semikolon** als Trennzeichen bewirkt, daß die folgende Ein- oder Ausgabe genau an der Stelle erfolgt, an der die letzte Ausgabe beendet wurde.

Beispiel:

```
500 PRINT "Sie erhalten ein Nettogehalt von";netto;"DM."
```

Hat die Variable netto den Wert 2397,85 DM, so ergibt sich folgende Bildschirmausgabe:

```
Sie erhalten ein Nettogehalt von 2397.85 DM.
```

Bei numerischen Werten wird grundsätzlich vor der Zahl Platz für das Vorzeichen (hier +) sowie Platz für ein Zeichen hinter der Zahl reserviert.

Eine Formatierung durch Tabulation ist durch den Einsatz der Funktion TAB(. . .) möglich.

Beispiel:

```
400 PRINT TAB(10) "Mindestdiskont" TAB(30) mindestdiskont
```

```
Spalte 1             Spalte 10                 Spalte 30
|                    |                         |
                     Mindestdiskont            5
```

Die Ausgabe von Konstanten und/oder Variablen erfolgt an der in der Klammer angegebenen Position in der gleichen Zeile.

PRINT USING

Diese Anweisung ermöglicht die formatierte Ausgabe von Daten unter Verwendung einer Druckmaske. Die Ausgabeanweisung hat folgende allgemeine Form:

Zeilennummer PRINT USING "Druckmaske"; Variable

Beispiel:

```
200  PRINT USING  "#####.##"; netto
```

Die Druckmaske muß in Anführungszeichen geschrieben werden. Die durch die Druckmaske formatierte Ausgabevariable wird anschließend aufgeführt. Druckmaske und Variable sind durch Semikolon getrennt. Das Druckmaskenzeichen # reserviert eine Dezimalstelle. Als Dezimalstelle gilt auch das Vorzeichen. Durch den Punkt wird die Position des Dezimalpunktes festgelegt.

RANDOMIZE

Mit dieser Anweisung wird ein neuer Anfangswert für den Zufallszahlengenerator festgelegt.
Allgemeine Form:

Zeilennummer RANDOMIZE(Ganzzahl)

Beispiel:

```
400  RANDOMIZE(ein%)
```

Erhält der Zufallszahlengenerator keinen neuen Anfangswert, so ermittelt der Rechner bei jedem Programmlauf die gleiche Folge von Zufallszahlen.

REM

Mit der Anweisung REM kann der Programmierer an beliebigen Stellen in das Programm Kommentarzeilen einfügen, die die Übersichtlichkeit des Programms verbessern. Eine Kommentarzeile hat den folgenden allgemeinen Aufbau:

Zeilennummer REM erläuternder Text

Beispiel:

```
10  REM  Programm zur Berechnung von Fläche und Umfang
```

Bei der Abarbeitung des Programms läßt der Computer aufgrund des Befehlswortes REM den folgenden Text außer acht.

WHILE . . . WEND

Mit dieser Anweisung können auf einfache Art Schleifen programmiert werden. Diese Wiederholungsstruktur hat folgende allgemeine Form:

Zeilennummer	WHILE	Bedingung
Zeilennummer		Anweisung 1
. . .		. . .
Zeilennummer		Anweisung n
Zeilennummer	WEND	

Beispiel:

```
3110   WHILE   tag <= 6
3120           PRINT tag;"Tag : ";
3130           INPUT tagumsatz
3140           LET umsatz = umsatz + tagumsatz
3150           LET tag = tag + 1
3160   WEND
```

Vor Beginn der Schleife muß für die Variable in der Bedingung ein Startwert festgelegt werden. Dadurch wird sichergestellt, daß die Schleife wenigstens einmal durchlaufen wird.

Beispiel:

```
3000  LET tag = 1
```

Hat in diesem Beispiel die Variable tag den Wert sechs, und wird in der Zeile 3150 der Wert um eins erhöht, ist damit die Bedingung nicht mehr wahr. Das Programm verzweigt dann zu dem der Anweisung WEND folgenden Befehl.

15.3 Rechenfunktionen

INT()
Es wird die größte ganze Zahl < x errechnet.

Beispiele:

```
1ØØ a = INT(1ØØ.45)     Die Variable a erhält den Wert  1ØØ
11Ø a = INT(–1ØØ.45)    Die Variable a erhält den Wert –1Ø1
```

RND
Diese Funktion ermittelt eine Zufallszahl zwischen Ø und 1.

Beispiel:

```
2ØØ zufall = RND
```

15.4 Funktionen zur Zeichenketten-Verarbeitung

CHR$()
Mit der Funktion CHR$() ist es möglich, einem BYTE als Zeichenkette (String) einen Dezimalwert zuzuweisen. Der Maximalwert ist 255 und der Minimalwert ist Ø.

Zeilennummer LET Stringvariable = CHR$(Dezimalwert)

Beispiel:

```
1ØØØØ  LET  a$ = CHR$( 119 )
```

Die Variable a$ enthält in diesem Falle den Wert 119. Die Anweisung PRINT a$ erzeugt auf dem Bildschirm das Zeichen “w”.

STRING$()
Diese Funktion erzeugt eine Zeichenkette mit einer bestimmten Länge aus einem vorgegebenen Zeichen. Diese Funktion hat die allgemeine Form:

STRING$(Länge,Zeichen)

Beispiel für die Verwendung in einer Wertzuweisung:

```
100 LET LINIE$ = STRING$(70,"–")
```

Beispiel für die Verwendung in einer PRINT-Anweisung:

```
110 PRINT STRING$(70,"–")
```

15.5 Anweisungen für Graphik

CIRCLE

Die CIRCLE-Anweisung zeichnet einen Kreis oder eine Ellipse in der angegebenen Farbe auf den Bildschirm. Die allgemeine Form der Anweisung lautet:

Zeilennummer CIRCLE (x, y) , Radius , Farbe

Beispiele:

```
190   CIRCLE (500,175), 20, 1
```

Hier wird um den Mittelpunkt mit den Koordinaten (500,175) ein kompletter Kreis mit dem Radius 20 gezogen. Die 20 Einheiten beziehen sich dabei auf die X-Achse, sind also waagerecht zu messen.

LINE

Um Linien von einem Punkt auf dem Bildschirm zu einem anderen zu ziehen, verwendet man die LINE-Anweisung.

Beispiel:

```
230 LINE  (  0,   0) – (319,199), 1
```

In den Klammern sind die beiden Endpunkte der Linie definiert; sie bestimmen die Länge und Lage der Linie. Sie sind durch die auf die X-Achse und die Y-Achse bezogenen Koordinaten anzugeben. Eine Koordinate enthält immer einen X-Wert (waagerecht) und einen Y-Wert (senkrecht), also ein Wertepaar.
Die allgemeine Form der Anweisung lautet:

Zeilennummer LINE (x1 , y1) – (x2 , y2) , Farbe

Zusätzlich kann noch ein Farbwert angegeben werden. Bei SCREEN 1 sind die Werte von ∅ bis 3 und bei SCREEN 2 nur ∅ (dunkel) und 1 (hell) erlaubt.

LINE (Rechteck)
Die LINE-Anweisung wird um den Parameter **B**lock erweitert, indem man hinter der Farbe, durch Komma getrennt, noch ein "B" (B = Block) schreibt. In diesem Falle sind die angegebenen Koordinatenpaare nicht die Endpunkte einer Linie, sondern die Eckpunkte (links unten und rechts oben), aus denen das Rechteck abgeleitet wird.
Allgemeine Form der erweiterten LINE-Anweisung:

Zeilennummer LINE (x1 , y1) – (x2 , y2) , Farbe, B

LINE (gefülltes Rechteck)
Der Parameter "**BF**" erstellt nicht nur ein Rechteck (B = Block), sondern er füllt (F = Füllung) auch die Fläche mit der angegebenen Farbe aus.
Allgemeine Form der erweiterten LINE-Anweisung:

Zeilennummer LINE (x1 , y1) – (x2 , y2) , Farbe, BF

PAINT
Mit der Anweisung PAINT können im Graphikmodus beliebig umrandete Bildschirmteile mit einer Farbe (∅ = dunkel oder 1 = hell) ausgefüllt werden.

Zeilennummer PAINT (x , y) , Farbe

Das angegebene Koordinatenpaar muß immer ein Punkt innerhalb der einzufärbenden Fläche sein. Dabei ist unbedingt darauf zu achten, daß dieser Punkt **nicht** der gewünschten Füllfarbe entspricht, weil dann der Malprozeß sofort abgebrochen, bzw. erst gar nicht gestartet wird. Im vorliegenden Programm darf dieser Punkt nicht hell (Farbe = 1) sein!
Die auszufüllende Fläche wird immer durch einen in sich geschlossenen Rand begrenzt. Der normale Bildschirmrand wirkt wie die Randbegrenzung durch eine Linie.
Ist der Rand nicht als durchgehende Linie vollständig vorhanden – **ein**

fehlender Punkt reicht dazu aus – dann “läuft” die Farbe “aus” und “ergießt” sich über den restlichen Bildschirm.

SCREEN

Der Bildschirm läßt sich auf verschiedene Text- oder Graphikmodi einstellen. Die SCREEN-Anweisung schaltet auf den gewünschten Text- oder Graphikmodus um.

Beispiel:

```
120 SCREEN 0
```

Diese Anweisung schaltet den Textmodus ein. In diesem Modus ist eine frei gestaltbare Grafik nicht möglich. Nach dem Einschalten des Computers befindet sich der Bildschirm im Textmodus SCREEN Ø.
Dieser Teil des Programmes läuft auf allen Computern.
Die Anweisung hat die allgemeine Form:

Zeilennummer SCREEN Modus

Modus: SCREEN 1	Graphikauflösung 320 x 200 Punkte
Modus: SCREEN 2	Graphikauflösung 640 x 200 Punkte

STEP

Achtung: Bitte verwechseln Sie STEP nicht mit der STEP-Anweisung in der FOR . . . NEXT-Schleife!

Bei der LINE-Anweisung sind die Koordinaten immer der Anfangs- und der Endpunkt, zwischen denen die Linie gezogen wird. Das erste Koordinatenpaar (x1,y1) bestimmt die absoluten Koordinaten des Anfangspunktes. Das Koordinatenpaar hinter der STEP-Anweisung enthält relative Koordinatenangaben, die sich auf das absolute erste Koordinatenpaar beziehen. Die relativen Koordinaten hinter der STEP-Anweisung geben an, um wie viele Punkte die Linie nach rechts (+x2) oder nach links (–x2), nach oben (+y2) oder nach unten (–y2) gezogen werden soll.

Zeilennummer LINE (x1 , y1) – STEP (x2 , y2) , Farbe

WINDOW

Die WINDOW-Anweisung setzt den linken unteren und den rechten

oberen Eckpunkt entsprechend der Vorgabe fest. Der Computer rechnet aufgrund dieser Anweisung dann alle Werte maßstabgerecht in die physischen Bildpunkte um.
Wie bei der LINE-Anweisung sind zwei Koordinatenpunkte anzugeben. Dabei ist darauf zu achten, daß die linken Werte immer dem links unten liegenden Koordinatenpunkt zugeordnet sind.

Beispiel:

```
120 WINDOW (0,0) – (639,199)
```

Durch diese Anweisung wird die linke untere Ecke des Bildschirms mit den Werten x1 = 0 und y1 = 0 und die rechte obere Ecke mit den Werten x = 639 und y = 199 festgelegt. Der gewählte Maßstab (1:1) entspricht den physischen Bildpunkten, so daß eine zusätzliche Umrechnung der Koordinaten nicht erforderlich ist.
Die allgemeine Form der WINDOW-Anweisung lautet:

Zeilennummer WINDOW (x1, y1) – (x2, y2)

«Dem die Basis mit Grundeis ergeht . . .

...der spielt die traurigste Rolle», heißt es bei Joseph Viktor von Scheffel im «Trompeter von Säckingen». Dieses «Basis» scheint Mitte des vorigen Jahrhunderts ein richtiges Modewort gewesen zu sein. Aber Finanzdinge sind eben immer grundlegend, sind *basic.*

Wer sich früh genug um die richtige Geldanlage kümmert, muß keine Angst haben, daß ihm mal «die Basis mit Grundeis ergeht».

15.6 Programmablaufplan-Symbole

Sinnbild	**Benennung** (BASIC-Zuordnung)	**Einsatzmöglichkeiten**
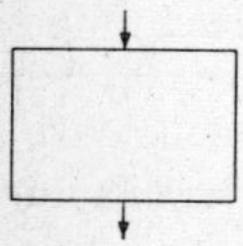	allgemeine Verarbeitung (LET, INT) Ein- oder Ausgabe (LOCATE, INPUT) (PRINT, LPRINT) (USING, TAB)	Zuweisung von Werten an Variablen und Konstanten, Berechnung von Ausdrükken, Stringmanipulationen Angabe, um welche Ein- oder Ausgabe es sich handelt und welches Ein- oder Ausgabegerät angesprochen wird.
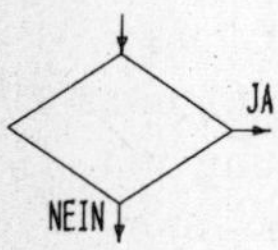	Verzweigung (IF. . .THEN . . .) (IF. . .THEN . . . ELSE) (ON. . . GOSUB . . .)	Durch das Abfragen, ob eine oder mehrere Bedingungen zutreffen, kann das Programm verzweigt werden. Verzweigungsliste mit mehreren Auswahlmöglichkeiten
	Schleifenbedingung (WHILE . . .)	Wiederholung mit vorausgehender Bedingungsprüfung
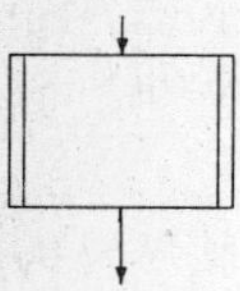	Unterprogramm (GOSUB . . .)	Ein eigenständiger Programmblock wird vom übergeordneten Programm aus aufgerufen. Ersatzsymbol für einen eigenständigen PA
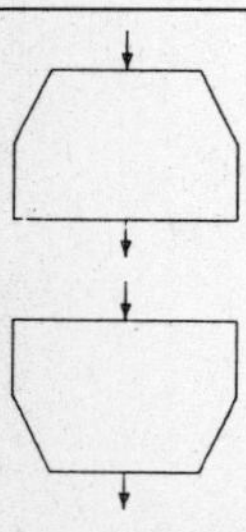	Wiederholungen: Zählergesteuert (FOR LV = AW TO EW STEP SW) NEXT LV)	Anfangs- und Endebegrenzung einer Schleife, Werte: Laufvariable (LV), Anfangswert (AW), Endwert (EW), Schrittweite (SW) Schleifenende, Laufvariable (LV)

Sinnbild	**Benennung** (BASIC-Zuordnung)	**Einsatzmöglichkeiten**
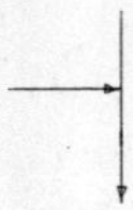	Verbindung (nächster Befehl oder nächste Programmzeile)	Vorzugsrichtungen sind a) von oben nach unten b) von links nach rechts Ablauflinien mit Pfeilspitzen verdeutlichen die Richtung
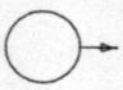 	Verbindungsstelle (1000 . . .) unbedingter Sprung (GOTO . . .)	Eine Verbindungsstelle darf als Eingangsstelle jeweils nur ein einziges Mal vorhanden sein. Als Ausgangsstelle darf die Verbindungsstelle mehrfach vorkommen
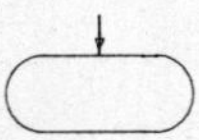	Grenzstelle (END) (RETURN)	Anfang und Ende eines Programmes; Programmunterbrechung, Einsprung und Rücksprung beim Unterprogramm
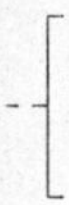	Bemerkung	Das Sinnbild kann an jedes andere Sinnbild zur näheren Erläuterung hinzugefügt werden.

(Sinnbilder nach DIN 66 001)

15.7 ASCIL-Code unter BASIC

ASCII-Code unter BASIC (Industriestandard Set#2)

NULL 0	☺ 1	☻ 2	♥ 3	♦ 4	♣ 5	♠ 6	BEL 7	◘ 8	TAB 9	LF 10	VT 11	FF 12	CR 13	♫ 14	☼ 15	► 16	◄ 17	↕ 18	‼ 19
¶ 20	§ 21	▬ 22	↨ 23	↑ 24	↓ 25	→ 26	← 27	C → 28	C ← 29	C ↑ 30	C ↓ 31	BLANK 32	! 33	" 34	# 35	$ 36	% 37	& 38	' 39
(40	) 41	* 42	+ 43	, 44	- 45	. 46	/ 47	Ø 48	1 49	2 50	3 51	4 52	5 53	6 54	7 55	8 56	9 57	: 58	; 59
< 60	= 61	> 62	? 63	@ 64	A 65	B 66	C 67	D 68	E 69	F 70	G 71	H 72	I 73	J 74	K 75	L 76	M 77	N 78	O 79
P 80	Q 81	R 82	S 83	T 84	U 85	V 86	W 87	X 88	Y 89	Z 90	[91	\ 92	] 93	^ 94	_ 95	` 96	a 97	b 98	c 99
d 100	e 101	f 102	g 103	h 104	i 105	j 106	k 107	l 108	m 109	n 110	o 111	p 112	q 113	r 114	s 115	t 116	u 117	v 118	w 119
x 120	y 121	z 122	{ 123	| 124	} 125	~ 126	⌂ 127	Ç 128	ü 129	é 130	â 131	ä 132	à 133	å 134	ç 135	ê 136	ë 137	è 138	ï 139
î 140	ì 141	Ä 142	Å 143	É 144	æ 145	Æ 146	ô 147	ö 148	ò 149	û 150	ù 151	ÿ 152	Ö 153	Ü 154	¢ 155	£ 156	¥ 157	₧ 158	ƒ 159
á 160	í 161	ó 162	ú 163	ñ 164	Ñ 165	ª 166	º 167	¿ 168	⌐ 169	¬ 170	½ 171	¼ 172	¡ 173	« 174	» 175	░ 176	▒ 177	▓ 178	│ 179
┤ 180	╡ 181	╢ 182	╖ 183	╕ 184	╣ 185	║ 186	╗ 187	╝ 188	╜ 189	╛ 190	┐ 191	└ 192	┴ 193	┬ 194	├ 195	─ 196	┼ 197	╞ 198	╟ 199
╚ 200	╔ 201	╩ 202	╦ 203	╠ 204	═ 205	╬ 206	╧ 207	╨ 208	╤ 209	╥ 210	╙ 211	╘ 212	╒ 213	╓ 214	╫ 215	╪ 216	┘ 217	┌ 218	█ 219
▄ 220	▌ 221	▐ 222	▀ 223	α 224	ß 225	Γ 226	π 227	Σ 228	σ 229	µ 230	τ 231	Φ 232	Θ 233	Ω 234	δ 235	∞ 236	ø 237	ε 238	∩ 239
≡ 240	± 241	≥ 242	≤ 243	⌠ 244	⌡ 245	÷ 246	≈ 247	° 248	· 249	· 250	√ 251	ⁿ 252	² 253	■ 254	255				

BEL	BELL = Glocke, erzeugt eine akustische Ausgabe (Signalton).
TAB	TABULATOR: springt zur nächsten Bildschirmtabulatorposition.
LF	LINE FEED = aktuelle Position eine Zeile nach unten bewegen.
VT	HOME = neue aktuelle Position ist die linke obere Ecke des Bildschirms.
FF	FORM FEED = Bildschirminhalt wird gelöscht, neue Seite einrichten.
CR	CARRIAGE RETURN = neue Zeile am linken Bildschirmrand beginnen.
C →	Cursorsteuerung nach rechts
C ←	Cursorsteuerung nach links
C ↑	Cursorsteuerung nach oben
C ↓	Cursorsteuerung nach unten

Literaturverzeichnis

Hambusch, Rudolf / Schmalohr, Rolf / Parkmann, Alexander: Organisationslehre – Datenverarbeitung – DOS – BASIC, Darmstadt 1987

Röhl, Joachim / Verhuven, Johannes: Einführung in GW-BASIC und BASIC-A, Köln-Porz 1987

Hinweis

15.8 Register